股市投资

基本面分析的

60个

财务指标实战与应用

王　征　李晓波◎著

中国铁道出版社有限公司
CHINA RAILWAY PUBLISHING HOUSE CO., LTD.

图书在版编目（CIP）数据

股市投资：基本面分析的 60 个财务指标实战与应用 /
王征，李晓波著 . —北京：中国铁道出版社有限公司，
2024.5

ISBN 978-7-113-30864-3

Ⅰ．①股… Ⅱ．①王…②李… Ⅲ．①股票投资
Ⅳ．① F830.91

中国国家版本馆 CIP 数据核字（2024）第 057429 号

书　　名：**股市投资——基本面分析的 60 个财务指标实战与应用**
　　　　　GUSHI TOUZI：JIBENMIAN FENXI DE 60 GE CAIWU ZHIBIAO SHIZHAN
　　　　　YU YINGYONG

作　　者：王　征　李晓波

责任编辑：张亚慧　　编辑部电话：（010）51873035　　电子邮箱：lampard@vip.163.com
装帧设计：宿　萌
责任校对：刘　畅
责任印制：赵星辰

出版发行：中国铁道出版社有限公司（100054，北京市西城区右安门西街 8 号）
印　　刷：北京联兴盛业印刷股份有限公司
版　　次：2024 年 5 月第 1 版　2024 年 5 月第 1 次印刷
开　　本：710 mm×1 000 mm　1/16　印张：22.75　字数：345 千
书　　号：ISBN 978-7-113-30864-3
定　　价：88.00 元

前　言

对于任何一个涉足股票的投资者来讲，分析上市企业的财务指标，是作出正确投资决策的基础，也是巴菲特成功投资的秘诀之一。但许多投资者由于不具备相应的专业知识，不知道怎样去阅读上市公司的财务报告，也不清楚应该如何分析各种财务指标。

一提到财务指标，大部分投资者的反应就是：财务指标分析是一项非常专业的分析方法，要看懂并且明白各种财务指标及其数据的意义，是非常困难的。其实，这个想法并不正确。对于普通投资者来讲，只要有一本适合的"教材"，再加上足够的信心和勤奋的学习，掌握财务指标分析方法也并非难事。

本书是一位"久经沙场"的老股民，在经历了无数次惨痛的投资失败之后，总结过往得失，呕心沥血而作。由于不是会计专业出身，所以没有晦涩的术语、难懂的公式，而是通过实例分析，使读者更容易理解。因为有多年的投资经历，所以更明白财务指标的意义所在，更知道投资者读懂财务指标的目的所在。

内容结构

本书共 6 章，具体内容安排如下：

第 1 章讲解企业盈利能力指标实战与应用，即讲解总资产收益率、流动资产收益率、固定资产收益率、净资产收益率、长期资金收益率、资本保值增值率、销售毛利率、销售净利率及实战案例分析。

第 2 章讲解企业营运能力指标实战与应用，即讲解应收账款周转指标、营运资本周转率、存货周转指标、流动资产周转指标、营业周期指标、现金周期指标、固定资产周转率、固定资产产值率、固定资产增长率、固定资产更新率、固定资产退废率、固定资产损失率、固定资产净值率、总资产营运能力指标及实战案例分析。

第 3 章讲解企业偿债能力指标实战与应用，即讲解营运资本、流动比率、速动比率、现金比率、企业支付能力系数、资产负债率、股权比率、产权比率、权益乘数、有形资产债务比率、有形净值债务比率、利息保障倍数、现金流量利息保障倍数及实战案例分析。

第 4 章讲解企业发展能力指标实战与应用，即讲解市场占有率、市场覆盖率、销售增长率、三年销售平均增长率、销售利润增长率、三年销售利润平均增长率、总资产增长率、三年总资产平均增长率、流动资产增长率、固定资产增长率、无形资产增长率、固定资产成新率、资本积累率、三年资本平均增长率、股利增长率、三年股利平均增长率及实战案例分析。

第 5 章讲解企业综合绩效指标实战与应用，即讲解基本每股收益、稀释的每股收益、每股现金流量、每股股利、静态市盈率、动态市盈率、股利支付率、股利收益率、市净率、盈余现金保障倍数及实战案例分析。

第 6 章讲解企业报表综合分析实战与应用，首先讲解财务报表综合分析的特点、作用、方法，其次讲解沃尔评分法及实战案例，最后讲解杜邦分析法及实战案例。

内容特色

本书的特色归纳如下。

实用性：首先着眼于财务指标实战应用，然后再探讨深层次的技巧问题。

详尽案例：附有大量的例子，通过这些例子介绍知识点。每个例子都是作者精心选择的，初学者反复练习，举一反三，就可以真正掌握财务指标实战技巧，从而学以致用。

系统性：包含常用、实用的基本面分析的财务指标，如企业盈利能力指标、企业营运能力指标、企业偿债能力指标、企业发展能力指标、企业综合绩效指标、沃尔评分法、杜邦分析法等。

适合读者

本书适合于股票市场的投资者阅读，如股民、中小散户、职业操盘手和专业金融评论人士，还适合相关企业的管理者、中小企业业主、初级财务工作者作为学习财务基础知识的参考书。

由于时间仓促，加之水平有限，书中的不足之处在所难免，敬请读者批评指正。

作　者

2024 年 1 月

目　录

第 1 章

企业盈利能力指标
实战与应用

企业盈利能力的大小是一个相对的概念，即利润相对于一定的资源投入、一定的收入而言。企业利润率越高，盈利能力越强；企业利润率越低，盈利能力越差。企业经营业绩的好坏最终可通过企业的盈利能力来反映。

本章主要内容：

➤ 总资产收益率及实战案例分析

➤ 流动资产收益率及实战案例分析

➤ 固定资产收益率及实战案例分析

➤ 净资产收益率及实战案例分析

➤ 长期资金收益率及实战案例分析

➤ 资本保值增值率及实战案例分析

➤ 销售毛利率及实战案例分析

➤ 销售净利率及实战案例分析

1.1 总资产收益率

总资产收益率是用来评价企业运用全部资产的总体获利能力，是评价企业资产运营效益的重要指标之一。

> 提醒：总资产是企业拥有或控制的、能够带来经济利益的全部资产。从平衡关系上来看，总资产＝总负债＋所有者权益（净资产）。

1.1.1 总资产收益率的定义及计算

总资产收益率又称资产利润率、资产收益率，是企业的净利润与总资产平均额之间的比率。

总资产收益率的计算公式如下：

总资产收益率＝净利润 ÷ 平均资产总额 ×100%

其中，平均资产总额＝（资产总额年初数＋资产总额年末数）÷2

总资产收益率反映了所有资产的收益率，而所有资产是由投资人和债权人共同提供的资金形成的，所以投资人和债权人都比较关注该财务指标分析。

投资人的股利、红利、资本所得利及债权人的利息，都取决于总资产收益率的高低。一般来讲，企业经营管理者可以将资产收益率与借入资金成本率进行比较，决定是否要负债经营。

如果资产收益率大于借入资金成本率，表明企业充分利用了财务杠杆的正效应，这样不但投资人可以从中受益，而且债权人的债权更加安全了。反之，如果资产收益率小于借入资金成本率，这是负债经营，企业的收益不能支付债权人的利息，表明企业要承担财务杠杆负效应所造成的损失，不但投资人会受到损失，而且债权人的债权也不安全。

总资产收益率越高，表明资产利用效率越高，说明企业在增加收入、节约资金使用等方面取得了良好的效果；该指标越低，说明企业资产利用效率低，应分析差异原因，提高销售利润率，加速资金周转，提高企业经营管理水平。

打开同花顺炒股软件，输入贵州茅台的股票代码 600519，然后按"回车"键，再按下【F10】键，即可进入贵州茅台（600519）的个股资料页面。

在个股资料页面中，单击"财务分析"选项卡，再单击"主要指标"选项，即可看到贵州茅台（600519）2022 年 6 月 30 日至 2022 年 12 月 31 日各期净利润信息，如图 1-1 所示。

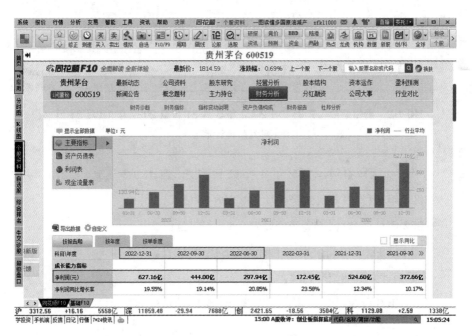

图 1-1　贵州茅台（600519）2022 年 6 月 30 日至 2022 年 12 月 31 日
各期净利润信息

由图 1-1 可以看到，2022 年 6 月 30 日的净利润为 297.94 亿元；

2022 年 9 月 30 日的净利润为 444.00 亿元；

2022 年 12 月 31 日的净利润为 627.16 亿元。

单击"资产负债表"选项，即可看到贵州茅台（600519）2022 年 3 月 31 日至 2022 年 12 月 31 日各期资产合计（总资产）信息，如图 1-2 所示。

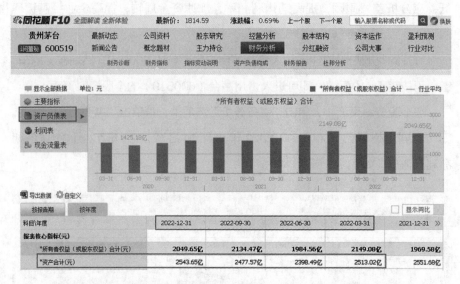

图 1-2 贵州茅台（600519）2022 年 3 月 31 日至 2022 年 12 月 31 日各期资产合计信息

由图 1-2 可以看到，2022 年 3 月 31 日的资产合计为 2 513.02 亿元；

2022 年 6 月 30 日的资产合计为 2 398.49 亿元；

2022 年 9 月 30 日的资产合计为 2 477.57 亿元；

2022 年 12 月 31 日的资产合计为 2 543.65 亿元。

下面来计算平均资产总额。

2022 年 6 月 30 日的平均资产总额 =（2 513.02+2 398.49）÷2

$$=2 455.755（亿元）$$

2022 年 9 月 30 日的平均资产总额 =（2 398.49+2 477.57）÷2

$$=2 438.03（亿元）$$

2022 年 12 月 31 日的平均资产总额 =（2 477.57+2 543.65）÷2

$$=2 510.61（亿元）$$

下面来计算总资产收益率。

2022 年 6 月 30 日的总资产收益率 =297.94÷2 455.755×100% ≈ 12.13%

2022 年 9 月 30 日的总资产收益率 =444.00÷2 438.03×100% ≈ 18.21%

2022 年 12 月 31 日的总资产收益率 =627.16÷2 510.61×100% ≈ 24.98%

在这里可以看到，2022 年 12 月 31 日的总资产收益率大于 2022 年 9 月 30 日的总资产收益率，并且 2022 年 9 月 30 日的总资产收益率大于 2022 年 6 月 30 日的总资产收益率，表明企业在增加收入、节约资金使用等方面取得了良好的效果。

1.1.2　总资产收益率的其他计算方法

需要注意的是，由于对收益的计算口径不同，常常会出现其他一些计算总资产收益率的方法。

1. 以净利润作为收益

最为常见的是以净利润作为收益，其依据是：企业归投资人所有，企业的收益应该是归投资人所拥有的净利润，因此企业收益的计算就应该将所得税和筹资方式的影响都考虑在内。

2. 以净利润加所得税作为收益

但有些时候，为了剔除税收因素对盈利的影响，在计算收益时，不扣除所得税，即采用税前息后利润作为收益，其依据是：企业的收益应该是收入与费用（所得税前费用）相抵后的差额，即利润总额。无论归投资人所得的净利润，还是上缴国家的所得税，都是企业收益的组成部分。在这种情况下，总资产收益率的计算公式如下：

总资产收益率 =（净利润 + 所得税）÷ 平均资产总额 ×100%

其中，平均资产总额 =（资产总额年初数 + 资产总额年末数）÷2

在个股资料页面中，单击"财务分析"选项卡，再单击"利润表"选项，即可看到贵州茅台（600519）2022 年 6 月 30 日至 2022 年 12 月 31 日各期所得税信息，如图 1-3 所示。

其中：非流动资产处置损失(元)	2022-12-31	2022-09-30	2022-06-30	2022-03-31	2021-12-31
四、利润总额(元)	877.01亿	619.16亿	416.40亿	240.11亿	745.28亿
净利润差额(合计平衡项目)(元)	--	--	--	0.00	--
减：所得税费用(元)	223.26亿	156.02亿	105.35亿	60.59亿	188.08亿

图 1-3　贵州茅台（600519）2022 年 6 月 30 日至 2022 年 12 月 31 日

各期所得税信息

3. 以净利润加利息作为收益

另外，还可以采用税后息税前利润作为收益，其依据是：企业的资产是由投资人和债权人投资所形成的，资产是归投资人和债权人所有的，所以企业的收益就应该由投资人所得的净利润和债权人所得的利息费用组成。在这种情况下，总资产收益率的计算公式如下：

总资产收益率 =（净利润 + 利息）÷ 平均资产总额 ×100%

其中，平均资产总额 =（资产总额年初数 + 资产总额年末数）÷2

在利润表中，债权人所得的利息费用就是少数股东损益。在个股资料页面中，单击"财务分析"选项卡，再单击"利润表"选项，即可看到贵州茅台（600519）2022 年 6 月 30 日至 2022 年 12 月 31 日各期利息信息，如图 1-4 所示。

其中：非流动资产处置损失(元)	2022-12-31	2022-09-30	2022-06-30	2022-03-31	2021-12-31
四、利润总额(元)	877.01亿	619.16亿	416.40亿	240.11亿	745.28亿
净利润差额(合计平衡项目)(元)	--	--	--	0.00	--
减：所得税费用(元)	223.26亿	156.02亿	105.35亿	60.59亿	188.08亿
五、净利润(元)	653.75亿	463.14亿	311.05亿	179.52亿	557.21亿
（一）持续经营净利润(元)	653.75亿	463.14亿	311.05亿	179.52亿	557.21亿
归属于母公司所有者的净利润(元)	627.16亿	444.00亿	297.94亿	172.45亿	524.60亿
少数股东损益(元)	26.59亿	19.14亿	13.11亿	7.07亿	32.60亿

图 1-4　贵州茅台（600519）2022 年 6 月 30 日至 2022 年 12 月 31 日

各期利息信息

4. 以净利润加利息再加所得税作为收益

还有一种观点，无论是归投资人所有的
净利润，还是向国家缴纳的所得税和支付给
债权人的利息，都是企业利用资产所获得的
收益。在这种情况下，总资产收益率的计算公式如下：

> 提醒：计算总资产收益率最常用的
> 计算方式是以净利润为收益的计算
> 方式。

总资产收益率 =（净利润 + 利息 + 所得税）÷ 平均资产总额 ×100%

其中，平均资产总额 =（资产总额年初数 + 资产总额年末数）÷2

1.1.3　总资产收益率的分析技巧

在分析总资产收益率时，一般会从纵向和横向两个方面来对其作出评价，即在纵向上将本期的总资产收益率与前期的总资产收益率相比较；在横向上与行业的平均水平及行业的最高水平相比。只有这样，才能衡量企业的总资产收益率的变化趋势及在行业中的地位，进而更好地剖析企业的资产利用率，总结经验，发现问题。

需要注意的是，在发达市场中，各个行业之间竞争很充分，一旦某行业的总资产收益率明显高于其他行业，则社会上的自有资金就会大量涌入该行业，以获得高于其他行业的收益，这样会使各行业的资产收益率最终趋于平均水平，而不存在所谓的"暴利"行业。

当然，某些个别企业，可能因为拥有独有的先进技术、垄断的市场地位、良好的商业信誉而获得高于同行业水平的资产收益率，这正是企业不断进行技术创新、改进管理方法的动力之一。

1.1.4　总资产收益率的影响因素

总资产收益率的计算公式可以做如下变形：

总资产收益率 = 净利润 ÷ 平均资产总额 =（净利润 ÷ 销售收入）×（销售收入 ÷ 平均资产总额）= 销售净利率 × 总资产周转率

从总资产收益率的变形来看，影响总资产收益率的因素主要是销售净利率、总资产周转率。

销售净利率用来衡量企业在一定时期的销售收入获取的能力，反映了企业控制成本费用的能力。

总资产周转率反映企业运用资产获取销售收入的能力，是总资产收益率的基础。这是因为在一般情况下，企业应在现有资产规模下创造尽可能多的收益，并且还要控制成本费用，这样就会提高总资产收益率。需要注意的是，企业处于不同的行业和不同的时期，提高总资产收益率的方法也不相同。

当企业产品处于竞争很激烈的时期时，是不太可能通过降低成本来提高销售净利率，进一步提高总资产收益率，这时可以通过提高总资产周转率来提高总资产收益率，即提高现有资产的利用率。

当企业处于扩张期时，一般总资产周转率较低，这时可以通过降低成本提高净利率来提高总资产收益率。

> 提醒：固定资产比重大的重工业行业，主要通过提高销售净利率来提高总资产收益率。固定资产比重小的零售行业，主要通过提高总资产周转率来提高总资产收益率。

1.1.5　总资产收益率实战案例分析

表 1-1 所示为贵州茅台（600519）2017—2022 年总资产收益率。

表 1-1　贵州茅台（600519）2017—2022 年总资产收益率

年　　度	净利润（亿元）	平均资产总额（亿元）	总资产收益率（%）
2017	270.79	1 237.725	21.88
2018	352.04	1 472.285	23.91
2019	412.06	1 714.445	24.03
2020	466.97	1 982.19	23.56
2021	524.6	2 342.82	22.39
2022	627.16	2 547.665	24.62

由表 1-1 可以看到，2017—2022 年，贵州茅台（600519）净利润每年都在增加，平均资产总额每年也在增加，都处于明显的上涨趋势中，表明企业运行良好，如图 1-5 所示。

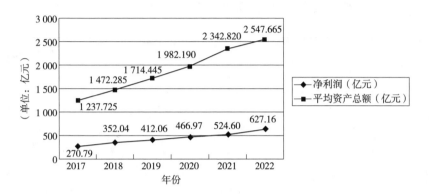

图 1-5 贵州茅台（600519）2017—2022 年净利润和平均资产总额运行趋势

2017—2022 年，贵州茅台（600519）总资产收益率运行趋势如图 1-6 所示。

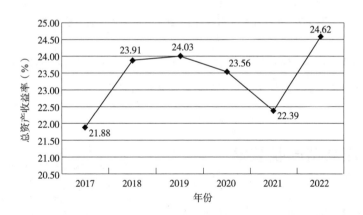

图 1-6 贵州茅台（600519）2017—2022 年总资产收益率运行趋势

由图 1-6 可以看到，2017—2019 年，总资产收益率处于增加趋势中。而 2020 年和 2021 年出现了下降，原因是：虽然净利润仍在增长，但平均资产总额也在增加，并且增加速度比净利润增加得快。

2022 年，贵州茅台（600519）总资产收益率再度大幅度上涨。

需要注意的是，贵州茅台（600519）总资产收益率近几年虽有波动，但每年都在 20% 以上，表明企业在控制资金使用和增加收入等方面取得较好的效果。

2017—2022 年贵州茅台（600519）的股价走势如图 1-7 所示。

图 1-7　贵州茅台（600519）2017—2022 年的股价走势

由图 1-7 可以看到，贵州茅台（600519）股价整体在震荡上涨行情中，及时买进并中长线持有，会有相当丰厚的投资回报。

1.2　流动资产收益率

流动资产是企业资产中流动性最快的部分，在企业生产经营过程中发挥着重要作用。流动资产收益率反映企业生产经营中流动资产所产生的效益，即每百元流动资产在一定时期内实现的利润额。

> 提醒：流动资产是指企业可以在一年或者超过一年的一个正常营业周期内变现或者运用的资产，是企业资产中必不可少的组成部分。流动资产在周转过程中，从货币形态开始，依次改变其形态，最后又回到货币形态（货币资金→储备资金、固定资金→生产资金→成品资金→货币资金），各种形态的资金与生产流通紧密相结合，周转速度快，变现能力强。

1.2.1 流动资产收益率的定义及计算

流动资产收益率是企业的净利润与流动资产平均额之间的比率，其计算公式如下：

流动资产收益率＝净利润 ÷ 平均流动资产总额 ×100%

其中，平均流动资产总额＝（流动资产总额年初数＋流动资产总额年末数）÷2

打开同花顺炒股软件，输入五粮液的股票代码 000858，然后按"回车"键，再按下【F10】键，即可进入五粮液（000858）的个股资料页面。

在个股资料页面中，单击"财务分析"选项卡，再单击"主要指标"选项，即可看到五粮液（000858）2022 年 3 月 31 日至 2022 年 9 月 30 日各期净利润信息，如图 1-8 所示。

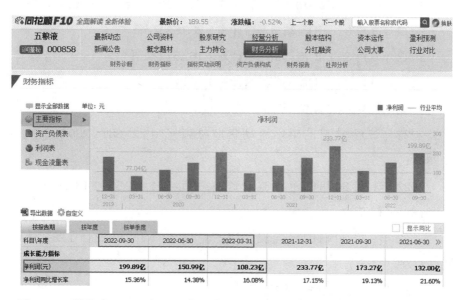

图 1-8 五粮液（000858）2022 年 3 月 31 日至 2022 年 9 月 30 日各期净利润信息

由图 1-8 可以看到，2022 年 3 月 31 日的净利润为 108.23 亿元；

2022 年 6 月 30 日的净利润为 150.99 亿元；

2022 年 9 月 30 日的净利润为 199.89 亿元。

单击"资产负债表"选项，向下拖动垂直滚动条，就可以看到五粮液（000858）2021 年 9 月 30 日至 2022 年 9 月 30 日各期流动资产合计信息，如图 1-9 所示。

	2022-09-30	2022-06-30	2022-03-31	2021-12-31	2021-09-30
其他应收款(元)					
存货(元)	149.61亿	143.61亿	138.46亿	140.15亿	135.65亿
其他流动资产(元)	--	--	--	--	--
总现金(元)	--	--	--	--	--
流动资产合计(元)	1201.28亿	1162.51亿	1239.52亿	1221.38亿	1053.50亿

图 1-9　五粮液（000858）2021 年 9 月 30 日至 2022 年 9 月 30 日
各期流动资产合计信息

由图 1-9 可以看到，2021 年 12 月 31 日的流动资产合计为 1 221.38 亿元；

2022 年 3 月 31 日的流动资产合计为 1 239.52 亿元；

2022 年 6 月 30 日的流动资产合计为 1 162.51 亿元；

2022 年 9 月 30 日的流动资产合计为 1 201.28 亿元。

下面来计算平均流动资产总额。

2022 年 3 月 31 日的平均流动资产总额 =（1 221.38+1 239.52）÷2= 1 230.45（亿元）

2022 年 6 月 30 日的平均流动资产总额 =（1 239.52+1 162.51）÷2= 1 201.015（亿元）

2022 年 9 月 30 日的平均流动资产总额 =（1 162.51+1 201.28）÷2= 1 181.895（亿元）

下面来计算流动资产收益率。

2022 年 3 月 31 日的流动资产收益率 =108.23÷1 230.45×100% ≈ 8.80%

2022 年 6 月 30 日的流动资产收益率 =150.99÷1 201.015×100% ≈12.57%

2022 年 9 月 30 日的流动资产收益率 =199.89÷1 181.895×100% ≈ 16.91%

在这里可以看到，2022 年 3 月 31 日的流动资产收益率小于 2022 年
6 月 30 日的流动资产收益率，并且 2022 年 6 月 30 日的流动资产收益率小于
2022 年 9 月 30 日的流动资产收益率，表明企业流动资产周转速度越来越快，
利用越来越好。在较快的周转速度下，流动资产会相对节约，相当于流动资产
投入的增加，在一定程度上增强了企业的盈利能力。

1.2.2 流动资产收益率实战案例分析

表 1-2 所示为五粮液（000858）2017—2021 年流动资产收益率。

表 1-2 五粮液（000858）2017—2021 年流动资产收益率

年 度	净利润（亿元）	平均流动资产总额（亿元）	流动资产收益率（%）
2017	96.74	588.925	16.43
2018	133.84	706.950	18.93
2019	174.02	873.685	19.92
2020	199.55	994.915	20.06
2021	233.77	1 122.47	20.83

由表 1-2 可以看到，从 2017 年到 2021 年，五粮液（000858）净利润每
年都在增加，平均流动资产总额每年也在增加，都处于明显的上涨趋势中，表
明企业运行较好，如图 1-10 所示。

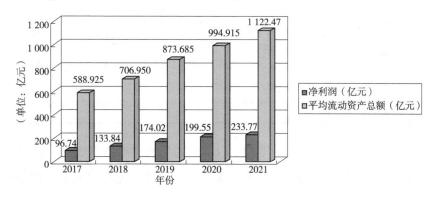

图 1-10 五粮液（000858）2017—2021 年净利润和平均流动资产总额运行趋势

2017—2021 年，五粮液（000858）流动资产收益率运行趋势如图 1-11 所示。

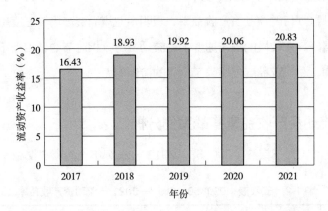

图 1-11　五粮液（000858）流动资产收益率运行趋势

由图 1-11 可以看到，从 2017 年到 2021 年，五粮液（000858）流动资产收益率总体处于明显的上涨趋势中，并且都在 15% 以上。需要注意的是，2019—2021 年增加速度有所减缓，但都在 20% 附近，表明企业盈利能力仍较强。

下面来对比五粮液（000858）和贵州茅台（600519）2017—2021 年流动资产收益率情况，如表 1-3 所示。

表 1-3　流动资产收益率对比

股　　票	年　　度				
	2017	2018	2019	2020	2021
五粮液 （000858）	16.43%	18.93%	19.92%	20.06%	20.83%
贵州茅台 （600519）	26.75%	28.15%	27.76%	27.10%	25.82%

由表 1-3 可以看到，贵州茅台（600519）的流动资产收益率虽然不是明显的上涨趋势，即从 2018 年后逐年降低，但流动资产收益率都处于 25% 以上，说明企业盈利能力很强。五粮液（000858）的流动资产收益率

虽然处于上涨趋势中，但流动资产收益率要明显低于贵州茅台（600519），所以虽然看好五粮液（000858）后期发展，但现阶段贵州茅台（600519）表现仍比五粮液（000858）好。五粮液（000858）和贵州茅台（600519）2017—2021 年流动资产收益率对比图信息，如图 1-12 所示。

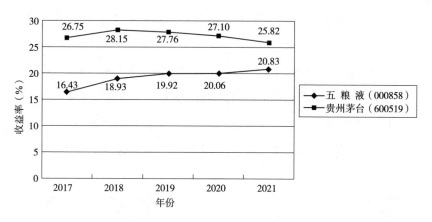

图 1-12　流动资产收益率对比图信息

提醒：流动资产收益率的分析不可脱离流动资产周转率。流动资产周转率揭示了企业流动资产运用效率的高低，而流动资产收益率则补充说明企业流动资产周转率分析中未能反映的择量。如同通过车轮的旋转速度可以看到车轮的磨损程度和是否需要修理一样，通过流动资产周转率的分析可以进一步了解企业流动资产运用效果的好坏。

1.3　固定资产收益率

固定资产是企业的劳动手段，也是企业赖以生产经营的主要资产。在一些工业企业中，固定资产在总资产中占比很大，并且发挥着重要作用。所以固定资产收益率也要多关注。

提醒：固定资产是指企业为生产产品、提供劳务、出租或者经营管理而持有的、使用时间超过 12 个月的、价值达到一定标准的非货币性资产，包括房屋、建筑物、机器、机械、运输工具及其他与生产经营活动有关的设备、器具、工具等。

1.3.1 固定资产收益率的定义及计算

固定资产收益率是企业的净利润与固定资产平均额之间的比率，其计算公式如下：

固定资产收益率＝净利润 ÷ 平均固定资产总额 ×100%

其中，平均固定资产总额＝（固定资产总额年初数＋固定资产总额年末数）÷2

需要注意的是，这里的平均固定资产总额是固定资产的平均净额，即固定资产原值减去累计折旧后得到的净值。使用该值而不是固定资产原值，一方面，可以更好地反映固定资产的实际价值；另一方面，企业的净利润中已经对当期折旧作了扣除。这样，固定资产收益率可以更好地反映企业固定资产所实现的收益。

打开同花顺炒股软件，输入贵州茅台的股票代码 600519，然后按"回车"键，再按下【F10】键，即可进入贵州茅台（600519）的个股资料页面。

在个股资料页面中，单击"财务分析"选项卡，再单击"主要指标"选项，然后单击"按年度"选项卡，即可看到贵州茅台（600519）2017—2022 年各期净利润信息，如图 1-13 所示。

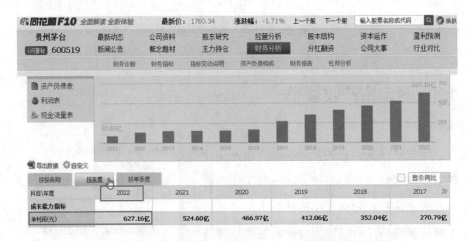

图 1-13 贵州茅台（600519）2017—2022 年各期净利润信息

由图 1-13 可以看到，贵州茅台（600519）2022 年的净利润为 627.16 亿元。

向下拖动垂直滚动条，可以看到财务报告查看信息，如图 1-14 所示。

图 1-14　财务报告查看信息

单击 2022 年后的年报按钮📄，打开贵州茅台（600519）2022 年年报，然后向下拖动垂直滚动条，即可查看固定资产信息，如图 1-15 所示。

固定资产
(1).固定资产情况
☑适用 ☐不适用

单位：元币种：人民币

项目		房屋及建筑物	机器设备	运输工具	电子设备及其他	合计
一、账面原值						
	1.期初余额	24,498,398,586.26	2,033,264,638.55	308,531,335.77	818,407,901.93	27,658,602,462.51
	2.本期增加金额	3,142,422,089.08	416,462,842.38	87,449,550.07	90,002,914.92	3,736,337,396.45
	（1）购置	1,232,789.28	519,752.21	70,574,088.07	15,837,786.25	88,164,415.81
	（2）在建工程转入	3,139,418,666.28	415,943,090.17	16,875,462.00	74,164,496.43	3,646,401,714.88
	（3）企业合并增加					
	（4）外币报表折算	1,770,633.52			632.24	1,771,265.76
	3.本期减少金额	49,858,357.88	6,648,314.87	11,337,546.87	9,757,197.55	77,601,417.17
	（1）处置或报废	49,395,431.25	6,648,314.87	11,337,546.87	9,757,197.55	77,138,490.54
	（2）外币报表折算					
地产	（3）转入投资性房	462,926.63				462,926.63
	（4）转入在建工程					
	4.期末余额	27,590,962,317.46	2,443,079,166.06	384,643,338.97	898,653,619.30	31,317,338,441.79
二、累计折旧						
	1.期初余额	7,968,617,243.72	1,360,587,770.37	210,631,424.07	645,525,624.70	10,185,362,062.86
	2.本期增加金额	1,196,002,584.37	150,017,334.75	33,489,751.92	64,180,332.38	1,443,690,003.42
	（1）计提	1,195,581,459.91	150,017,334.75	33,489,751.92	64,179,638.96	1,443,268,185.54
	（2）外币报表折算	421,124.46			693.42	421,817.88
	3.本期减少金额	29,701,707.27	5,835,069.72	10,652,470.54	9,214,141.62	55,403,389.15
	（1）处置或报废	29,638,028.84	5,835,069.72	10,652,470.54	9,214,141.62	55,339,710.72
	（2）外币报表折算					
地产	（3）转入投资性房	63,678.43				63,678.43
	（4）转入在建工程					
	4.期末余额	9,134,918,120.82	1,504,770,035.40	233,468,705.45	700,491,815.46	11,573,648,677.13

图 1-15　贵州茅台（600519）2022 年的固定资产信息

2022 年期初固定资产原值为 27 658 602 462.51 元，2022 年期初累计折旧为 10 185 362 062.86 元。

2022 年固定资产总额年初数 27 658 602 462.51−10 185 362 062.86=17 473 240 399.65（元）

2022 年期末固定资产原值为 31 317 338 441.79 元，2021 年期末累计折旧为 10 185 362 062.86（元）

2022 年固定资产总额年末数为 31 317 338 441.79−11 573 648 677.13=19 743 689 764.66（元）

2022 年平均固定资产总额的计算如下：

平均固定资产总额＝（固定资产总额年初数＋固定资产总额年末数）÷2=（17 473 240 399.65+19 743 689 764.66）÷2=18 608 465 082.155 元≈186.085（亿元）

2021 年固定资产收益率的计算如下：

固定资产收益率＝净利润÷平均固定资产总额×100%=627.16÷186.085×100% ≈ 337.028 8%

1.3.2　固定资产分析时的注意事项

在进行固定资产分析时，应该注意三点：固定资产的规模、固定资产的结构和固定资产的折旧政策，如图 1-16 所示。

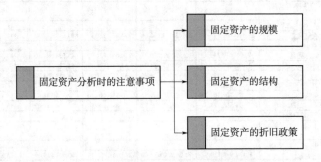

图 1-16　固定资产分析时的注意事项

1. 固定资产的规模

企业固定资产代表着企业的生产力强弱，但并不是说固定资产数量越大越好，超量的固定资产占据企业资金，并且不能短期内变现，这样会造成企业运转困难。

另外，固定资产的规模与行业有很大关系，如生产制造企业的固定资产规模一般都比较大，销售企业的固定资产规模往往不大。在分析固定资产规模时，应查看企业固定资产规模是否符合行业水平。

2. 固定资产的结构

企业持有的固定资产并非完全为生产所需，还有相当数量的非生产用固定资产，以及生产中不需要用到的固定资产。所以可以评价企业固定资产的利用率、生产用固定资产的比率，如果这两个比率都较低，就应该降低对固定资产总体质量的评价。

3. 固定资产的折旧政策

固定资产的价值与其技术水平直接相关。具有同样用途的固定资产，如果在技术上有差距，则价值间的差距就会很明显。例如，随着科技的发展，旧的电子产品的贬值速度很快。

财务分析者应当分析企业哪些固定资产受技术水平的影响较大，是否应当采用加速折旧，企业折旧的计提是否充分等。

1.3.3　固定资产收益率实战案例分析

表 1-4 所示为贵州茅台（600519）2020—2022 年固定资产收益率。

表 1-4　贵州茅台（600519）2020—2022 年固定资产收益率

年　　度	净利润（亿元）	平均固定资产总额（亿元）	固定资产收益率（%）
2020	466.97	156.846	297.73
2021	524.60	168.486	311.36
2022	627.16	186.085	337.03

由表 1-4 可以看到，2020—2022 年，贵州茅台（600519）净利润每年都在增加，平均固定资产总额每年也在增加，都处于明显的上涨趋势中，表明企业运行良好，如图 1-17 所示。

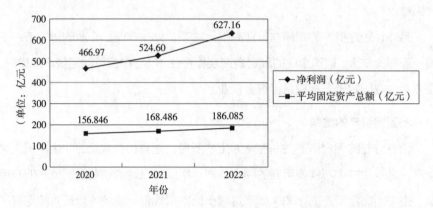

图 1-17 贵州茅台（600519）2020—2022 年净利润和平均固定资产总额运行趋势

2020—2022 年，贵州茅台（600519）固定资产收益率运行趋势如图 1-18 所示。

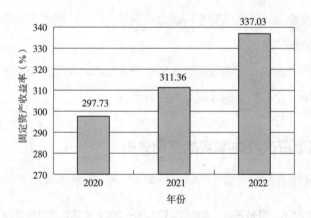

图 1-18 贵州茅台（600519）固定资产收益率运行趋势

由图 1-18 可以看到，从 2020 年到 2022 年，贵州茅台（600519）的固定资产收益率处于明显的上涨趋势中，并且都在 290% 以上，表明企业具有良好的资产管理能力，并且有较强的固定资产运营能力。

1.4　净资产收益率

净资产收益率反映股东权益的收益水平，用于衡量企业运用自有资本的效率。净资产收益率值越高，说明投资带来的收益越高。该指标体现了自有资本获得净收益的能力。

> 提醒：净资产又称权益资本或所有者权益，等于总资产减去总负债以后的净额。它由两大部分组成：一部分是企业开办当初投入的资本，包括溢价部分；另一部分是企业在经营中创造的，也包括接受捐赠的资产。

1.4.1　净资产收益率的定义及计算

净资产收益率又称所有者权益收益率，净值收益率或股东权益收益率，是净利润与平均所有者权益的百分比，是企业税后利润除以净资产得到的百分比率，其计算公式如下：

净资产收益率 = 净利润 ÷ 平均所有者权益 × 100%

其中，平均净资产 =（年初所有者权益 + 年末所有者权益）÷ 2

净资产收益率强调经营期间净资产赚取利润，是一个动态指标，说明企业经营管理者在经营期间利用企业资产为企业创造利润的多少。

需要注意的是，净资产收益率还有一个计算方法，即用净利润除以年末所有者权益，强调年末状况，是一个静态指标，其计算公式如下：

净资产收益率 - 摊薄 = 净利润 ÷ 年末所有者权益 × 100%

打开同花顺炒股软件，输入贵州茅台的股票代码 600519，然后按"回车"键，再按下【F10】键，即可进入贵州茅台（600519）的个股资料页面。

在个股资料页面中，单击"财务分析"选项卡，再单击"主要指标"选项，然后单击"按年度"选项卡，即可看到贵州茅台（600519）2017—2022 年的净资产收益率和净资产收益率 - 摊薄信息，如图 1-19 所示。

盈利能力指标	2022	2021	2020	2019	2018	2017	»
销售净利率	52.68%	52.47%	52.18%	51.47%	51.37%	49.82%	
销售毛利率	91.87%	91.54%	91.41%	91.30%	91.14%	89.80%	
净资产收益率	30.26%	29.90%	31.41%	33.09%	34.46%	32.95%	
净资产收益率-摊薄	31.75%	27.68%	28.95%	30.30%	31.20%	29.61%	

图 1-19　贵州茅台（600519）2017—2022 年的净资产收益率
和净资产收益率 – 摊薄信息

从经营管理者角度来讲，一般会使用净资产收益率这个动态指标，这是因为该指标反映了过去一年的综合管理水平，对经营管理者总结过去，制定经营决策意义重大。所以企业在利用杜邦财务分析体系分析财务情况时，应采用净资产收益率这个动态指标。

但从企业外部相关利益者来看，一般会使用净资产收益率 – 摊薄这一静态指标。在中国证监会发布的《公开发行股票企业信息披露的内容与格式准则第二号：年度报告的内容和格式》中，规定使用净资产收益率 – 摊薄这一静态指标。

贵州茅台（600519）2022 年 9 月 30 日的净利润为 444.00 亿元，2022 年 12 月 31 日的净利润为 627.16 亿元。

贵州茅台（600519）2021 年 12 月 31 日至 2022 年 12 月 31 日的所有者权益信息，如图 1-20 所示。

	2022-12-31	2022-09-30	2022-06-30	2022-03-31	2021-12-31	»
资本公积(元)						
其他综合收益(元)	-1077.69万	-1534.00万	-1514.63万	-1436.43万	-1301.79万	
盈余公积(元)	325.23亿	309.74亿	309.74亿	251.43亿	251.43亿	
未分配利润(元)	1613.02亿	1720.57亿	1574.51亿	1779.62亿	1607.17亿	
归属于母公司所有者权益合计(元)	1975.07亿	2067.09亿	1921.03亿	2067.83亿	1895.39亿	
少数股东权益(元)	74.58亿	67.38亿	63.53亿	81.25亿	74.18亿	
所有者权益（或股东权益）合计(元)	2049.65亿	2134.47亿	1984.56亿	2149.08亿	1969.58亿	

图 1-20　贵州茅台（600519）2021 年 12 月 31 日至 2022 年 12 月 31 日的
所有者权益信息

2022 年 9 月 30 日的期初所有者权益为 1 984.56 亿元，期末所有者权益为 2 134.47 亿元，平均所有者权益为（1 984.56+2 134.47）÷2=2 059.515（亿元）。

2022 年 12 月 31 日的期初所有者权益为 2 134.47 亿元，期末所有者权益为 2 049.65 亿元，平均所有者权益为（2 134.47+2 049.65）÷2=2 092.06（亿元）。

2022 年 9 月 30 日的净资产收益率为 444.00÷2 059.515×100%≈21.558 5%

2022 年 9 月 30 日的净资产收益率－摊薄为 444.00÷2 134.47×100%≈20.801 4%

2022 年 12 月 31 日的净资产收益率为 627.16÷2 092.02×100%≈29.978 7%

2022 年 12 月 31 日的净资产收益率－摊薄为 627.16÷2 049.65×100%≈30.598 4%

1.4.2　净资产收益率的影响因素

净资产收益率反映企业所有者权益的投资报酬率，具有很强的综合性，下面来看一下净资产收益率的影响因素。

净资产收益率的影响因素主要有总资产收益率、负债利息率、企业资本结构和所得税率，如图 1-21 所示。

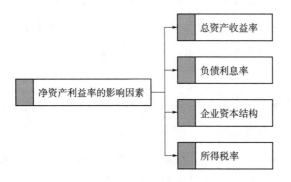

图 1-21　净资产收益率的影响因素

1. 总资产收益率

净资产是企业全部资产的一部分，因此净资产收益率必然受企业总资产收益率的影响。在负债利息率和资本构成等条件不变的情况下，总资产收益率越高，净资产收益率就越高。

2. 负债利息率

负债利息率之所以影响净资产收益率，是因为在资本结构一定的情况下，当负债利息率变动使总资产收益率高于负债利息率时，将对净资产收益率产生有利影响；反之，在总资产收益率低于负债利息率时，将对净资产收益率产生不利影响。例如，某企业的负债利息率为 8%，总资产报酬率为 12%，如果该企业增加负债，则净资产收益率就会增加。

3. 企业资本结构

当总资产收益率高于负债利息率时，提高负债与所有者权益之比，将使净资产收益率提高；反之，降低负债与所有者权益之比，将使净资产收益率降低。

4. 所得税率

由于净资产收益率的分子是净利润即税后利润，因此所得税率的变动必然引起净资产收益率的变动。通常所得税率提高，净资产收益率下降；反之，则净资产收益率上升。

下式可反映出净资产收益率与各影响因素之间的关系：

净资产收益率 ＝ 净利润 ÷ 平均净资产

＝（息税前利润 － 负债 × 负债利息率）×（1 － 所得税率）÷ 净资产

＝（总资产 × 总资产收益率 － 负债 × 负债利息率）×（1 － 所得税率）÷ 净资产

＝（总资产收益率 ＋ 总资产收益率 × 负债 ÷ 净资产 － 负债利息率 × 负债 ÷ 净资产）×（1 － 所得税率）

＝［总资产收益率 ＋（总资产收益率 － 负债利息率）× 负债 ÷ 净资产］×（1 － 所得税率）

1.4.3　净资产收益率分析时的注意事项

净资产收益率是分析企业盈利能力最常用的指标之一，但在利用净资产收益率分析时，最好不要进行横向和纵向比较。

第一，以净资产收益率作为考察指标时，不适合企业的横向比较。这是因为企业的负债率不同，如果某企业负债率很高，导致本来是微利，但净资产收益率却比较高。而有些企业，本来收益不错，但由于财务结构合理，负债较低，净资产收益率却较低。

第二，以净资产收益率作为考察指标时，也不适合企业的纵向比较。这是因为企业可以通过负债回购股权的方式来提高每股收益和净资产收益率。

> 提醒：要对企业进行横向和纵向比较，最好使用总资产收益率。如果以总资产收益率来考察，无论是企业的权益性资金，还是债权人资产，均纳入资金利用效果考察，企业就不能通过提高负债率来提升指标，这样既有利于企业的横向和纵向比较，也能比较真实地反映企业资金利用效果，从而避免净资产收益率的片面性。

1.4.4　净资产收益率实战案例分析

打开同花顺炒股软件，输入片仔癀的股票代码 600436，然后按"回车"键，再按下【F10】键，即可进入片仔癀（600436）的个股资料页面。

在个股资料页面中，单击"财务分析"选项卡，再单击"主要指标"选项，然后单击"按年度"选项卡，再向下拖动垂直滚动条，即可看到片仔癀（600436）2016—2021 年净资产收益率和净资产收益率－摊薄信息，如图 1-22 所示。

盈利能力指标	2021	2020	2019	2018	2017	2016
销售净利率	30.72%	25.95%	24.24%	23.68%	21.01%	21.95%
销售毛利率	50.72%	45.16%	44.24%	42.42%	43.26%	48.95%
净资产收益率	27.68%	23.07%	23.64%	24.98%	21.16%	16.20%
净资产收益率-摊薄	25.05%	21.26%	20.73%	22.78%	19.51%	15.35%

图 1-22　片仔癀（600436）2016—2021 年净资产收益率和净资产收益率－摊薄信息

由图 1-22 可以看到，片仔癀（600436）从 2016 年至 2021 年，净资产收益率处于上涨趋势中，并且大多都在 20% 以上，这表明该企业自有资本获取收益的能力很强，运营效益很好，对企业投资人、债权人的保证程度也很好。

单击"行业对比"选项卡，进入行业对比页面，再单击"净资产收益率"选项，可以查看片仔癀（600436）在其行业中的净资产收益率对比情况，如图 1-23 所示。

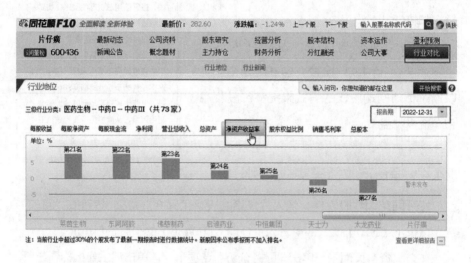

图 1-23　行业对比

需要注意的是，当前的报告期为 2022 年 12 月 31 日，由于片仔癀（600436）还未出 2022 年的年报，所以显示为"暂未发布"。

单击"报告期"后面的下拉列表框，然后选择"2022 年 9 月 30 日"，即可看到 2022 年 9 月 30 日片仔癀（600436）在其行业中的净资产收益率对比情况，如图 1-24 所示。

向下拖动垂直滚动条，可以看到片仔癀（600436）及同类股票的净资产收益率信息，如图 1-25 所示。

2016—2021 年片仔癀（600436）的股价走势如图 1-26 所示。

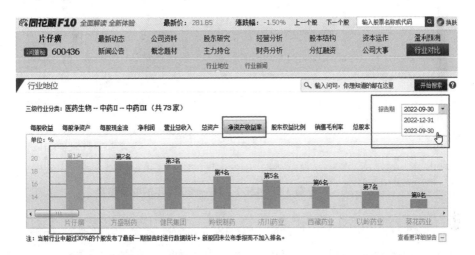

图 1-24　2022 年 9 月 30 日片仔癀（600436）在其行业中的净资产收益率对比

股票代码	股票简称	排名	每股收益(元)▼	每股净资产(元)▼	每股现金流(元)▼	净利润(元)▼	营业总收入(元)▼	总资产(元)▼	净资产收益率▼	股东权益比率▼	销售毛利率▼	总股本(股)▼
600436	片仔癀	1	3.400	18.06	10.23	20.52亿	66.16亿	135.10亿	19.69%	84.21%	47.65%	6.03亿
600976	健民集团	2	2.150	11.54	0.6438	3.26亿	27.95亿	32.47亿	18.91%	54.75%	42.70%	1.53亿
600332	白云山	3	2.137	19.33	2.030	34.74亿	548.10亿	695.50亿	11.42%	48.71%	19.77%	16.26亿
000999	华润三九	4	1.990	16.62	2.042	19.52亿	121.10亿	253.10亿	12.30%	66.71%	54.78%	9.87亿
600566	济川药业	5	1.792	11.19	2.261	15.92亿	58.94亿	132.90亿	16.48%	76.14%	82.74%	9.18亿
600211	西藏药业	6	1.790	12.53	2.424	4.43亿	19.58亿	43.28亿	15.46%	72.20%	94.53%	2.48亿
000538	云南白药	7	1.530	21.05	1.081	23.05亿	269.20亿	516.80亿	6.030%	73.36%	28.21%	17.97亿
603858	步长制药	8	1.145	13.82	2.060	12.67亿	113.00亿	241.70亿	8.490%	62.96%	69.96%	11.06亿
600993	马应龙	9	0.9700	7.969	0.5942	4.16亿	27.85亿	49.01亿	12.63%	72.89%	38.80%	4.31亿
600329	达仁堂	10	0.9500	8.671	0.1635	7.29亿	55.63亿	97.50亿	11.06%	70.52%	41.00%	7.74亿

图 1-25　片仔癀（600436）及同类股票的净资产收益率信息

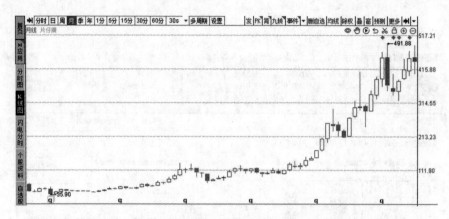

图 1-26　片仔癀（600436）2016—2021 年的股价走势

由图 1-26 可以看到，片仔癀（600436）2016—2021 年股价整体在震荡上涨行情中，2016—2021 年时买进并持有，会有相当丰厚的投资回报。

1.5　长期资金收益率

长期资金收益率是指企业运用长期资金创造利润的能力。长期资金收益率越高，说明企业的长期资金获得收益的能力越强，反之则说明长期资金获得收益的能力越弱。

1.5.1　长期资金收益率的定义及计算

长期资金收益率等于企业的息税前利润与平均长期资产的比率，其计算公式如下：

长期资金收益率 ＝ 息税前利润 ÷ 平均长期资产 ×100%

其中，息税前利润 ＝ 利润总额 ＋ 财务费用

平均长期资产 ＝ 平均长期负债 ＋ 平均股东权益

平均长期负债 ＝（期初长期负债 ＋ 期末长期负债）÷2

平均股东权益 ＝（期初股东权益 ＋ 期末股东权益）÷2

利润总额是衡量企业经营业绩的一项十分重要的经济指标，是企业在一定时期内通过生产经营活动所实现的最终财务成果，其计算方法是：

利润总额 = 营业利润 + 营业外收入 − 营业外支出

财务费用是指企业在生产经营过程中为筹集资金而发生的筹资费用。其包括企业生产经营期间发生的利息支出（减利息收入）、汇兑损益（有的企业进行单独核算，如商品流通企业、保险企业不包括在财务费用）、金融机构手续费，企业发生的现金折扣或收到的现金折扣等。

打开同花顺炒股软件，输入贵州茅台的股票代码 600519，然后按"回车"键，再按下【F10】键，即可进入贵州茅台（600519）的个股资料页面。

在个股资料页面中，单击"财务分析"选项卡，再单击"利润表"选项，就可以看到贵州茅台（600519）2021 年 12 月 31 日至 2022 年 12 月 31 日各期利润总额和财务费用信息，如图 1-27 所示。

	2022-12-31	2022-09-30	2022-06-30	2022-03-31	2021-12-31 >>
管理费用(元)					
研发费用(元)	1.35亿	1.15亿	6011.99万	1954.15万	6192.32万
财务费用(元)	-13.92亿	-10.05亿	-6.68亿	-3.34亿	-9.35亿
其中:利息费用(元)	1202.32万	872.04万	541.66万	--	1352.99万
利息收入(元)	14.75亿	10.65亿	6.76亿	3.39亿	9.45亿
资产减值损失(元)				--	
信用减值损失(元)	1468.65万	-86.00万	102.17万	115.68万	1302.24万
加:公允价值变动收益(元)					-224.47万
投资收益(元)	6384.00万	4788.00万	3192.00万	1596.00万	5825.59万
资产处置收益(元)	21.32万	44.72万	34.32万		
其他收益(元)	2450.54万	1736.58万	1405.34万	1088.46万	2051.59万
三、营业利润(元)	878.80亿	619.62亿	416.35亿	240.27亿	747.51亿
加:营业外收入(元)	7085.23万	4907.85万	3585.13万	1303.78万	6898.92万
其中:非流动资产处置利得(元)	--	--	--	--	--
减:营业外支出(元)	2.49亿	9420.46万	3071.74万	2878.79万	2.92亿
其中:非流动资产处置损失(元)					
四、利润总额(元)	877.01亿	619.16亿	416.40亿	240.11亿	745.28亿

图 1-27　贵州茅台（600519）各期利润总额和财务费用信息

贵州茅台（600519）2022 年 9 月 30 日的利润总额为 619.16 亿元。

贵州茅台（600519）2022 年 9 月 30 日的财务费用为 −10.05 亿元。

贵州茅台（600519）2022 年 9 月 30 日的息税前利润 = 利润总额 + 财务费用 =619.16+（−10.05）=609.11（亿元）

贵州茅台（600519）2022 年 12 月 31 日的利润总额为 877.01 亿元。

贵州茅台（600519）2022 年 12 月 31 日的财务费用为 −13.92 亿元。

贵州茅台（600519）2022 年 12 月 31 日的息税前利润 = 利润总额 + 财务费用 =877.01+（−13.92）=863.09（亿元）

在贵州茅台（600519）的资料页面中，单击"财务分析"选项卡，再单击"资产负债表"选项，就可以看到贵州茅台（600519）2021 年 12 月 31 日至 2022 年 12 月 31 日各期长期负债和股东权益信息，如图 1-28 所示。

同花顺 F10 全面解读 全新体验	最新价：1693.99	涨跌幅：-2.95%	上一个股 下一个股	输入股票名称或代码 🔍 🔒 换肤		
贵州茅台 600519 询董秘	最新动态 新闻公告	公司资料 概念题材	股东研究 主力持仓	经营分析 财务分析	股本结构 分红融资	资本运作 公司大事	盈利预测 行业对比
	财务诊断 财务指标 指标释义说明 资产负债构成 财务报告 杜邦分析					
其中：长期应付款(元)	2022-12-31	2022-09-30	2022-06-30	2022-03-31	2021-12-31 »
专项应付款(元)	--	--	--	--	--
递延所得税负债(元)	--	--	--	--	--
非流动负债合计(元)	3.34亿	3.10亿	2.61亿	2.87亿	2.96亿
负债合计(元)	494.00亿	343.10亿	413.93亿	363.94亿	582.11亿
所有者权益（或股东权益）(元)					
实收资本（或股本）(元)	12.56亿	12.56亿	12.56亿	12.56亿	12.56亿
资本公积(元)	13.75亿	13.75亿	13.75亿	13.75亿	13.75亿
其他综合收益(元)	-1077.69万	-1534.00万	-1514.63万	-1436.43万	-1301.79万
盈余公积(元)	325.23亿	309.74亿	309.74亿	251.43亿	251.43亿
未分配利润(元)	1613.02亿	1720.57亿	1574.51亿	1779.62亿	1607.17亿
归属于母公司所有者权益合计(元)	1975.07亿	2067.09亿	1921.03亿	2067.83亿	1895.39亿
少数股东权益(元)	74.58亿	67.38亿	63.53亿	81.25亿	74.18亿
所有者权益（或股东权益）合计(元)	2049.65亿	2134.47亿	1984.56亿	2149.08亿	1969.58亿

图 1-28　贵州茅台（600519）2021 年 12 月 31 日至 2022 年 12 月 31 日
各期长期负债和股东权益信息

贵州茅台（600519）2022 年 6 月 30 日的长期负债为 2.61 亿元。

贵州茅台（600519）2022 年 9 月 30 日的长期负债为 3.1 亿元。

> 提醒：长期负债，是指非流动负债合计。

贵州茅台（600519）2022 年 12 月 31 日的长期负债为 3.34 亿元。

贵州茅台（600519）2022 年 9 月 30 日的平均长期负债 =（期初长期负债 + 期末长期负债）÷2=（2.61+3.1）÷2=2.855（亿元）

贵州茅台（600519）2022 年 12 月 31 日的平均长期负债 =（期初长期负债 + 期末长期负债）÷2=（3.1+3.34）÷2=3.22（亿元）

贵州茅台（600519）2022 年 6 月 30 日的股东权益为 1 984.56 亿元。

贵州茅台（600519）2022 年 9 月 30 日的股东权益为 2 134.47 亿元。

贵州茅台（600519）2022 年 12 月 31 日的股东权益为 2 049.65 亿元。

贵州茅台（600519）2022 年 9 月 30 日的平均股东权益 =（期初股东权益 + 期末股东权益）÷2=（1 984.56+2 134.47）÷2=2 059.515（亿元）

贵州茅台（600519）2022 年 12 月 31 日的平均股东权益 =（期初股东权益 + 期末股东权益）÷2=（2 134.47+2 049.65）÷2=2 092.06（亿元）

下面来计算长期资金收益率。

贵州茅台（600519）2022 年 9 月 30 日的长期资金收益率 = 息税前利润 ÷ 平均长期资产 ×100%=（利润总额 + 财务费用）÷（平均长期负债 + 平均股东权益）×100%=609.11÷（2.855+2 059.515）×100% ≈ 29.53%

贵州茅台（600519）2022 年 12 月 31 日的长期资金收益率 = 息税前利润 ÷ 平均长期资产 ×100%=（利润总额 + 财务费用）÷（平均长期负债 + 平均股东权益）×100%=863.09÷（3.22+2 092.06）×100% ≈ 41.19%

贵州茅台（600519）2022 年 12 月 31 日的长期资金收益率大于 2022 年 9 月 30 日的长期资金收益率，这表明企业运用长期资本创造利润的能力越来越强，也表明企业管理者经营管理工作越来越好，效率越来越高。

1.5.2　长期资金收益率实战案例分析

表 1-5 所示为华润三九（000999）2018—2022 年长期资金收益率数据信息。

表 1-5 华润三九（000999）2018—2022 年长期资金收益率

年　度	财务费用（亿元）	利润总额（亿元）	息税前利润（亿元）	平均长期负债（亿元）	平均股权收益（亿元）	平均长期资产（亿元）	长期资金收益率（%）
2018	−0.070 4	17.19	17.119 6	5.45	111.68	117.13	14.62
2019	0.054 1	25.55	25.604 1	14.24	130.78	145.02	17.66
2020	−0.571 7	20.59	20.018 3	6.56	140.59	147.15	13.60
2021	−0.378 0	24.44	24.062 0	8.20	157.74	165.94	14.50
2022	0.055 1	29.63	29.685 1	9.17	175.33	184.50	16.09

由表 1-5 可以看到，2018 年、2020 年、2021 年财务费用为负数，但 2019 年和 2022 年为正数，原因在于利息支出、汇兑损失、银行手续费及利息收入等各项之间的数据。2021 年和 2022 年华润三九（000999）的财务费用信息，如图 1-29 所示。

49. 财务费用

	2022年	2021年
利息支出	21, 227, 245.99	14, 178, 715.68
减：利息收入	73, 484, 467.65	67, 222, 376.06
汇兑损失	56, 251, 130.89	12, 889, 049.54
银行手续费	1, 513, 581.48	2, 354, 447.06
	5, 507, 490.71	−37, 800, 163.78

图 1-29 2021 年和 2022 年华润三九（000999）的财务费用信息

> 提醒：财务费用＝利息支出＋汇兑损失＋银行手续费－利息收入。

利润总额，总体来看处于上涨趋势中，如图 1-30 所示。

由图 1-30 可以看到，2019 年的利润总体偏高，原因是华润三九（000999）在 2019 年的投资有一个较大的收益，具体金额为 8.48 亿元，如图 1-31 所示。

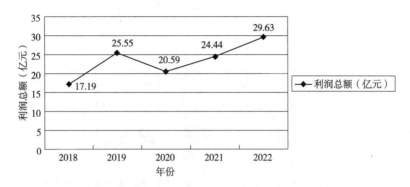

图 1-30　华润三九（000999）2018—2022 年的利润总额

其中：利息费用（元）	2022	2021	2020	2019	2018	≫
利息收入（元）	7548.45万	6722.24万	7373.99万	2450.54万	3102.13万	
资产减值损失（元）	1.38亿	2.56亿	2.05亿	2.10亿	1475.71万	
信用减值损失（元）	597.45万	1238.56万	2339.06万	3740.31万	467.92万	
加：公允价值变动收益（元）	258.00万	503.80万	686.78万	61.24万	-25.50万	
投资收益（元）	4462.13万	3385.91万	8247.74万	8.40亿	1924.10万	
其中：联营企业和合营企业的投资收益（元）	587.16万	18.60万	2.68万	-35.26万	-32.11万	
资产处置收益（元）	227.83万	85.02万	-268.63万	-181.63万	-455.30万	
其他收益（元）	2.17亿	2.30亿	2.19亿	2.02亿	1.83亿	
三、营业利润（元）	29.47亿	24.72亿	20.70亿	25.14亿	17.03亿	
加：营业外收入（元）	3554.14万	2166.51万	1665.43万	4808.33万	2638.39万	
其中：非流动资产处置利得（元）	--	--	--	--	--	
减：营业外支出（元）	1932.32万	4996.59万	2741.58万	751.67万	1098.18万	
其中：非流动资产处置损失（元）	--	--	--	--	--	
四、利润总额（元）	29.63亿	24.44亿	20.59亿	25.55亿	17.19亿	

图 1-31　华润三九（000999）在 2019 年的投资收益

　　需要注意的是，企业投资收益，特别是一些短期项目的投资收益，不具有可持续性，即使当期企业获得了金额较大的投资收益，也不能对其评价过高。

> 提醒：投资收益是指企业对外投资所得的收入（所发生的损失为负数），如企业对外投资取得股利收入、债券利息收入以及与其他单位联合经营所分得的利润等。

　　华润三九（000999）2018—2022 年的息税前利润也是上涨趋势，如图 1-32 所示。

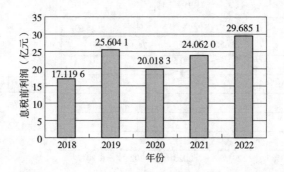

图 1-32 华润三九（000999）2018—2022 年的息税前利润是上涨趋势

华润三九（000999）2018—2022 年的长期负债处于上涨趋势中，如图 1-33 所示。

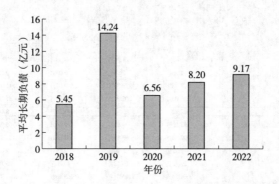

图 1-33 华润三九（000999）2018—2022 年的长期负债处于上涨趋势

由图 1-33 可以看到，2019 年的长期负债较大，原因是华润三九（000999）在该年有一项长期应付款支出，其值为 9.06 亿元，如图 1-34 所示。

> 提醒：长期应付款是指企业除长期借款和应付债券以外的各种长期应付款项，包括采用补偿贸易方式下引进国外设备应付的价款、融资租入固定资产时而发生的应付租赁费等。补偿贸易是从国外引进设备，再用设备所生产的产品归还设备价款，这样既销售了产品，又偿还了债务。这时可以看到，债备的偿还属于非货币性的，所以应当关注企业设备安装是否及时到位，生产能否如期进行，产品的成本能否得到有效的控制等。融资租赁是企业的一种融资方式，该方式可以使得企业在资金不足的情况下，获得所需要的生产设备，后来又以租赁费的方式分期还款，减少了到期一次还款的压力。在分析融资租赁时，要注意企业融资租赁的固定资产是否按照企业最初的意愿形成了生产能力，还要关注其资产收益率是否能超过融资租赁的内含利率，否则将影响长期应付款的偿还。

| 同花顺F10 全面解读 全新体验 | | 最新价：57.20 | 涨跌幅：1.119% | 上一个股 | 下一个股 | 输入股票名称或代码 | | 换肤 |

| 华润三九 词查核 000999 | 最新动态 新闻公告 | 公司资料 概念题材 | 股东研究 主力持仓 | 经营分析 **财务分析** | 股本结构 分红融资 | 资本运作 公司大事 | 盈利预测 行业对比 |

| | 财务诊断 | 财务指标 | 指标变动说明 | 资产负债构成 | 财务报告 | 杜邦分析 |

其他流动负债(元)	2022	2021	2020	2019	2018	»
流动负债合计(元)	88.75亿	79.47亿	72.93亿	60.99亿	63.17亿	
非流动负债(元)						
长期借款(元)	5021.55万	796.62万	--	--	--	
应付债券(元)	--	--	--	--	--	
长期应付款合计(元)	1069.70万	1119.17万	1079.99万	9.06亿	1015.85万	
其中：长期应付款(元)	1069.70万	1119.17万		9.06亿	1015.85万	
专项应付款(元)	--	--	1079.99万	--	--	
预计负债(元)	5.60万	155.86万	155.86万	155.86万	155.86万	
递延所得税负债(元)	2.18亿	1.99亿	1.95亿	1.41亿	1.33亿	
递延收益-非流动负债(元)	4.23亿	3.95亿	3.46亿	3.55亿	3.75亿	
其他非流动负债(元)	--	--	--	--	--	
非流动负债合计(元)	9.17亿	8.20亿	6.56亿	14.24亿	5.45亿	

图 1-34　华润三九（000999）2019 年的长期应付款

华润三九（000999）2018—2022 年的平均股权收益和平均长期资产均处于上涨趋势中，如图 1-35 所示。

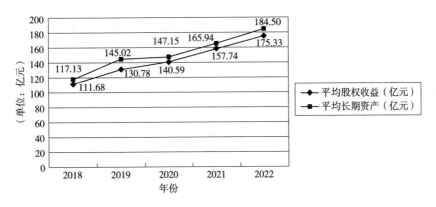

**图 1-35　华润三九（000999）2018—2022 年平均股权收益
和平均长期资产都是上涨趋势**

长期资金收益率的走势，总体也处于上涨趋势中，如图 1-36 所示。

需要注意的是，2019 年华润三九（000999）的长期资金收益率较高的原因是该年利润总额较大，即华润三九（000999）在 2019 年的投资有一个较大的收益，具体金额为 8.48 亿元。

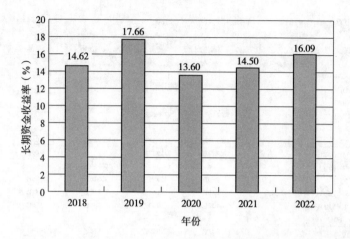

图 1-36　华润三九（000999）2018—2022 年长期资金收益率是上涨趋势

华润三九（000999）从 2018 年至 2022 年长期资金收益率处于上涨趋势，并且其值较高，这说明该企业具有较强的资本保值增值能力，也进一步说明该企业管理者的管理水平较高。

2018—2022 年华润三九（000999）的股价走势如图 1-37 所示。

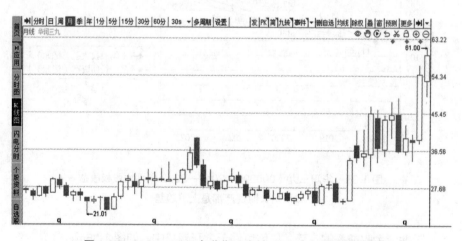

图 1-37　2018—2022 年华润三九（000999）的股价走势

由图 1-37 可以看到，华润三九（000999）股价整体在震荡上涨行情中，及时买进并中长线持有，会有相当不错的投资回报。

1.6　资本保值增值率

资本保值增值率可以直观地反映资本数量的变动。总的来说，资本数量的变动是由企业生产经营产生的利润引起的。

1.6.1　资本保值增值率的定义及计算

资产保值增值率是指所有者权益的期末总额与期初总额的比值，其计算公式如下：

资本保值增值率 = 期末所有者权益 ÷ 期初所有者权益 ×100%

如果资本保值增值率为 100%，则资本保值；资本保值增值率大于 100%，则资本增值；资本保值增值率小于 100%，则资本贬值。

打开同花顺炒股软件，输入贵州茅台的股票代码 600519，然后按“回车”键，再按下【F10】键，即可进入贵州茅台（600519）的个股资料页面。

在个股资料页面中，单击“财务分析”选项卡，再单击“资产负债表”选项，即可看到贵州茅台（600519）2021 年 12 月 31 日至 2022 年 12 月 31 日各期所有者权益信息，如图 1-38 所示。

同花顺F10 全面解读 全新体验　最新价：1715.01　涨跌幅：1.23%　上一个股　下一个股　输入股票名称或代码　换肤

贵州茅台 600519　最新动态　新闻公告　公司资料　概念题材　股东研究　主力持仓　经营分析　财务分析　股本结构　分红融资　资本运作　公司大事　盈利预测　行业对比

财务诊断　财务指标　指标变动说明　资产负债构成　财务报告　杜邦分析

非流动负债合计(元)	2022-12-31	2022-09-30	2022-06-30	2022-03-31	2021-12-31
负债合计(元)	494.00亿	343.10亿	413.93亿	363.94亿	582.11亿
所有者权益（或股东权益）(元)					
实收资本（或股本）(元)	12.56亿	12.56亿	12.56亿	12.56亿	12.56亿
资本公积(元)	13.75亿	13.75亿	13.75亿	13.75亿	13.75亿
其他综合收益(元)	-1077.69万	-1534.00万	-1514.63万	-1436.43万	-1301.79万
盈余公积(元)	325.23亿	309.74亿	309.74亿	251.43亿	251.43亿
未分配利润(元)	1613.02亿	1720.57亿	1574.51亿	1779.62亿	1607.17亿
归属于母公司所有者权益合计(元)	1975.07亿	2067.09亿	1921.03亿	2067.83亿	1895.39亿
少数股东权益(元)	74.58亿	67.38亿	63.53亿	81.25亿	74.18亿
所有者权益（或股东权益）合计(元)	2049.65亿	2134.47亿	1984.56亿	2149.08亿	1969.58亿

图 1-38　贵州茅台（600519）2021 年 12 月 31 日至 2022 年 12 月 31 日各期所有者权益信息

由图 1-38 在这可以看到，2021 年 12 月 31 日的所有者权益为 1 969.58 亿元。

2022 年 3 月 31 日的所有者权益为 2 149.08 亿元。

2022 年 6 月 30 日的所有者权益为 1 984.56 亿元。

2022 年 9 月 30 日的所有者权益为 2 134.47 亿元。

2022 年 12 月 31 日的所有者权益为 2 049.65 亿元。

贵州茅台（600519）2022 年 3 月 31 日的资本保值增值率＝期末所有者权益÷期初所有者权益×100％＝2 149.08÷1 969.58×100％≈109.11％

贵州茅台（600519）2022 年 6 月 30 日的资本保值增值率＝期末所有者权益÷期初所有者权益×100％＝1 984.56÷2 149.08×100％≈92.34％

贵州茅台（600519）2022 年 9 月 30 日的资本保值增值率＝期末所有者权益÷期初所有者权益×100％＝2 134.47÷1 984.56×100％≈107.55％

贵州茅台（600519）2022 年 12 月 31 日的资本保值增值率＝期末所有者权益÷期初所有者权益×100％＝2 049.65÷2 134.47×100％≈96.03％

贵州茅台（600519）2022 年 6 月 30 日的资本保值增值率为 92.34％，小于 100％，说明资本贬值。

贵州茅台（600519）2022 年 12 月 31 日的资本保值增值率为 96.03％，也小于 100％，说明资本贬值。

贵州茅台（600519）2022 年 3 月 31 日的资本保值增值率为 109.11％，大于 100％，说明资本增值。

贵州茅台（600519）2022 年 9 月 30 日的资本保值增值率为 107.55％，大于 100％，说明资本增值。

1.6.2　资本保值增值率的分析注意事项

在进行资本保值增值率分析时，主要考虑三个方面：剔除投资者再投入引起的所有者权益增加部分、考虑通货膨胀因素和考虑资金时间价值，如图 1-39 所示。

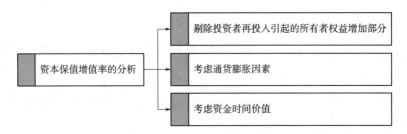

图 1-39　资本保值增值率的分析

1. 剔除投资者再投入引起的所有者权益增加部分

如果当期投资者又投入资金增加所有者权益，同样会导致资本保值增值率上升，但是实际上并未获得增值利润。

2. 考虑通货膨胀因素

由于通货膨胀因素的存在，即使上述指标大于 1，仍有可能存在潜亏，因此分析时应持谨慎态度，不能盲目乐观。

3. 考虑资金时间价值

由于期末所有者权益与期初所有者权益进行比较时，两者所处的时间点不同，缺乏时间上的相关性。

1.6.3　资本保值增值率的影响因素

所有者权益由实收资本、资本公积、盈余公积和未分配利润构成，四个项目中任何一个变动都将引起所有者权益总额的变动。至少有两种情形并不反映真正意义的资本保值增值。

第一，本期投资者追加投资，使企业的实收资本增加，还可能产生资本溢价、资本折算差额，从而引起资本公积变动。

第二，本期接受外来捐赠、资产评估增值导致资本公积增加。

> 提醒：实收资本是指所有者在企业注册资本的范围内实际投入的资本。资本公积是指企业在经营过程中由于接受捐赠、股本溢价及法定财产重估增值等原因所形成的公积金。盈余公积是指企业从税后利润中提取形成的，存留于企业内部，具有特定用途的收益积累。未分配利润是本年度所实现的净利润经过利润分配后所剩余的利润，等待以后分配。

1.6.4 资本保值增值率实战案例分析

资本保值增值率可以较为直观地考察企业的资本增值情况，为投资者观察企业规模变化提供一个可靠的视角。

下面来对比华润三九（000999）和云南白药（000538）2018—2022 年资本保值增值率情况，如表 1-6 所示。

表 1-6 资本保值增值率对比

股 票	年 度				
	2018	2019	2020	2021	2022
华润三九（000999）	110.30%	117.10%	107.50%	112.20%	111.20%
云南白药（000538）	220.50%	95.24%	100.64%	100.24%	100.24%

华润三九（000999）2018—2022 年的资本保值增值率都大于 100%，表明这几年每年资本都是保值增值的，如图 1-40 所示。

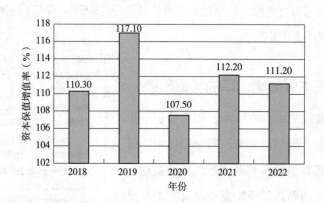

图 1-40 华润三九（000999）2018—2022 年的资本保值增值率

由图 1-40 可以看到，2019 年资本保值增值率最高，而 2020 年资本保值增值率最低，其他几年都在 110% 以上，这表明华润三九（000999）给股东带来的财富增长是较高的。

云南白药（000538）2018—2022 年的资本保值增值率如图 1-41 所示。

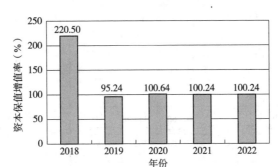

图 1-41　云南白药（000538）2018—2022 年的资本保值增值率

由图 1-41 可以看到，2018 年资本保值增值率最高，高达 220.50%，即资本增值为 1 倍多，具体原因是资本公积暴增，由 2017 年的 12.47 亿元增加到 2018 年的 210.68 亿元，如图 1-42 所示。

同花顺 F10 全面解读 全新体验		最新价：55.80	涨跌幅：-0.04%	上一个股	下一个股	输入股票名称或代码			
云南白药 调整栏 000538	最新动态 新闻公告	公司资料 概念题材	股东研究 主力持仓	经营分析 财务分析	股本结构 分红融资	资本运作 公司大事	盈利预测 行业对比		
		财务诊断	财务指标	指标变动说明	资产负债构成	财务报告	杜邦分析		
		«	2021	2020	2019	2018	2017	»	
递延收益-非流动负债(元)								
其他非流动负债(元)		193.16万	193.16万	193.16万	193.16万	--		
非流动负债合计(元)		11.82亿	12.39亿	19.44亿	10.02亿	20.35亿		
负债合计(元)		139.00亿	168.75亿	115.58亿	139.43亿	95.60亿		
所有者权益（或股东权益）(元)								
实收资本（或股本）(元)		12.83亿	12.77亿	12.77亿	10.41亿	10.41亿		
资本公积(元)		181.26亿	176.55亿	174.20亿	210.68亿	12.47亿		
减：库存股(元)		--	18.08亿	--	--	--		
其他综合收益(元)		251.38万	7.12万	-313.99万	3187.38万	1.18万		
盈余公积(元)		25.30亿	20.86亿	14.13亿	10.48亿	9.40亿		
未分配利润(元)		162.85亿	188.41亿	178.31亿	164.72亿	148.09亿		
归属于母公司所有者权益合计(元)		382.27亿	380.53亿	379.38亿	396.62亿	180.38亿		
少数股东权益(元)		2.08亿	2.91亿	1.62亿	3.44亿	1.05亿		
所有者权益（或股东权益）合计(元)		384.35亿	383.44亿	381.00亿	400.06亿	181.43亿		

图 1-42　云南白药（000538）2018 年资本保值增值率暴涨的原因

随后 2019 年，云南白药（000538）的资本保值增值率出现快速下跌，下跌到 95.24%，即资本出现了贬值，原因也是资本公积出现了快速回落。

2020 年、2021 年和 2022 年，云南白药（000538）的资本保值增值率都略高于 100%，即资本实现了保值，但几乎没有增值。

华润三九（000999）和云南白药（000538）2018—2022 年资本保值增值率对比，如图 1-43 所示。

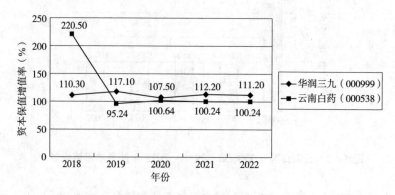

图 1-43　华润三九（000999）和云南白药（000538）2018—2022 年资本保值增值率对比

需要注意的是，在进行资金保值增值率的分析中，投资者还要考虑企业现金股价的发放情况。因为即使一家企业盈利能力很强，但当年赚取的利润中，大部分以现金股利的形式派发出去，也可能导致资本保值增值率处于较低的水平。

1.7　销售毛利率

销售毛利率表示每一元销售收入扣除销售成本后，有多少钱可以用于各项期间费用和形成盈利。销售毛利率是企业销售净利率的最初基础，没有足够大的毛利率，企业便不能盈利。

1.7.1　销售毛利率的定义及计算

主营业务的毛利润是销售收入减去主营业务支出得到的，其最大特点是没有扣除期间费用。所以它排除管理费用、财务费用、营业费用对主营业务利润的影响，直接反映销售收入与支出的关系，其计算公式如下：

销售毛利率＝销售毛利 ÷ 销售收入 ×100%＝（销售收入－销售成本）÷ 销售收入 ×100%

其中，销售收入＝销售量 × 单位售价；销售成本＝销售量 × 单位成本

销售毛利率越高，表明主营业务中成本占的比重越小，企业通过销售获得利润的能力越高。所以销售毛利率能够更为直观地反映企业主营业务对利润创造的力量。

打开同花顺炒股软件，输入贵州茅台的股票代码 600519，然后按"回车"键，再按下【F10】键，即可进入贵州茅台（600519）的个股资料页面。

在个股资料页面中，单击"财务分析"选项卡，再单击"主要指标"选项，即可看到贵州茅台（600519）2021 年 9 月 30 日至 2022 年 12 月 31 日的销售毛利率信息，如图 1-44 所示。

	2022-12-31	2022-09-30	2022-06-30	2022-03-31	2021-12-31	2021-09-30
每股未分配利润(元)						
每股经营现金流(元)	29.21	7.49	-0.0089	-5.47	50.97	29.26
盈利能力指标						
销售净利率	52.68%	53.14%	53.99%	55.59%	52.47%	53.02%
销售毛利率	91.87%	91.87%	92.11%	92.37%	91.54%	91.19%

图 1-44　贵州茅台（600519）2021 年 9 月 30 日至 2022 年 12 月 31 日的
销售毛利率信息

由图 1-44 可以看到，贵州茅台（600519）2021 年 9 月 30 日至 2022 年 12 月 31 日的销售毛利率都在 90% 以上，表明企业在主营业务中，主营业务成本占的比重很小，企业通过销售获得利润的能力很强。

下面来计算贵州茅台（600519）2018—2022 年的销售毛利率。

在个股资料页面中，单击"财务分析"选项卡，再单击"利润表"选项，然后单击"按年度"选项卡，即可看到贵州茅台（600519）2018—2022 年的利润表信息，如图 1-45 所示。

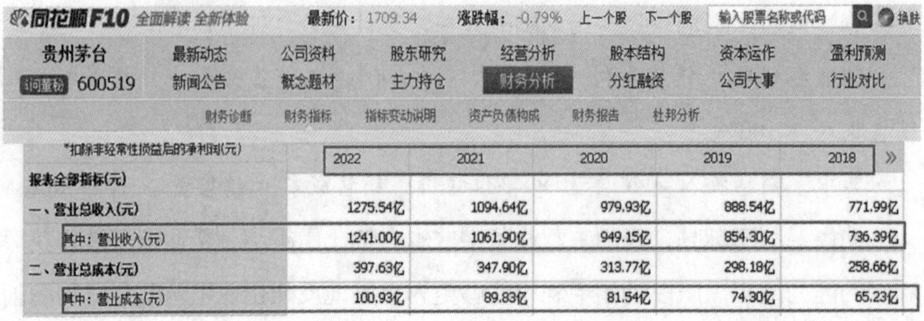

*扣除非经常性损益后的净利润(元)	2022	2021	2020	2019	2018
报表全部指标(元)					
一、营业总收入(元)	1275.54亿	1094.64亿	979.93亿	888.54亿	771.99亿
其中：营业收入(元)	1241.00亿	1061.90亿	949.15亿	854.30亿	736.39亿
二、营业总成本(元)	397.63亿	347.90亿	313.77亿	298.18亿	258.66亿
其中：营业成本(元)	100.93亿	89.83亿	81.54亿	74.30亿	65.23亿

图 1-45　贵州茅台（600519）2018—2022 年的利润表信息

贵州茅台（600519）2018 年的营业收入为 736.39 亿元，营业成本为 65.23 亿元。

贵州茅台（600519）2019 年的营业收入为 854.30 亿元，营业成本为 74.30 亿元。

贵州茅台（600519）2020 年的营业收入为 949.15 亿元，营业成本为 81.54 亿元。

贵州茅台（600519）2021 年的营业收入为 1 061.90 亿元，营业成本为 89.83 亿元。

贵州茅台（600519）2022 年的营业收入为 1 241.00 亿元，营业成本为 100.93 亿元。

下面来计算销售毛利率。

贵州茅台（600519）2018 年的销售毛利率 =（销售收入 − 销售成本）÷ 销售收入 ×100%=（736.39−65.23）÷736.39×100% ≈ 91.14%

贵州茅台（600519）2019 年的销售毛利率 =（销售收入 − 销售成本）÷ 销售收入 ×100%=（854.30−74.30）÷854.30×100% ≈ 91.30%

贵州茅台（600519）2020 年的销售毛利率 =（销售收入 − 销售成本）÷ 销售收入 ×100%=（949.15−81.54）÷949.15×100% ≈ 91.41%

贵州茅台（600519）2021 年的销售毛利率 =（销售收入 − 销售成本）÷ 销售收入 ×100%=（1 061.90−89.83）÷1 061.90×100% ≈ 91.54%

1. 市场供求变动

市场供求关系对产品的价格起决定作用。市场上，某产品的需求是指消费者在一定时期内，在可接受的价格水平上，能够购买到的该商品的数量；某商品的供给是指生产者在一定时期内，在可实现的价格水平上，愿意而且能够提供的可售商品数量。当市场上商品的需求数量与供给数量相等时，便形成一个均衡价格，即某商品的价格。市场供求关系影响商品价格，进而影响企业的销售毛利率。所以销售毛利率大小取决于市场供需状况、竞争者的数量、实力等因素。

2. 成本管理水平

成本费用是企业为获取收益而付出的代价。对于企业而言，其特定目的就是要实现利润，因此企业的成本费用是指企业为了获得利润而必须发生的一切支付额。众所周知，减少成本便可提高利润，在市场价格维持一定的情况下，成本优势创造利润优势。如果一家企业实施的所有价值活动的累积成本低于其竞争对手的成本，那么它具有成本优势，成本优势的战略价值在于其持续性。企业的成本管理水平直接影响产品成本的大小。提高成本管理水平，可以有效地降低产品成本，进而增加企业利润。所以企业的成本管理水平和业绩影响企业的销售毛利率大小。

3. 产品构成及其独特性

一个企业不可能仅仅生产一种产品，每一种产品的市场需求状况不同，产品组合可以在盈利水平上相互弥补、取长补短，以使企业获利最大。同理，如果产品组合不当，也会制约每个产品的获利能力，而削弱了产品组合带来的利润。同时，如果企业生产的产品是某种独特、有价值的产品而不仅仅因价格低廉而取胜时，它便可以获得溢价，以一定的价格售出更多的产品。所以产品构成决策的正确与否、产品的差别性也会影响销售毛利率大小。

4. 行业差别

企业所处的行业大环境不同，这对其经营状况有很大的影响。一个企业是否有长期发展的前景，同它所处的行业本身的性质有关。身处高速发展的行业，对任何企业来说都是财富，当一个企业处于弱势发展行业中，即使财务数据优良，也因大环境的下行趋势而影响其未来的获利能力，各个行业的企业数量和各自的实力不同，不同行业的产品数量及产品市场竞争力也不同，这使得不同的产品获利的空间也不同。所以行业间的平均销售毛利率比较是盈利分析的重要环节。

1.7.4 销售毛利率的意义

销售毛利率主要根据企业的利润表项目计算得出，投资者、债权人、企业经营管理者等报表使用者可从中分析得出自己所需的企业信息。销售毛利率的意义有六点，如图 1-48 所示。

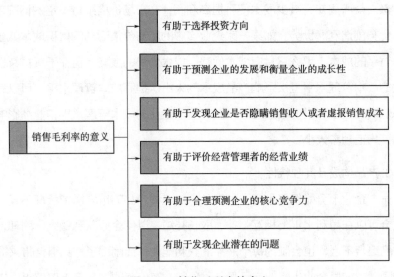

图 1-48 销售毛利率的意义

1. 有助于选择投资方向

价值型投资理念在中国证券市场逐渐确立其地位，而企业盈利能力则是反映企业价值的一个重要方面。企业的盈利能力越强，则其给予股东（投资者）的回报越高，企业价值越大。

在分析企业盈利能力时，要注重企业主营业务的盈利能力。销售毛利率是上市企业的重要经营指标，能反映企业产品的竞争力和获利潜力。它反映了企业产品销售的初始获利能力，是企业净利润的起点，没有足够高的毛利率便不能形成较大的盈利。

与同行业比较，如果企业的毛利率显著高于同业水平，说明企业产品附加值高，产品定价高，或与同行业比较，企业存在成本上的优势，有竞争力。

与历史比较，如果企业的毛利率显著提高，则可能是企业所在行业处于复苏时期，产品价格大幅上升。在这种情况下，投资者需考虑这种价格的上升是否能持续，企业将来的盈利能力是否有保证。相反，如果企业毛利率显著降低，则可能是企业所在行业竞争激烈，毛利率下降往往伴随着价格战的爆发或成本的失控，这种情况预示产品盈利能力的下降。

2. 有助于预测企业的发展和衡量企业的成长性

在分析企业主营业务的盈利空间和变化趋势时，销售毛利率是一个重要指标。该指标的优点是可以对企业某一主要产品或主要业务的盈利状况进行分析，这对于判断企业核心竞争力的变化趋势及其企业成长性极有帮助。

3. 有助于发现企业是否隐瞒销售收入或者虚报销售成本

有些企业逃税避税经常用的手法是隐瞒销售收入或者通过虚报进货额虚增销售成本。一般来讲，除非有计划地同时隐瞒销售收入和销售成本，否则少报利润的结果将反映为销售毛利的异常。同理，根据计算企业毛利率指标，观察其波动是否在正常范围内，可以推测企业是否有通过虚报销售收入和隐瞒销售成本来虚增利润之嫌。

当然，这只是引起销售毛利率异常的原因之一，在分析时应考虑影响毛利率变动的其他因素，如市场环境的变化、企业经营品种的变化、市场地理环境的变化等因素。

4. 有助于评价经营管理者的经营业绩

现代企业所有权与经营权往往是分离的，企业经营管理者的薪酬要和它自身的业绩挂钩。因为产品销售毛利率的提高可一定程度上反映产品获利能力的增加，所以它可以作为衡量经营管理者经营业绩的指标之一。企业所有者可据以制订相应的薪酬激励计划，以便充分发挥经营管理者的工作积极性。

5. 有助于合理预测企业的核心竞争力

在分析企业主营业务的盈利空间和变化趋势时，销售毛利率是一个重要指标。该指标的优点在于可以对企业某一主要产品或主要业务的盈利状况进行分析，这对于判断企业核心竞争力的变化趋势极有帮助。

6. 有助于发现企业潜在的问题

通过销售毛利率的变动，经营者可以发现企业近期的经营业绩的好坏，及时找出经营管理中存在的问题，提高企业的经营管理水平，加强企业内部经营管理。

1.7.5　销售毛利率实战案例分析

表 1-7 所示为华润三九（000999）2018—2022 年销售毛利率。

表 1-7　华润三九（000999）2018—2022 年销售毛利率

年　　度	营业收入 （亿元）	营业成本 （亿元）	销售毛利 （亿元）	销售毛利率 （%）
2018	134.28	41.60	92.68	69.02
2019	147.94	48.87	99.07	66.97
2020	136.37	51.20	85.17	62.46
2021	155.44	63.54	91.90	59.12
2022	180.79	83.13	97.66	54.02

由表 1-7 可以看到，华润三九（000999）2018—2022 年的营业收入总体处于明显的上涨趋势中，如图 1-49 所示。

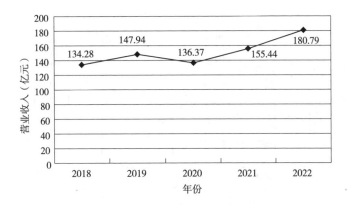

图 1-49　华润三九（000999）2018—2022 年的营业收入总体处于明显的上涨趋势中

需要注意的是，2020 年华润三九（000999）的营业收入略有下降，但总体仍保持在较高的营业收入水平。

华润三九（000999）2018—2022 年的营业成本处于明显的上涨趋势中，如图 1-50 所示。

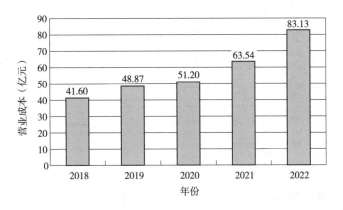

图 1-50　华润三九（000999）2018—2022 年的营业成本处于明显的上涨趋势中

需要注意的是，2020 年华润三九（000999）的营业收入下降了，但该年的营业成本并未减少，反而是增加了。

由于销售毛利等于营业收入减去营业成本，所以销售毛利也总体处于明显的上涨趋势中，如图 1-51 所示。

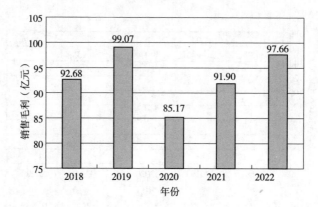

图 1-51 华润三九（000999）2018—2022 年的销售毛利总体处于明显的上涨趋势中

需要注意的是，由于 2020 年华润三九（000999）的营业收入下降了，营业成本上涨了，所以该年的销售毛利也出现了明显的下降。

华润三九（000999）2018—2022 年的销售毛利率如图 1-52 所示。

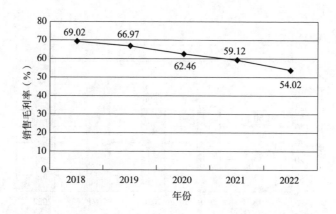

图 1-52 华润三九（000999）2018—2022 年的销售毛利率

由图 1-52 可以看到，华润三九（000999）2018—2022 年的销售毛利率处于明显的下降趋势中。虽然该企业的营业收入处于上涨趋势中，但控制营业成本能力不强，造成营业成本每年都在增长，并且增长速度高于营业收入的增长速度，从而造成销售毛利率处于明显的下降趋势中，所以企业管理者和投资者都要注意这种趋势能否尽快扭转。

需要注意的是，该企业的销售毛利率虽然在下降，但仍在 50% 以上，表明该企业仍具有较高的销售毛利率，仍可以关注其投资机会。

下面来对比华润三九（000999）、白云山（600332）、西藏药业（600211）2018—2022 年销售毛利率情况，如表 1-8 所示。

表 1-8　销售毛利率对比

股　　票	年　　度				
	2018	2019	2020	2021	2022
华润三九 （000999）	69.02%	66.97%	62.46%	59.12%	54.02%
白 云 山 （600332）	23.84%	19.82%	16.93%	19.17%	18.76%
西藏药业 （600211）	79.92%	83.55%	85.80%	89.56%	94.26%

前面讲过，华润三九（000999）的销售毛利率虽然在下降趋势中，但其值都在 50% 以上，仍可以关注其投资机会。

白云山（600332）的销售毛利率处于震荡趋势中，并且其值较低，在 20% 左右，投资机会较弱，如图 1-53 所示。

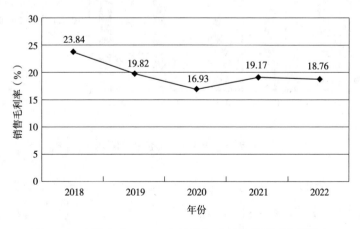

图 1-53　白云山（600332）的销售毛利率处于震荡趋势中

西藏药业（600211）的销售毛利率在上涨趋势中，并且其值较高，在 79% 以上，投资机会很强，如图 1-54 所示。

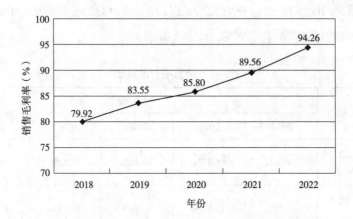

图 1-54　西藏药业（600211）的销售毛利率在上涨趋势中

三家企业 2018—2022 年销售毛利率对比如图 1-55 所示。

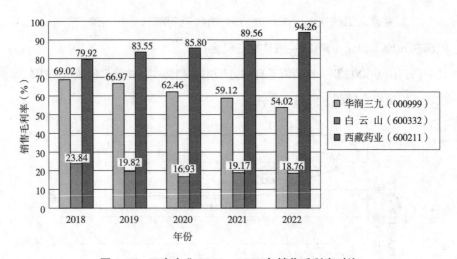

图 1-55　三家企业 2018—2022 年销售毛利率对比

由图 1-55 可以明显看到，西藏药业（600211）的销售毛利率最高，而白云山（600332）的销售毛利率最低。

1.8　销售净利率

销售净利率表示企业每一元产品或商品销售收入所能实现的利润净额为多少，销售净利率与净利润成正比，与销售收入成反比，企业在提高销售收入的同时，必须更多地增加净利润，才能提高销售净利率。

1.8.1　销售净利率的定义及计算

销售净利率反映企业销售收入的盈利水平。其是净利润与销售收入的比率，是指企业实现净利润与销售收入的对比关系，用于衡量企业在一定时期的销售收入获取的能力，该指标费用能够取得多少营业利润。销售净利率计算公式如下：

销售净利率 = 净利润 ÷ 销售收入 ×100%

一般来说，销售净利率的指标越大，说明企业销售的盈利能力越强。

打开同花顺炒股软件，输入贵州茅台的股票代码 600519，然后按"回车"键，再按下【F10】键，就可以进入贵州茅台（600519）的个股资料页面。

在个股资料页面中，单击"财务分析"选项卡，再单击"主要指标"选项，即可看到贵州茅台（600519）2021 年 9 月 30 日至 2022 年 12 月 31 日的销售净利率信息，如图 1-56 所示。

同花顺 F10 全面解读 全新体验		最新价：1739.96		涨跌幅：1.55%	上一个股	下一个股	输入股票名称或代码	换肤
贵州茅台 [词霸榜] 600519	最新动态 新闻公告	公司资料 概念题材	股东研究 主力持仓	经营分析 财务分析	股本结构 分红融资	资本运作 公司大事	盈利预测 行业对比	
	财务诊断	财务指标	指标变动说明	资产负债构成	财务报告	杜邦分析		

	2022-12-31	2022-09-30	2022-06-30	2022-03-31	2021-12-31	2021-09-30	»
每股净资产(元)							
每股资本公积金(元)	1.09	1.09	1.09	1.09	1.09	1.09	
每股未分配利润(元)	128.40	136.97	125.34	141.67	127.94	116.62	
每股经营现金流(元)	29.21	7.49	-0.0089	-5.47	50.97	29.26	
盈利能力指标							
销售净利率	52.68%	53.14%	53.99%	55.59%	52.47%	53.02%	

图 1-56　贵州茅台（600519）2019 年 9 月 30 日至 2022 年 12 月 31 日的销售净利率信息

由图 1-56 可以看到，贵州茅台（600519）2021 年 9 月 30 日至 2022 年 12 月 31 日的销售净利率都在 50% 以上，表明企业通过扩大销售获取收益的能力很强。

下面来计算贵州茅台（600519）2018—2022 年的销售净利率。

在个股资料页面中，单击"财务分析"选项卡，再单击"利润表"选项，然后单击"按年度"选项卡，即可看到贵州茅台（600519）2018—2022 年的销售收入（营业收入）信息，如图 1-57 所示。

图 1-57　贵州茅台（600519）2018—2022 年的销售收入（营业收入）信息

贵州茅台（600519）2018 年的销售收入为 736.39 亿元。

贵州茅台（600519）2019 年的销售收入为 854.30 亿元。

贵州茅台（600519）2020 年的销售收入为 949.15 亿元。

贵州茅台（600519）2021 年的销售收入为 1 061.90 亿元。

贵州茅台（600519）2022 年的销售收入为 1 241.00 亿元。

在个股资料页面中，单击"财务分析"选项卡，再单击"主要指标"选项，然后单击"按年度"选项卡，即可看到贵州茅台（600519）2018—2022 年的净利润信息，如图 1-58 所示。

贵州茅台（600519）2018 年的净利润为 352.04 亿元。

贵州茅台（600519）2019 年的净利润为 412.06 亿元。

贵州茅台（600519）2020 年的净利润为 466.97 亿元。

贵州茅台（600519）2021 年的净利润为 524.60 亿元。

贵州茅台（600519）2022 年的净利润为 627.16 亿元。

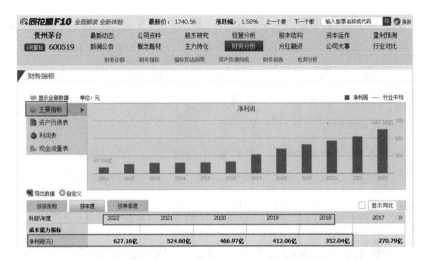

图 1-58 贵州茅台（600519）2018—2022 年的净利润信息

下面来计算销售净利率。

贵州茅台（600519）2018 年的销售净利率＝净利润 ÷ 销售收入 ×100%＝352.04÷736.39×100% ≈ 47.81%

贵州茅台（600519）2019 年的销售净利率＝净利润 ÷ 销售收入 ×100%＝412.06÷854.30×100% ≈ 48.23%

贵州茅台（600519）2020 年的销售净利率＝净利润 ÷ 销售收入 ×100%＝466.97÷949.15×100% ≈ 49.20%

贵州茅台（600519）2021 年的销售净利率＝净利润 ÷ 销售收入 ×100%＝524.60÷1061.90×100% ≈ 49.40%

贵州茅台（600519）2022 年的销售净利率＝净利润 ÷ 销售收入 ×100%＝627.16÷1241.00×100% ≈ 50.54%

1.8.2 销售净利率分析时的注意事项

一个企业如果能保持良好的、持续增长的销售净利率，那么这个企业的财务状况应该是好的，但并不能绝对地讲销售净利率越大越好，还必须看企业的销售增长情况和净利润的变动情况。

销售净利率指标反映每一元销售收入带来的净利润的多少，表示销售收入的收益水平。从销售净利率的指标关系看，企业在增加销售收入额的同时，必须相应地获得更多的净利润，才能使销售净利率保持不变或有所提高。通过分析销售净利率的升降变动，可以促使企业在扩大销售的同时，注意改进经营管理，提高盈利水平。

在进行销售净利率分析时，投资者可以将连续几年的指标数值进行分析，从而测定销售净利率的发展变化趋势；也同样应将企业的指标数值与其他企业指标数值或同行业平均水平进行对比，以具体评价企业净利率水平的高低。销售净利率反映企业销售收入的盈利水平。

销售净利率比较高或提高，说明企业的获利能力较高或提高；销售净利率比较低或降低，说明企业的成本费用支出较高或上升，应进一步分析原因是营业成本上升还是企业降价销售，是营业费用过多还是投资收益减少，以便更好地对企业经营状况进行判断。

在经营中可以发现，企业在扩大销售的同时，由于销售费用、财务费用、管理费用的大幅增加，企业销售净利率并不一定会同比例地增长，甚至会负增长。盲目扩大生产和销售规模未必会为企业带来正的收益。因此分析者应关注在企业每增加 1 元销售收入的同时，销售净利率的增减程度，由此来考察销售收入增长的效益。

1.8.3 销售净利率实战案例分析

表 1-9 所示为片仔癀（600436）2018—2022 年销售净利率。

表 1-9　片仔癀（600436）2018—2022 年销售净利率

年　度	净利润（亿元）	销售收入（亿元）	销售净利率（%）
2018	11.43	47.66	23.98
2019	13.74	57.22	24.01
2020	16.72	65.11	25.68

续上表

年　　度	净利润（亿元）	销售收入（亿元）	销售净利率（%）
2021	24.32	80.22	30.32
2022	24.72	86.94	28.43

由表 1-9 可以看到，2018—2022 年，片仔癀（600436）净利润每年都在增加，处于明显的上涨趋势中，表明企业运行良好，如图 1-59 所示。

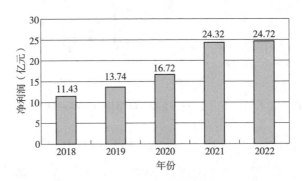

图 1-59　片仔癀（600436）2018—2022 年净利润处于明显的上涨趋势中

但需要注意的是，相对于 2021 年，片仔癀（600436）2022 年的净利润增长很少。

2018—2022 年，片仔癀（600436）销售收入每年都在增加，也处于明显的上涨趋势中，如图 1-60 所示。

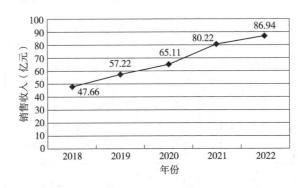

图 1-60　片仔癀（600436）2018—2022 年销售收入处于明显的上涨趋势中

2018—2022 年，片仔癀（600436）销售净利率总体也处于明显的上涨趋势中，如图 1-61 所示。

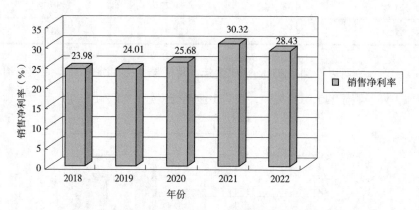

图 1-61　片仔癀（600436）2018—2022 年销售净利率总体也处于上涨趋势中

2018—2021 年，片仔癀（600436）销售净利率都在明显地增长，但 2022 年略有下降，原因是片仔癀（600436）2022 年的销售收入增长较多，但净利润却增长很少。净利润增长少的原因是 2022 年营业成本及其他费用增长较多。

下面来对比片仔癀（600436）、华润三九（000999）、白云山（600332）、西藏药业（600211）2018—2022 年销售净利率情况，如表 1-10 所示。

表 1-10　销售净利率对比

股　　票	年　　度				
	2018	2019	2020	2021	2022
片 仔 癀 （600436）	23.98%	24.01%	25.68%	30.32%	28.43%
华润三九 （000999）	10.98%	14.55%	11.86%	13.58%	13.81%
白 云 山 （600332）	8.37%	5.30%	5.01%	5.75%	6.01%
西藏药业 （600211）	21.22%	25.27%	30.64%	9.96%	14.69%

片仔癀（600436）的销售净利率情况前面已分析，这里不再重复。

华润三九（000999）2018—2022年的销售净利率整体处于上涨趋势中，如图1-62所示。

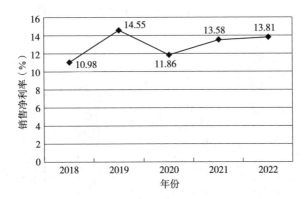

图1-62　华润三九（000999）2018—2022年销售净利率整体处于上涨趋势中

由图1-62可以看到，2019年华润三九（000999）的销售净利率增长较快，原因是2019年的净利润增加得多，由2018年的14.32亿元增加到2019年的20.99亿元，如图1-63所示。

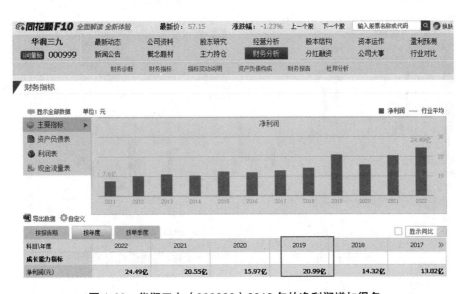

图1-63　华润三九（000999）2019年的净利润增加得多

需要注意的是，华润三九（000999）的销售净利率相对于片仔癀（600436）较低，只有片仔癀（600436）的一半。

白云山（600332）的销售净利率整体处于震荡趋势中，并且其值较小，从该指标来看，白云山（600332）没有好的投资价值，如图 1-64 所示。

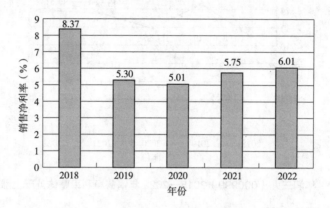

图 1-64　白云山（600332）的销售净利率整体处于震荡趋势中

2018—2022 年，白云山（600332）的股价走势整体处于震荡型行情中，如图 1-65 所示。

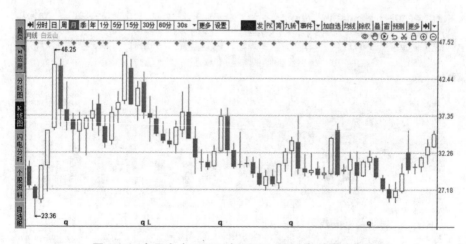

图 1-65　白云山（600332）2018—2022 年的股价走势

西藏药业（600211）2018—2022 年的销售净利率如图 1-66 所示。

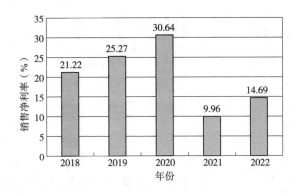

图 1-66　西藏药业（600211）2018—2022 年的销售净利率

由图 1-66 可以看到，西藏药业（600211）2018—2020 年的销售净利率处于明显的上涨趋势中，但 2021 年却出现了大幅下跌，原因是净利润出现了大幅度下跌，由 2020 年的 4.18 亿元下跌到 2021 年的 2.09 亿元，如图 1-67 所示。

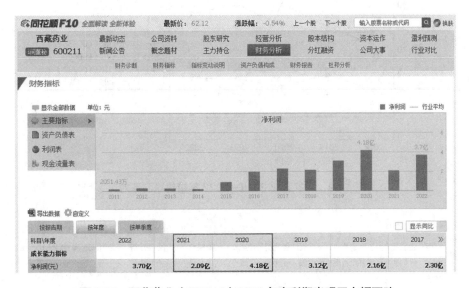

图 1-67　西藏药业（600211）2021 年净利润出现了大幅下跌

需要注意的是，净利润减少并不是营业收入减少了，而是因为销售费用、管理费用、营业税金、财务费用增加了，如图 1-68 所示。

同花顺F10 全面解读 全新体验	最新价：62.12	涨跌幅：-0.54%	上一个股	下一个股	输入股票名称或代码 🔍 ⟳换肤

西藏药业	最新动态	公司资料	股东研究	经营分析	股本结构	资本运作	盈利预测
调研榜 600211	新闻公告	概念题材	主力持仓	财务分析	分红融资	公司大事	行业对比

财务诊断　财务指标　指标变动说明　资产负债构成　财务报告　杜邦分析

"扣除非经常性损益后的净利润(元)	2022	2021	2020	2019	2018 ≫
报表全部指标(元)					
一、营业总收入(元)	25.55亿	21.39亿	13.73亿	12.56亿	10.28亿
其中：营业收入(元)	25.55亿	21.39亿	13.73亿	12.56亿	10.28亿
二、营业总成本(元)	20.89亿	20.31亿	9.52亿	9.05亿	8.42亿
其中：营业成本(元)	1.47亿	2.23亿	1.95亿	2.07亿	2.06亿
营业税金及附加(元)	3254.25万	2619.78万	1447.32万	1495.72万	1265.18万
销售费用(元)	14.09亿	11.55亿	6.85亿	6.23亿	4.84亿
管理费用(元)	1.32亿	9945.96万	6322.03万	5883.00万	5490.48万
研发费用(元)	8813.05万	6085.75万	745.93万	1107.44万	820.77万
财务费用(元)	429.12万	674.99万	-1354.26万	-1155.19万	-1121.24万
其中：利息费用(元)	1435.84万	432.86万	105.00万	105.55万	27.43万

图 1-68　西藏药业（600211）2021 年净利润出现了大幅下跌

四家企业 2018—2022 年销售净利率对比，如图 1-69 所示。

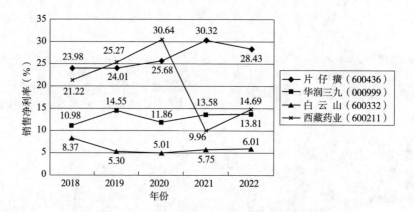

图 1-69　四家企业 2018—2022 年销售净利率对比

> 提醒：企业在大力扩张销售时，一定要注意控制各种成本，如销售费用、财务费用等，否则很可能营业收入增加了，但销售净利率并没有相应地增加，反而出现了减少。所以盲目扩大生产和销售，不一定会为企业带来正的收益。

第2章

企业营运能力指标
实战与应用

○─────────────────────────○

　　营运能力分析，对企业所有者查看其投入企业资金的运用效率，对企业经营管理者优化企业资产结构和发现资产周转中的问题，以及对债权人评价企业的偿债能力，都具有相当重要的意义和作用。

本章主要内容：

➤ 应收账款周转指标及实战案例分析

➤ 营运资本周转率及实战案例分析

➤ 存货周转指标及实战案例分析

➤ 流动资产周转指标及实战案例分析

➤ 营业周期指标及实战案例分析

➤ 现金周期指标及实战案例分析

➤ 固定资产周转率及实战案例分析

➤ 固定资产产值率及实战案例分析

➤ 固定资产增长率及实战案例分析

➤ 固定资产更新率及实战案例分析

➤ 固定资产退废率及实战案例分析

➤ 固定资产损失率及实战案例分析

➤ 固定资产净值率及实战案例分析

➤ 总资产营运能力指标及实战案例分析

2.1　应收账款周转指标

企业的应收账款在流动资产中具有举足轻重的地位。企业的应收账款如能及时收回，企业的资金使用效率便能大幅提高。反映应收账款周转情况的指标主要有两个：应收账款周转率和应收账款周转天数。

2.1.1　应收账款周转率的定义及计算

应收账款周转率又称收账比率，应收账款周转次数，是指在一定时期内（通常为一年）应收账款转化为现金的平均次数，其计算公式如下：

应收账款周转率（次）＝赊销收入净额 ÷ 应收账款平均余额

其中，赊销收入净额＝赊销收入－赊销退回－赊销折扣－赊销折让。

应收账款平均余额＝（期初应收账款余额＋期末应收账款余额）÷2

需要注意的是，各个企业公开的财务信息中，很少标明赊销收入金额，外部财务分析者很难获得企业赊销收入的数据，所以也可以将现销看作收款期为零的赊销，从而使用所有的主营业务收入净额（营业收入）代替赊销收入净额。

应收账款包括报表中的"应收账款"和"应收票据"等全部赊销应收账款。

打开同花顺炒股软件，输入贵州茅台的股票代码 600519，然后按"回车"键，再按下【F10】键，即可进入贵州茅台（600519）的个股资料页面。

在个股资料页面中，单击"财务分析"选项卡，再单击"利润表"选项，即可看到贵州茅台（600519）2021 年 12 月 31 日至 2022 年 12 月 31 日各期营业收入信息，如图 2-1 所示。

贵州茅台（600519）2022 年 9 月 30 日的营业收入（赊销收入净额）为871.60 亿元。

贵州茅台（600519）2022 年 12 月 31 日的营业收入（赊销收入净额）为 1 241.00 亿元。

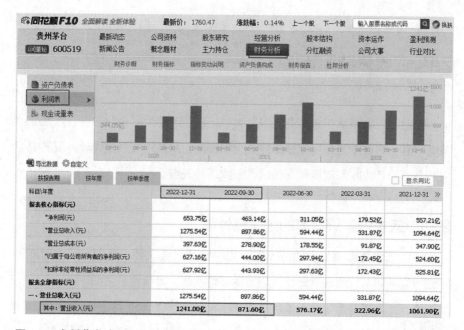

图 2-1　贵州茅台（600519）2021 年 12 月 31 日至 2022 年 12 月 31 日各期营业收入

在贵州茅台（600519）资料页面中，单击"财务分析"选项卡，再单击 "资产负债表"选项，即可看到贵州茅台（600519）2021 年 12 月 31 日至 2022 年 12 月 31 日各期应收账款信息，如图 2-2 所示。

报表全部指标(元)	2022-12-31	2022-09-30	2022-06-30	2022-03-31	2021-12-31 ≫
流动资产(元)					
货币资金(元)	582.74亿	581.45亿	580.48亿	563.76亿	518.10亿
拆出资金(元)	1161.73亿	1165.01亿	1100.65亿	1252.29亿	1350.67亿
交易性金融资产(元)	--	--	--	--	--
应收票据及应收账款(元)	1.26亿	1.46亿	1.44亿	--	--
其中：应收票据(元)	1.05亿	1.46亿	1.44亿	--	--
应收账款(元)	2093.71万				

图 2-2　贵州茅台（600519）2021 年 12 月 31 日至 2022 年 12 月 31 日各期应收账款信息

注意：这里的应收账款是应收票据及应收账款，即等于应收票据＋应收账款。

贵州茅台（600519）2022 年 6 月 30 日的应收账款为 1.44 亿元。

贵州茅台（600519）2022 年 9 月 30 日的应收账款为 1.46 亿元。

贵州茅台（600519）2022 年 12 月 31 日的应收账款为 1.26 亿元。

下面来计算 2022 年 9 月 30 日的应收账款周转率。

应收账款平均余额＝（1.44+1.46）÷2=1.45（亿元）

应收账款周转率（次）=871.60÷1.45 ≈ 601.103 4（次）

再来计算 2022 年 12 月 31 日的应收账款周转率。

应收账款平均余额＝（1.46+1.26）÷2=1.36（亿元）

应收账款周转率（次）=1 241.00÷1.36=912.50（次）

一般来讲，应收账款周转率越高，表明应收账款收回来的速度越快，其流动性越强，这样应收账款发生坏账的可能性就越小。反之，表明应收账款的收回速度较慢，发生坏账的可能性就越大。

2.1.2　应收账款周转天数的定义及计算

应收账款周转天数是反映应收账款周转情况的另一个重要指标，是 360 天与应收账款周转率的比值，其计算公式如下：

应收账款周转天数（天）=360÷应收账款周转率（次）＝应收账款平均余额 ×360÷赊销收入净额

一年的天数除以应收账款一年的周转次数，自然等于应收账款周转一次平均需要的天数，也即从应收账款发生到应收账款收回平均需要的天数。

下面来计算 2022 年 9 月 30 日的应收账款周转天数。

应收账款周转天数（天）=360÷601.103 4 ≈ 0.598 9（天）

2022 年 12 月 31 日的应收账款周转天数。

应收账款周转天数（天）=360÷912.50 ≈ 0.394 5（天）

一般情况下，应收账款周转天数越大，表明应收账款的收回速度较慢，其流动性越弱，这样应收账款发生坏账的可能性就越大。反之，表明应收账款收回来的速度越快，发生坏账的可能性就越小。

2.1.3 应收账款的质量分析技巧

应收账款是企业在正常的经营过程中，因销售商品、产品、提供劳务等业务，应向购买单位收取的款项，主要包括应由购买单位或接受劳务单位负担的款项及税金、代购买方垫付的各种运杂费等项目。

一般来讲，应收账款的数额与企业主营业务的收入数额是成正比的。在对应收账款分析时要注意三个方面：账龄、债务人的分布情况、坏账准备的计提，如图 2-3 所示。

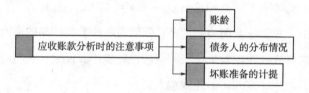

图 2-3　应收账款分析时的注意事项

1. 账龄

应收账款的账龄越长，该应收账款收回来的可能性越小，产生坏账的可能性越大。反之，账龄时间越短，收回来的可能性越大一些。贵州茅台（600519）2022 年年报中的应收账款的账龄信息，如图 2-4 所示。

4. 应收账款
(1). 按账龄披露
√适用 □不适用

单位：元币种：人民币

账龄	期末账面余额
1 年以内	20,937,144.00
1 年以内小计	20,937,144.00
1 至 2 年	
2 至 3 年	
3 年以上	
3 至 4 年	
4 至 5 年	
5 年以上	2,681,973.01
合计	23,619,117.01

图 2-4　贵州茅台（600519）2022 年年报中的应收账款的账龄信息

2. 债务人的分布情况

分析应收账款时，应分析应收账款的债务人是集中还是分散。

有一些企业的主要客户相当少，主要向一两个客户进行销售，由此形成的应收账款可能具有较大的风险。这是因为一旦其客户出现账务危机，企业发生坏账的可能性就大大增加，或者企业为了保持自身的销售收入和利润，可能需要接受客户比较苛刻的购货条件，从而导致账龄增加，或者需付现金折扣上升。

如果企业的客户群相当分散，客户很多，虽然可以降低上述风险，但是会增加应收账款的管理难度和管理成本，所以在分析应收账款时，要综合起来分析。贵州茅台（600519）2022 年年报中的债务人及相应债务信息，如图 2-5 所示。

(5). 按欠款方归集的期末余额前五名的应收账款情况

√适用　□不适用

单位：元 币种：人民币

单位名称	期末余额	占应收账款期末余额合计数的比例(%)	坏账准备期末余额
中石化易捷销售有限公司	20,937,144.00	88.65	
云南昆明远威经贸有限公司	847,620.00	3.59	847,620.00
天津飞萌实业有限公司	784,900.00	3.32	784,900.00
上海国际名酒发展有限责任公司	375,776.00	1.59	375,776.00
深圳友谊商场	194,200.00	0.82	194,200.00
合计	23,139,640.00	97.97	2,202,496.00

图 2-5　贵州茅台（600519）2022 年年报中的债务人及相应债务信息

3. 坏账准备的计提

坏账准备的计提应当注意计提方法和计提比率。

首先，应当注意企业应收账款计提方法是否在不同期间保持一致，企业是否对计提方法的改变做出比较合理的说明。

其次，还要关注计提比率是否恰当，是否低估了坏账比率。

最后，还要关注企业是否有利用坏账调整利润的行为等。贵州茅台（600519）2022 年年报中的坏账准备的计提方法信息，如图 2-6 所示。

(2). 按坏账计提方法分类披露

√适用 □不适用

单位: 元币种: 人民币

类别	期末余额					期初余额				
	账面余额		坏账准备		账面价值	账面余额		坏账准备		账面价值
	金额	比例(%)	金额	计提比例(%)		金额	比例(%)	金额	计提比例(%)	
按单项计提坏账准备										
按组合计提坏账准备	23,619,117.01	100	2,681,973.01	11.36	20,937,144.00	3,097,678.25	100.00	3,097,678.25	100.00	
其中:										
按组合计提坏账准备	23,619,117.01	100	2,681,973.01	11.36	20,937,144.00	3,097,678.25	100.00	3,097,678.25	100.00	
合计	23,619,117.01	/	2,681,973.01	/	20,937,144.00	3,097,678.25	/	3,097,678.25	/	

图 2-6　贵州茅台（600519）2022 年年报中的坏账准备的计提方法信息

2.1.4　应收票据的质量分析技巧

应收票据是指企业因销售商品、提供劳务等而收到的商业汇票。商业汇票的付款期限最长不得超过 6 个月。根据承兑人不同，商业汇票分为商业承兑汇票和银行承兑汇票。

在分析应收票据时，一定要关注企业持有的应收票据类型。如果是银行承兑汇票，由于银行是承兑人，基本上不会存在拒付的情况，所以应收票据的质量是可靠的。如果是商业承兑汇票，就要关注企业债务人的信用情况，是否存在到期拒付的可能性。贵州茅台（600519）2022 年年报中的应收票据信息，如图 2-7 所示。

3.　应收票据

(1). 应收票据分类列示

√适用 □不适用

单位: 元币种: 人民币

项目	期末余额	期初余额
银行承兑票据	105,453,212.00	
合计	105,453,212.00	

图 2-7　贵州茅台（600519）2022 年年报中的应收票据信息

2.1.5　应收账款周转指标分析的注意事项

应收账款周转指标分析的注意事项有六点，如图 2-8 所示。

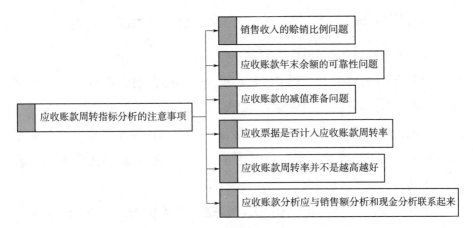

图 2-8　应收账款周转指标分析的注意事项

1. 销售收入的赊销比例问题

从理论上来说，应收账款是赊销引起的，计算时应使用赊销额取代销售收入。但是，外部分析人无法取得赊销的数据，只好直接使用销售收入计算。所以在分析应收账款周转指标时，要注意销售收入的赊销比例问题。

2. 应收账款年末余额的可靠性问题

应收账款是特定时点的存量，容易受季节性、偶然性和人为因素影响。在应收账款周转率用于业绩评价时，最好使用多个时点的平均数，以减少这些因素的影响。

3. 应收账款的减值准备问题

统一财务报表上列示的应收账款是已经提取减值准备后的净额，而销售收入并没有相应减少。其结果是，提取的减值准备越多，应收账款周转天数越少。这种周转天数的减少不是好的业绩，反而说明应收账款管理欠佳。如果减值准备的数额较大就应进行调整，使用未提取坏账准备的应收账款计算周转天数。报表附注中应披露应收账款减值的信息，可作为调整的依据。

4. 应收票据是否计入应收账款周转率

大部分应收票据是销售形成的，只不过是应收账款的另一种形式，应将其纳入应收账款周转天数的计算，称为"应收账款及应收票据周转天数"。

5. 应收账款周转率并不是越高越好

如果企业的应收账款周转率过高，则可能因为企业的信用政策过于严格导致，这样可能会限制企业销售规模的扩大，影响企业未来的盈利能力。

例如，甲企业的应收账款周转天数是 18 天，信用期是 20 天；乙企业的应收账款周转天数是 15 天，信用期是 10 天。前者的收款业绩优于后者，尽管其周转天数较多。

改变信用政策，通常会引起企业应收账款周转天数的变化。所以对应收账款周转率和应收账款周转天数，不能片面地分析，应结合企业具体情况深入了解原因，以便做出正确的决定。

6. 应收账款分析应与销售额分析和现金分析联系起来

应收账款的起点是销售，终点是现金。正常的情况是销售增加引起应收账款增加，现金的存量和经营现金流量也会随之增加。

2.1.6 应收账款周转指标实战案例分析

表 2-1 所示为片仔癀（600436）2017—2022 年应收账款周转指标。

表 2-1　片仔癀（600436）2017—2022 年应收账款周转指标

年　　度	赊销收入净额（亿元）	应收账款平均余额（亿元）	应收账款周转率（次）	应收账款周转天数（天）
2017	37.14	4.42	8.40	42.84
2018	47.66	4.99	9.55	37.69
2019	57.22	4.965	11.52	31.24
2020	65.11	5.15	12.64	28.47
2021	80.22	6.07	13.21	27.24
2022	86.94	7.51	11.73	30.68

由表 2-1 可以看到，2017—2022 年，片仔癀（600436）赊销收入净额每年都在增加，即企业营业收入在增加，表明企业销售良好，如图 2-9 所示。

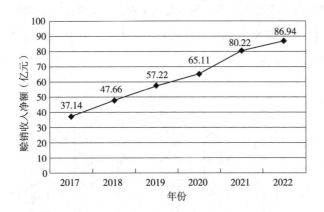

图 2-9　片仔癀（600436）2017—2022 年赊销收入净额每年都在增加

2017—2022 年，片仔癀（600436）的应收账款平均余额也在增加，这表明还未收回来的账款有所增加，但相对于企业营业收入的增加来说，应收账款平均余额是合理的，如图 2-10 所示。

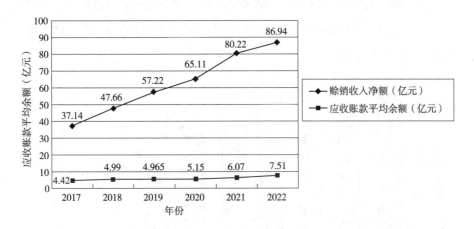

图 2-10　片仔癀（600436）的应收账款平均余额也在增加

2017—2021 年，片仔癀（600436）由于应收账款平均余额的增长速度低于赊销收入净额的增长速度，所以应收账款周转率也是逐年增加。这表明片仔癀（600436）应收账款收回来的速度越来越快，流动性越来越强，应收账款发生坏账的可能性越来越小。

2022 年，由于应收账款平均余额增长速度高于赊销收入净额的增长速度，所以应收账款周转率略有降低。片仔癀（600436）2017—2022 年应收账款周转率，如图 2-11 所示。

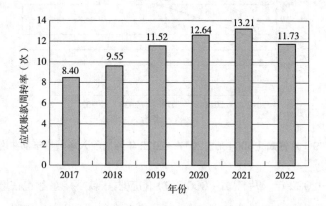

图 2-11　片仔癀（600436）2017—2022 年应收账款周转率

由于应收账款周转天数等于 360 除以应收账款周转率，所以从 2017 年到 2021 年，片仔癀（600436）的应收账款周转天数呈下跌趋势，但 2022 年略有升高，如图 2-12 所示。

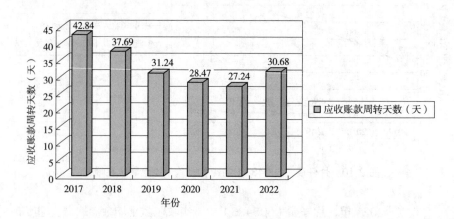

图 2-12　片仔癀（600436）2017—2022 年应收账款周转天数

2.2　营运资本周转率

营运资本周转率是按照建立现代企业制度的要求，为了全面反映企业经济效益状况而设立的一个重要指标。营运资本周转率表明企业营运资本的使用效率，反映每投入 1 元营运资本所能获得的销售收入。

2.2.1　营运资本周转率的定义及计算

营运资本周转率是指年销售净额与营运资金之比，反映营运资金在一年内的周转次数，其计算公式如下：

营运资本周转率 = 销售收入净额 ÷ （平均流动资产 − 平均流动负债）

或营运资本周转率 = 销售收入净额 ÷ 平均营运资金

其中，"平均"指报表期初数与报表期末数的平均值。

一般来讲，营运资本周转率越高，表明 1 元营运资本所带来的销售收入越高，企业营运资本的使用效率越高，营运资本的使用效率越低。

同时，营运资本周转率还是判断企业短期偿债能力的辅助指标。一般来讲，企业营运资金周转率越低，所需要营运资本水平也越低，这时企业的速动比率或流动比率往往处于较低水平，所以企业的短期偿债能力就弱。反之，营运资本周转率高，则企业的短期偿债能力就会比较强。

打开同花顺炒股软件，输入云南白药的股票代码 000538，然后按"回车"键，再按下【F10】键，即可进入云南白药（000538）的个股资料页面。

在个股资料页面中，单击"财务分析"选项卡，再单击"利润表"选项，即可看到云南白药（000538）2021 年 12 月 31 日至 2022 年 12 月 31 日各期营业收入信息，如图 2-13 所示。

提醒：企业的销售收入就是企业的营业收入。

科目\年度	2022-12-31	2022-09-30	2022-06-30	2022-03-31	2021-12-31
报表核心指标(元)					
*净利润(元)	28.40亿	21.40亿	13.66亿	9.04亿	27.98亿
*营业总收入(元)	364.88亿	269.16亿	180.17亿	94.30亿	363.74亿
*营业总成本(元)	334.76亿	244.33亿	165.09亿	78.53亿	321.58亿
*归属于母公司所有者的净利润(元)	30.01亿	23.05亿	15.00亿	9.14亿	28.05亿
*扣除非经常性损益后的净利润(元)	32.32亿	27.05亿	16.55亿	13.20亿	33.39亿
报表全部指标(元)					
一、营业总收入(元)	364.88亿	269.16亿	180.17亿	94.30亿	363.74亿
其中：营业收入(元)	364.88亿	269.16亿	180.17亿	94.30亿	363.74亿

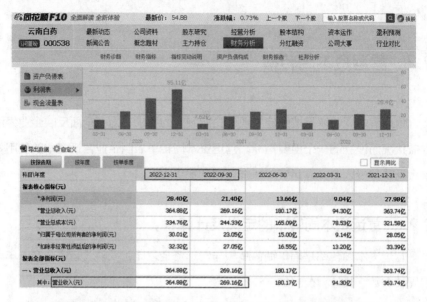

图 2-13　云南白药（000538）2021 年 12 月 31 日至 2022 年 12 月 31 日各期营业收入信息

云南白药（000538）2022 年 9 月 30 日的营业收入为 269.16 亿元。

云南白药（000538）2022 年 12 月 31 日的营业收入为 364.88 亿元。

云南白药（000538）的流动资产和流动负债信息如下。

在云南白药（000538）个股资料页面中，单击“财务分析”选项卡，再单击“资产负债表”选项，即可看到云南白药（000538）2021 年 12 月 31 日至 2022 年 12 月 31 日各期流动资产信息，如图 2-14 所示。

科目\年度	2022-12-31	2022-09-30	2022-06-30	2022-03-31	2021-12-31
其他应收款(元)					
存货(元)	79.93亿	89.01亿	84.24亿	85.81亿	83.79亿
一年内到期的非流动资产(元)	3.62亿	7.60亿	5.49亿	5.45亿	5.40亿
其他流动资产(元)	4.74亿	3.19亿	7.01亿	5.02亿	36.27亿
总现金(元)	154.72亿	137.93亿	129.77亿	146.95亿	235.91亿
流动资产合计(元)	356.77亿	343.67亿	326.07亿	354.35亿	455.04亿

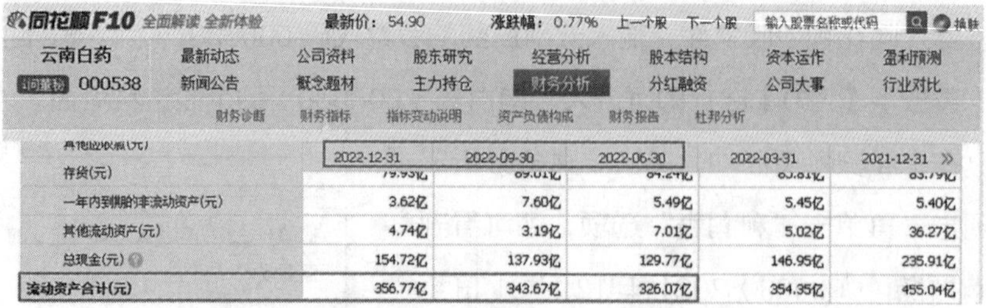

图 2-14　云南白药（000538）2021 年 12 月 31 日至 2022 年 12 月 31 日各期流动资产信息

云南白药（000538）2022 年 6 月 30 日的流动资产为 326.07 亿元。

云南白药（000538）2022 年 9 月 30 日的流动资产为 343.67 亿元。

云南白药（000538）2022 年 12 月 31 日的流动资产为 356.77 亿元。

向下拖动垂直滚动条，就可以看到云南白药（000538）2021 年 12 月 31 日至 2022 年 12 月 31 日各期流动负债信息，如图 2-15 所示。

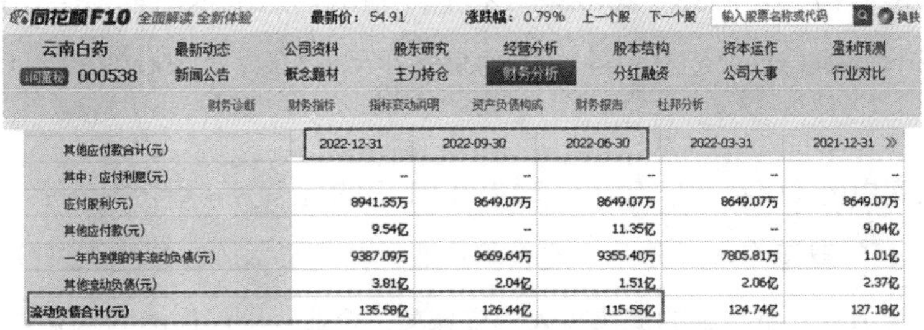

其他应付款合计(元)	2022-12-31	2022-09-30	2022-06-30	2022-03-31	2021-12-31 »
其中：应付利息(元)	--	--	--	--	--
应付股利(元)	8941.35万	8649.07万	8649.07万	8649.07万	8649.07万
其他应付款(元)	9.54亿	--	11.35亿	--	9.04亿
一年内到期的非流动负债(元)	9387.09万	9669.64万	9355.40万	7805.81万	1.01亿
其他流动负债(元)	3.81亿	2.04亿	1.51亿	2.06亿	2.37亿
流动负债合计(元)	135.58亿	126.44亿	115.55亿	124.74亿	127.18亿

图 2-15　云南白药（000538）2021 年 12 月 31 日至 2022 年 12 月 31 日各期流动负债信息

云南白药（000538）2022 年 6 月 30 日的流动负债为 115.55 亿元。

云南白药（000538）2022 年 9 月 30 日的流动负债为 126.44 亿元。

云南白药（000538）2022 年 12 月 31 日的流动负债为 135.58 亿元。

下面来计算平均流动资产和平均流动负债。

> 提醒：流动负债是指在一份资产负债表中，一年内或者超过一年的一个营业周期内需要偿还的债务合计。

云南白药（000538）2022 年 9 月 30 日的平均流动资产 =（326.07+343.67）÷ 2=334.87（亿元）

云南白药（000538）2022 年 12 月 31 日的平均流动资产 =（343.67+356.77）÷ 2=350.22（亿元）

云南白药（000538）2022 年 9 月 30 日的平均负债资产 =（115.55+126.44）÷ 2=120.995（亿元）

云南白药（000538）2022 年 12 月 31 日的平均负债资产 =（126.44+135.58）÷ 2=131.01（亿元）

下面来计算云南白药（000538）2022 年 9 月 30 日和 2022 年 12 月 31 日的营运资本周转率。

云南白药（000538）2022 年 9 月 30 日的营运资本周转率＝销售收入净额÷（平均流动资产－平均流动负债）=269.16÷（334.87-120.995）≈ 1.258

云南白药（000538）2022 年 12 月 31 日的营运资本周转率＝销售收入净额÷（平均流动资产－平均流动负债）=364.88÷（350.22-131.01）≈ 1.665

云南白药（000538）2022 年 12 月 31 日的营运资本周转率大于 2022 年 9 月 30 日的营运资本周转率，这表明企业的营运资本周转率越来越高，即表示 1 元营运资本所带来的销售收入越来越高，企业短期偿债能力越来越强。

2.2.2 营运资本周转率分析的注意事项

不存在衡量营运资本周转率的通用标准，只有将这一指标与企业历史水平、其他企业或同行业平均水平相比才有意义。但是，如果营运资本周转率过低，表明营运资本使用率太低，即相对营运资本来讲，销售不足，有潜力可挖；如果营运资本周转率过高，则表明资本不足，就会有清偿债务危机的可能。

下面来讲解营运资金周转率指标在认识上的偏差。

在用营运资金周转率对企业经济效益进行评价时，一般情况下，此项比率升高，就被说成是好的；相反，则认为不好。但影响该指标升降的原因有两方面：一是销售收入；二是营运资金。即使营运资金为正。在销售收入不变的情况下，营运资金增加，其周转次数减少；营运资金减少，其周转次数增加，它们成反比。然而，营运资金的增减并不总是表明在完成等量的经营业务，取得等量收入前提下，资金的节约或浪费；或者以较少的资金加快其周转，从而完成更多的经营业务。这是由营运资金的变化特点决定的，营运资金为流动资产与流动负债之差，因此营运资金周转率的变动有三种可能情况，如图 2-16 所示。

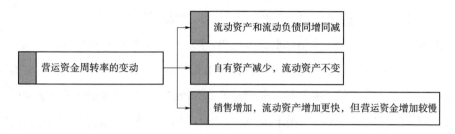

图 2-16　营运资金周转率的变动

1. 流动资产和流动负债同增同减

假设某企业 2022 年净销售收入为 500 万元，流动资产平均余额为 800 万元，流动负债平均余额为 550 万元，则：

营运资金周转率 =500÷（800−550）=2（次）

假设该企业年平均流动负债增加 50 万元，用于购买存货，使企业流动资金增加，但通过该指标却不能反映出这些变动情况，因为：

营运资金周转率 =500÷（850−600）=2（次）

显然，流动资金增加 50 万元，销售收入并未增加的情况下，其周转速度应减缓，但该指标计算结果周转次数仍为 2 次，这就起到了粉饰企业财务状况，掩盖企业流动资金结构中负债大量增加、利用效率降低的问题。

2. 自有资产减少，流动资产不变

自有资产减少、负债增加，即可加速营运资金的周转。还以上例为例来讲解，假设该企业年初借入流动负债 50 万元，偿还期 12 个月，由于某种原因到期未归还并延期 3 个月，并由于用银行存款购买了固定资产使流动资产总额减少了 50 万元。这样流动资产总额未变，然而流动负债却增至 600 万元。从理论上来说，企业资产流动性变差，企业处于不利的境地，但是营运资金周转率指标却提高，即：

营运资金周转率 =500÷（800−600）=2.5（次）

这样可能会使一些投资者得出与事实相反的结论。

3. 销售增加，流动资产增加更快，但营运资金增加较慢

销售增加，流动资产增加的速度更快，如用长期借款购买存货等，但因流动负债同时较快速增加，致使营运资金增加速度缓慢。从理论上来说，这种情况下流动资产利用效率并不好，但通过该指标计算，也可能会使一些信息使用者得出与事实相反的结论。接上例，假设该企业年净销售收入增加为 600 万元，流动资产平均余额增加为 920 万元，流动负债平均余额增加为 650 万元，则：

营运资金周转率 =600÷（920−650）≈ 2.222（次）

从上述计算也可以看出，流动资金结构的变化会影响指标的计算结果。因此简单、片面地凭借这一指标来评价资金利用效率高低，并进而断定一家企业是营运资金不足还是销售不足是不恰当的。在使用该指标时，应根据具体情况加以适当分析。

2.2.3 营运资本周转率实战案例分析

表 2-2 所示为片仔癀（600436）2017—2022 年营运资本周转率。

表 2-2 片仔癀（600436）2017—2022 年营运资本周转率

年　　度	销售收入净额（亿元）	平均流动资产（亿元）	平均流动负债（亿元）	营运资本周转率（％）
2017	37.14	38.15	10.305	1.33
2018	47.66	47.24	12.205	1.36
2019	57.22	62.91	15.185	1.19
2020	65.11	78.24	17.735	1.08
2021	80.22	94.645	19.685	1.07
2022	86.94	116.69	23.235	0.93

由表 2-2 可以看到，2017—2022 年，片仔癀（600436）销售收入净额每年都在增加，即企业营业收入在增加，表明企业销售良好。

片仔癀（600436）2017—2022 年平均流动资产每年也都在增长，即处于

明显的上涨趋势中，这表明企业短期资金与生产流通紧密相结合，周转速度快，变现能力强，如图 2-17 所示。

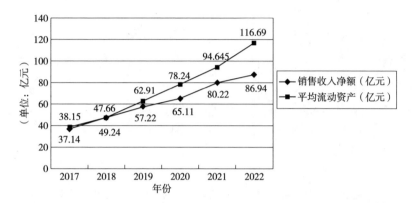

图 2-17　片仔癀（600436）2017—2022 年销售收入净额和平均流动资产对比

片仔癀（600436）2017—2022 年平均流动负债每年也都在增长，即平均流动负债也处于明显的上涨趋势中，如图 2-18 所示。

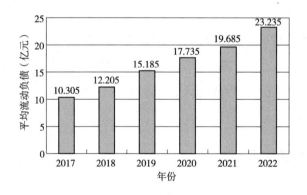

图 2-18　片仔癀（600436）2017—2022 年平均流动负债处于明显的上涨趋势中

> 提醒：企业为什么要有负债，即为什么要借钱，原因有两点：第一，负债可以减少投资者对公司的投入，降低出资风险。第二，适量负债对公司有益，这个可以从两个方面来说：一是借款费用可以从税前扣除，公司可获得纳税上的利益，股东可以增加盈利；二是债权人无权参与公司的经营管理，不会影响投资人对公司的控制。但需要注意的是，公司的息税前利润率应大于借款利息率，否则负债经营会背上沉重包袱，一是借款有规定期限，到期必须偿还；二是需要负担固定利息，无论公司使用资金效益如何，都必须无条件支付。

片仔癀（600436）2017—2022 年营运资本周转率如图 2-19 所示。

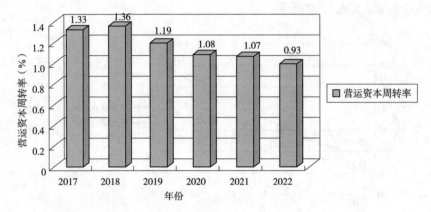

图 2-19　片仔癀（600436）2017—2022 年营运资本周转率

由图 2-19 可以看到，片仔癀（600436）2017—2022 年营运资本周转率处于下降趋势中，原因是：尽管销售收入净额每年都在增加，但平均流动资产和平均流动负债也在增加，并且平均流动负债是增加最快的，所以就造成营运资本周转率下降。

营运资本周转率处于下降趋势中，说明片仔癀（600436）的营运资本使用效率越来越低。企业管理者要明白近年来企业的销售不足，要提高管理和销售方法，从而提高企业的销售收入，即企业的销售量有潜力可以挖掘。

2.3　存货周转指标

存货是一项相当重要的流动资产，各个企业的存货在流动资产中占比一般都比较大，并且存货的主要组成为原材料、半成品和成品，这几种存货是企业资金周转的重要环节，也是资金占用的重要形态。所以分析存货周转情况，对存货资金的利用效率和企业存货管理效率都有相当重要的作用。反映企业存货周转情况的指标主要有两个：存货周转率和存货周转天数。

2.3.1　存货周转率的定义及计算

存货周转率是企业一定时期主营业务成本与平均存货余额的比率，是衡量和评价企业购入存货、投入生产、销售收回等各环节管理状况的综合性指标，其计算公式如下：

存货周转率（次）= 主营业务成本 ÷ 平均存货

其中：平均存货 =（年初存货 + 年末存货）÷2

一般情况下，存货周转率越高，说明存货周转得越快，存货的流动性越强。反之，存货周转率越低，说明存货周转得越慢，存货的流动性越弱。

还需要注意的是，如果企业的存货周转率过高，则有可能是因为企业存货水平太低造成的。存货水平太低，有可能是因为企业采购量太小、采购太过频繁所致，这样可能会增加企业的采购成本。另外，企业存货水平太低，可能会导致缺货，这样可能会影响到企业的正常生产经营。

打开同花顺炒股软件，输入贵州茅台的股票代码 600519，然后按"回车"键，再按下【F10】键，即可进入贵州茅台（600519）的个股资料页面。

在个股资料页面中，单击"财务分析"选项卡，再单击"主要指标"选项，即可看到贵州茅台（600519）2021 年 12 月 31 日至 2023 年 3 月 31 日各期存货周转率信息，如图 2-20 所示。

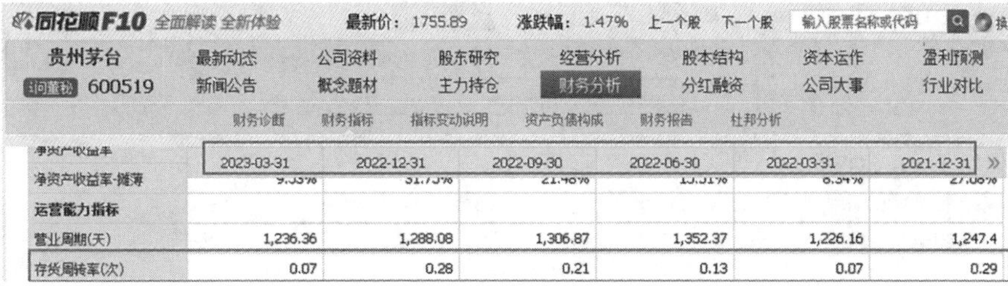

图 2-20　贵州茅台（600519）2021 年 12 月 31 日至 2023 年 3 月 31 日各期存货周转率信息

下面来计算贵州茅台（600519）的存货周转率。

在贵州茅台（600519）个股资料页面中，单击"财务分析"选项卡，再单击“利润表”选项，然后单击“按年度”选项卡，即可看到贵州茅台（600519）2021—2022 年的主营业务成本信息，即营业成本信息，如图 2-21 所示。

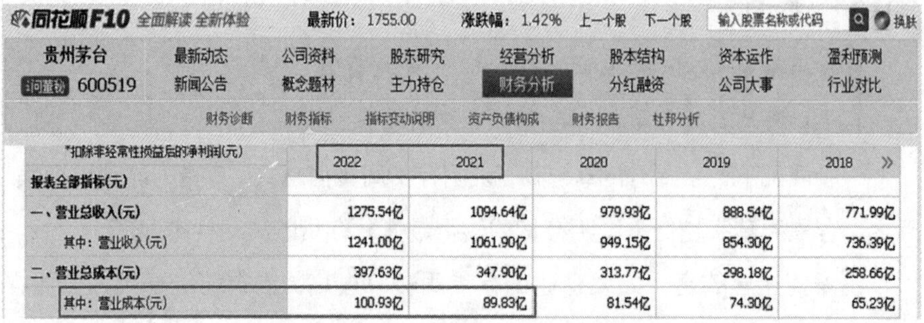

*扣除非经常性损益后的净利润(元)	2022	2021	2020	2019	2018 »
报表全部指标(元)					
一、营业总收入(元)	1275.54亿	1094.64亿	979.93亿	888.54亿	771.99亿
其中：营业收入(元)	1241.00亿	1061.90亿	949.15亿	854.30亿	736.39亿
二、营业总成本(元)	397.63亿	347.90亿	313.77亿	298.18亿	258.66亿
其中：营业成本(元)	100.93亿	89.83亿	81.54亿	74.30亿	65.23亿

图 2-21　贵州茅台（600519）2021—2022 年营业成本信息

贵州茅台（600519）2021 年的营业成本（主营业务成本）为 89.83 亿元。

贵州茅台（600519）2022 年的营业成本（主营业务成本）为 100.93 亿元。

在贵州茅台（600519）个股资料页面中，单击“财务分析”选项卡，再单击“资产负债表”选项，然后单击“按年度”选项卡，即可看到贵州茅台（600519）2020—2022 年的存货信息，如图 2-22 所示。

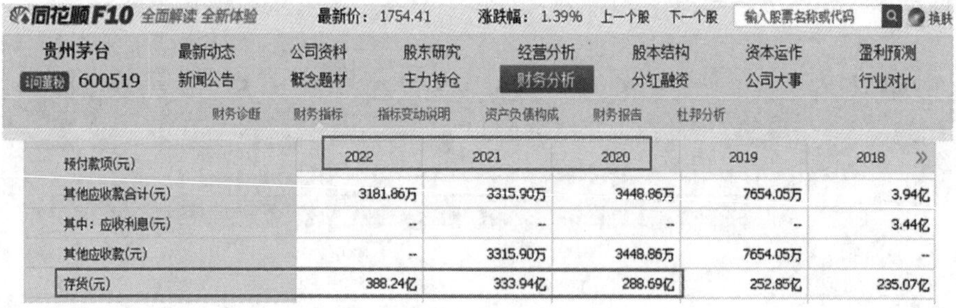

预付款项(元)	2022	2021	2020	2019	2018 »
其他应收款合计(元)	3181.86万	3315.90万	3448.86万	7654.05万	3.94亿
其中：应收利息(元)	--	--	--	--	3.44亿
其他应收款(元)	--	3315.90万	3448.86万	7654.05万	--
存货(元)	388.24亿	333.94亿	288.69亿	252.85亿	235.07亿

图 2-22　贵州茅台（600519）2020—2022 年存货信息

贵州茅台（600519）2020 年的存货为 288.69 亿元。

贵州茅台（600519）2021 年的存货为 333.94 亿元。

贵州茅台（600519）2022 年的存货为 388.24 亿元。

下面来计算 2021 年的存货周转率。

平均存货 =（288.69+333.94）÷2=311.315（亿元）

存货周转率（次）=89.83÷311.315 ≈ 0.288 6（次）

下面来计算 2022 年的存货周转率。

平均存货 =（333.94+388.24）÷2=361.09（亿元）

存货周转率（次）=100.93÷361.09 ≈ 0.279 5（次）

贵州茅台（600519）2021 年和 2022 年存货周转率均较低，说明其存货周转速度较慢，存货的流动性较弱。

2.3.2　存货周转天数的定义及计算

存货周转天数是反映存货周转情况的另一个重要指标，它是 360 天与存货周转率的比值，其计算公式如下：

存货周转天数（天）=360÷ 存货周转率（次）

一般来说，存货周转天数越短，说明存货周转得越快，存货的流动性越强。反之，存货周转天数越长，说明存货周转得越慢，存货的流动性越弱。

需要注意的是，在对存货周转率和存货周转天数分析时，要结合企业的销售、管理等各项政策，然后深入调查企业库存结构组成等具体情况。

下面来计算贵州茅台（600519）2021 年和 2022 年的存货周转天数。

贵州茅台（600519）2021 年的存货周转天数=360÷0.288 6≈1 247.40（天）

贵州茅台（600519）2021 年的存货周转天数=360÷0.279 5≈1 288.01（天）

2.3.3　存货的质量分析技巧

在分析存货时，要明白企业持有存货的数量，应该保持在一个适当的水平。一般情况下，如果企业的存货数量过多，就会降低存货周转率，从而降低资金的使用效率，同时还会增加存货的储藏成本。反之，如果企业的存货数量过少，会使企业面临缺货的可能。所以企业应该对存货加强日常管理，从而使各种成本之和降到最低。

在进行存货分析时，应该注意三点，如图 2-23 所示。

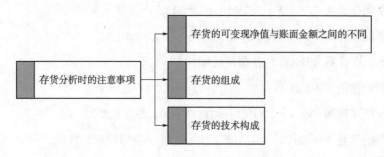

图 2-23　存货分析时的注意事项

1. 存货的可变现净值与账面金额之间的不同

对于企业存货的市价计量，可以使用重置成本，也可以使用可变现净值。重置成本，是指在当前情况下买进相同存货需要花费的成本。

可变现净值，是指在日常活动中，以预计售价减去进一步加工成本和预计销售费用及相关税费后的净值。以库存产品为例，假设甲企业期末 A 商品的账面价值为 60 万元，该批商品的市场价格为 50 万元（不含增值税），估计销售该商品将要发生的销售费用和相关税费为 7 万元（不含增值税），则 A 商品按可变现净值为 43 万元。

从财务分析的角度来看，应当关注存货在未来期间能够为企业带来的经济资源流入，所以采取可变现净值作为市场价格更好。对于不同的存货，可变现净值的确定方法如下：

第一，企业的成品、商品、用于出卖的材料等可直接出卖的商品存货，在日常生产经营过程中，应该以该存货的估计售价减去估计的销售费用和相关税费后的金额，来确定可变现净值，具体计算如下：

可变现净值 = 存货的估计售价 −（估计的销售费用 + 相关税费）

第二，企业用于生产的材料、半成品等需要经过进一步加工的材料存货，在日常生产经营过程中，应当以所生产的产品的估计售价减去至完工时估计将要发生的成本、估计的销售费用、相关税费后的金额，确定可变现净值，具体计算如下：

可变现净值 = 所生产的产品的估计售价 −（至完工时估计将要发生的成本 + 估计的销售费用 + 相关税费）

第三，企业为执行销售合同或劳务合同而持有的存货，一般情况下应当以合同价格为其可变现净值的计量基础，以合同售价减去估计的销售费用、相关税费，或者减去至完工时估计将要发生的成本、估计的销售费用、相关税费后的金额，确定可变现净值。

需要注意的是，一般情况下，企业存货的可变现净值要高于存货的账面价值，具体原因如下：

企业的正常生产经营业务，往往是在卖出存货时，要获取相应的收入和利润，如果可变现净值较低，会使企业日后出现亏损情况，从而影响企业的可持续发展。

但是，对于出现以下几种情况的存货，应当注意是否存在可变现净值小于账面价值的可能。

第一，企业存货的市场价格不断下跌，并且在可以预见的未来，很难再升回来。

第二，企业使用存货原材料，生产的产品成本大于产品的销售价格。

第三，企业因为产品的更新换代，原有库存原材料已经不能适应新产品的需要，并且该原材料的市场价格又低于其账面成本。

第四，因为企业生产的商品或提供的劳务过时了，或者消费者的偏好改变了，从而使市场的需求发生了变化，导致价格不断下行。

如果企业存在上述情况，应当注意企业是否已经计提了相应的存货跌价准备。财务分析者应当保持谨慎性原则，分析企业的存货跌价准备计提是否充足，计提的标准是否前后各期一致。

贵州茅台（600519）2022 年年报中的存货跌价准备及合同履约成本减值准备信息，如图 2-24 所示。

(2). 存货跌价准备及合同履约成本减值准备

√适用 □不适用

单位：元币种：人民币

项目	期初余额	本期增加金额		本期减少金额		期末余额
		计提	其他	转回或转销	其他	
在产品	1,283,984.83					1,283,984.83
合计	1,283,984.83					1,283,984.83

图 2-24　贵州茅台（600519）2022 年年报中的存货跌价准备及合同履约成本减值准备

2. 存货的组成

如果企业生产销售多种产品，分析时应认真判断每种产品的市场情况和盈利能力，还应关注每种产品对外界环境变化的敏感程度，重点关注哪种产品是企业主要的利润来源，企业是否将重要的资源配置在日后有发展潜力的产品上等。

另外，还要分析企业产品是否在同一产业链上，是否具有上下游的关系。如果具有这种关系，那么能否增加企业存货的销售，能否降低存货的成本。

如果企业的存货较多，就应关注是企业的正常安排，还是因为预计产品即将涨价而特意准备。

如果企业内部产品构成单一，存货就可能面临比较大的价格风险。

如果企业在市场上具有垄断性地位，可以控制市场的定价权，存货面临的价格风险就会很小。

贵州茅台（600519）2022 年年报中的存货组成信息，如图 2-25 所示。

7. 存货
(1). 存货分类

√适用 □不适用

单位：元币种：人民币

项目	期末余额			期初余额		
	账面余额	存货跌价准备/合同履约成本减值准备	账面价值	账面余额	存货跌价准备/合同履约成本减值准备	账面价值
原材料	3,917,462,473.00		3,917,462,473.00	4,019,538,465.82		4,019,538,465.82
在产品	17,311,447,077.83	1,283,984.83	17,310,163,093.00	14,310,650,087.51	1,283,984.83	14,309,366,102.68
库存商品	1,814,110,748.17		1,814,110,748.17	1,319,352,631.84		1,319,352,631.84
自制半成品	15,782,637,922.07		15,782,637,922.07	13,746,107,884.49		13,746,107,884.49
合计	38,825,658,221.07	1,283,984.83	38,824,374,236.24	33,395,649,069.66	1,283,984.83	33,394,365,084.83

图 2-25　贵州茅台（600519）2022 年年报中的存货组成信息

3.存货的技术构成

需要注意的是，由于当前技术发展迅速，产品的更新速度很快，不同技术层次的存货价值会有较大的差异，同时在生产成本上也会有差别。所以应当认真分析企业存货的技术竞争力，从而判断该存货的市场寿命。

2.3.4　存货周转指标分析的注意事项

存货周转指标分析的注意事项，具体如下：

第一，存货周转率指标反映企业存货管理水平，它不仅影响企业的短期偿债能力，而且还是整个企业管理的重要内容。

第二，分析存货周转率时还应对影响存货周转速度的重要项目进行分析，如计算原材料周转率，其计算公式如下：

原材料周转率＝耗用原材料成本÷存货平均余额

第三，分析存货周转指标的目的是从不同的角度和环节找出存货管理中存在的问题，使存货管理在保证生产经营连续性的同时，尽可能少占用经营资金，提高资金的使用效率，增强企业短期偿债能力，促进企业管理水平的提高。

第四，存货周转率不但反映存货周转速度、存货占用水平，也在一定程度上反映了企业销售实现的快慢。一般情况下，存货周转速度越快，说明企业投入存货的资金从投入到完成销售的时间越短，存货转换为货币资金或应收账款等的速度越快，资金的回收速度越快。

第五，对存货周转率和存货周转天数分析时，可以进行横向和纵向对比。通过与同行业平均水平或竞争对手的比较，就能查看企业的存货周转速度在整个行业中的水平，与竞争对手相比，是快了还是慢了。如果通过横向对比，发现企业的存货周转率过高或过低，则应深入调查查找原因，然后采取措施进行调整。通过与企业以往各期存货周转率对比，可以查看企业存货周转速度的变化趋势，存货周转速度是越来越快，还是越来越慢，或者保持基本稳定。如果在某一期间存货周转速度突然恶化，要及时查找原因，看看是产品滞销导致的，还是原材料库存太大引起的，找到原因后，要及时改变，防止存货周转情况进一步恶化。

五粮液（000858）2016—2021 年存货周转率和存货周转天数如图 2-26 所示。

图 2-26　五粮液（000858）2016—2021 年存货周转率和存货周转天数

由图 2-26 可以看到，2016—2021 年五粮液（000858）的存货周转率越来越高，存货周转天越来越短，表明企业存货周转速度越来越快，存货的占用水平越来越低，流动性越来越强。

第六，在分析存货周转率和存货周转天数时，还要注意以下三点：

一是如果企业产品的销售具有季节性，那么使用年初或年末存货数据，会得出错误的周转结论，这时应使用全年各月的平均存货量。

二是要关注存货计价方法的不同。对于相同的存货周转，企业的存货计价方法不同，最后得到的期末存货价值一般也会不同。

三是如果可以获取存货内部构成数据，就可以分类别分析周转情况，分析是哪种存货导致本期存货周转率的变动，以便分析企业存货周转的将来趋势。

2.3.5　存货周转指标实战案例分析

表 2-3 所示为云南白药（000538）2019—2022 年存货周转指标。

表 2-3　云南白药（000538）2019—2022 年存货周转指标

年　度	主营业务成本（亿元）	平均存货（亿元）	存货周转率（次）	存货周转天数（天）
2019	211.91	113.89	1.86	193.48
2020	236.56	113.685	2.08	173.01

续上表

年　　度	主营业务成本 （亿元）	平均存货 （亿元）	存货周转率 （次）	存货周转天数 （天）
2021	264.98	96.845	2.74	131.57
2022	268.83	81.86	3.28	109.62

由表 2-3 可以看到，2019—2022 年云南白药（000538）主营业务成本每年都在增加，表明企业所销售商品或提供劳务的成本在不断增加，如图 2-27 所示。

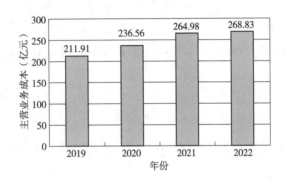

图 2-27　云南白药（000538）2019—2022 年主营业务成本每年都在增加

2019—2022 年云南白药（000538）的平均存货每年都在减少，表明企业具有较高的存货管理水平，如图 2-28 所示。

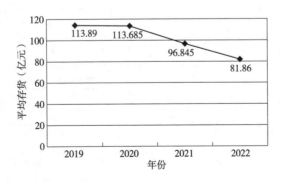

图 2-28　云南白药（000538）2019—2022 年平均存货每年都在减少

2019—2022 年云南白药（000538）存货周转率处于明显的上升趋势中，如图 2-29 所示。

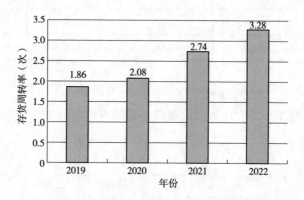

图 2-29　云南白药（000538）2019—2022 年存货周转率处于明显的上升趋势中

云南白药（000538）的存货周转率越来越高，表明企业存货周转速度越来越快，进一步说明企业投入存货的资金从投入到完成销售的时间越来越短，存货转换为货币资金或应收账款的速度越来越快，资金的回收速度越来越快。

由于 2019—2022 年云南白药（000538）存货周转率处于明显的上升趋势中，所以云南白药（000538）存货周转天数处于明显的下降趋势中，如图 2-30 所示。

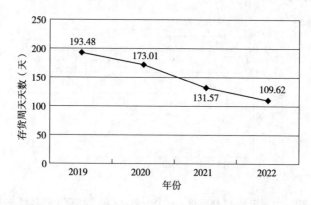

图 2-30　云南白药（000538）2019—2022 年存货周转天数处于明显的下降趋势中

存货周转天数处于明显的下降趋势中，表明企业存货管理水平高，并且尽可能地少占用经营资金，提高资金的使用效率，增强企业短期偿债能力，促进企业管理水平的提高。

下面来对比片仔癀（600436）、华润三九（000999）、白云山（600332）、西藏药业（600211）2019—2022 年存货周转率情况，如表 2-4 所示。

表 2-4　四家企业 2019—2022 年存货周转率对比

股　　票	年　　度			
	2019	2020	2021	2022
片 仔 癀（600436）	1.70 次	1.67 次	1.71 次	1.87 次
华润三九（000999）	3.26 次	3.21 次	3.03 次	3.46 次
白 云 山（600332）	5.56 次	5.32 次	5.52 次	5.45 次
西藏药业（600211）	112.81 次	38.5 次	32.07 次	24.33 次

片仔癀（600436）的存货周转率其值偏小，2019 年为 1.7。2020—2022 年呈上涨趋势，但整体变化不大，表明该企业存货管理效率不佳，虽有所提高，但提高速度较慢，如图 2-31 所示。

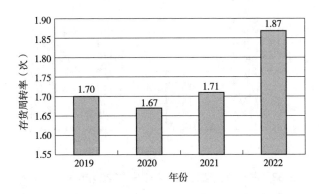

图 2-31　片仔癀（600436）2019—2022 年的存货周转率

华润三九（000999）的存货周转率相对于片仔癀（600436）的存货周转率来说，要好一些，但整体仍偏小。并且从 2019 年到 2021 年呈下降趋势，整体变化不大。2022 年略微升高。这表明该企业存货管理水平一般，需要进一步提高，如图 2-32 所示。

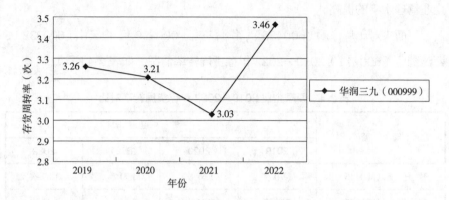

图 2-32　华润三九（000999）2019—2022 年的存货周转率

白云山（600332）的存货周转率相对于片仔癀（600436）和华润三九（000999）的存货周转率来说，要高很多，整体来看仍不大，该企业仍需要提高存货管理效率，如图 2-33 所示。

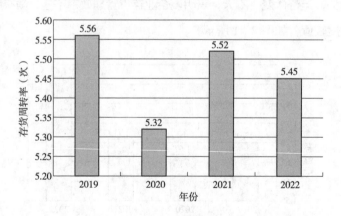

图 2-33　白云山（600332）2019—2022 年的存货周转率

2019—2022 年西藏药业（600211）的存货周转率整体处于下降趋势中，其值较大，说明企业具有较高的存货管理水平，如图 2-34 所示。

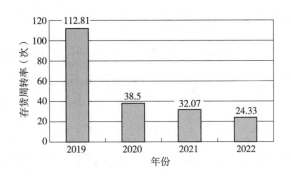

图 2-34　西藏药业（600211）2019—2022 年的存货周转率

最后来看一下片仔癀（600436）、华润三九（000999）、白云山（600332）、西藏药业（600211）2019—2022 年存货周转率对比，如图 2-35 所示。

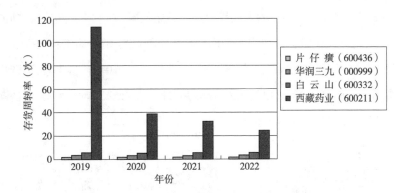

图 2-35　四家企业 2019—2022 年存货周转率对比

通过存货周转率对比，可以清楚地看到西藏药业（600211）的存货管理效率要远远高于其他三家企业。

2.4　流动资产周转指标

流动资产周转指标反映流动资产周转情况的指数主要有两个：流动资产周转率和流动资产周转天数。

2.4.1 流动资产周转率的定义及计算

流动资产周转率是指企业一定时期内主营业务收入同平均流动资产总额的比率，是评价企业流动资产总体周转情况的重要指标。流动资产周转率的计算公式如下：

流动资产周转率（次）＝主营业务收入 ÷ 平均流动资产总额

平均流动资产总额是指企业流动资产总额的初数与末数的平均值，其计算公式如下：

平均流动资产总额＝（流动资产初数＋流动资产末数）÷2

一般情况下，流动资产周转率越高，说明流动资产周转得越快，即流动资产的利用效果越好。反之，流动资产周转率越低，说明流动资产利用效率不高。

打开同花顺炒股软件，输入云南白药的股票代码 000538，然后按"回车"键，再按下【F10】键，即可进入云南白药（000538）的个股资料页面。

在个股资料页面中，单击"财务分析"选项卡，再单击"利润表"选项，即可看到云南白药（000538）2022 年 3 月 31 日至 2023 年 3 月 31 日各期营业收入信息，如图 2-36 所示。

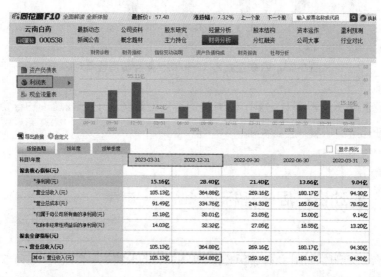

图 2-36　云南白药（000538）2022 年 3 月 31 日至 2023 年 3 月 31 日各期营业收入信息

云南白药（000538）2022 年 12 月 31 日的营业收入为 364.88 亿元。

云南白药（000538）2023 年 3 月 31 日的营业收入为 105.13 亿元。

云南白药（000538）的流动资产信息如下。

在云南白药（000538）个股资料页面中，单击“财务分析”选项卡，再单击“资产负债表”选项，即可看到云南白药（000538）2022 年 3 月 31 日至 2023 年 3 月 31 日各期流动资产信息，如图 2-37 所示。

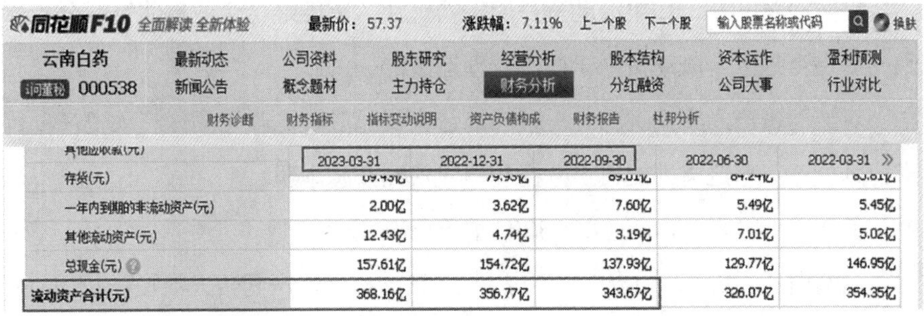

	2023-03-31	2022-12-31	2022-09-30	2022-06-30	2022-03-31
一年内到期的非流动资产(元)	2.00亿	3.62亿	7.60亿	5.49亿	5.45亿
其他流动资产(元)	12.43亿	4.74亿	3.19亿	7.01亿	5.02亿
总现金(元)	157.61亿	154.72亿	137.93亿	129.77亿	146.95亿
流动资产合计(元)	368.16亿	356.77亿	343.67亿	326.07亿	354.35亿

图 2-37　云南白药（000538）2022 年 3 月 31 日至 2023 年 3 月 31 日各期流动资产信息

云南白药（000538）2022 年 9 月 30 日的流动资产为 343.67 亿元。

云南白药（000538）2022 年 12 月 31 日的流动资产为 356.77 亿元。

云南白药（000538）2023 年 3 月 31 日的流动资产为 368.16 亿元。

下面来计算流动资产周转率。

云南白药（000538）2022 年 12 月 31 日的平均流动资产总额 =（343.67+356.77）÷2=350.22（亿元）

云南白药（000538）2022 年 12 月 31 日的流动资产周转率 =364.88÷350.22 ≈ 1.04。

云南白药（000538）2023 年 3 月 31 日的平均流动资产总额 =（356.77+368.16）÷2=362.465（亿元）

云南白药（000538）2023 年 3 月 31 日的流动资产周转率 =105.13÷362.465 ≈ 0.29。

2.4.2　流动资产周转天数的定义及计算

流动资产周转天数是反映流动资产周转情况的另一个重要指标，它是360 天与流动资产周转率的比值，其计算公式如下：

流动资产周转期（天）=360÷流动资产周转率

一般来说，流动资产周转天数越短，说明流动资产周转得越快，即流动资产利用效率越高。反之，流动资产周转天数越长，说明流动资产利用效果不好。

需要注意的是，如果流动资产周转得过快，需要结合企业具体情况分析原因，看是否是因为流动资产管理不合理造成的。

对流动资产周转情况的分析，应结合存货、应收账款等具体流动资产项目进行分析，只有这样才能真正分析明白，找到根源本质。

下面来计算云南白药（000538）流动资产周转天数（天）。

云南白药（000538）2022 年 12 月 31 日的流动资产周转天数（天）=360÷1.04 ≈ 346.15（天）

云南白药（000538）2023 年 3 月 31 日的流动资产周转天数（天）=360÷0.29 ≈ 1 241.38（天）

2.4.3　流动资产周转情况分析的注意事项

流动资产周转情况分析的注意事项，具体如下：

第一，流动资产周转率反映了企业流动资产的周转速度，是从企业全部资产中流动性最强的流动资产角度对资产的利用效率进行分析，以进一步揭示影响资产质量的主要因素。

第二，流动资产周转率将主营业务收入净额与资产中最具活力的流动资产相比较，既能反映一定时期流动资产的周转速度和使用效率，又能进一步体现每单位流动资产实现价值补偿的高与低，以及补偿速度的快与慢。

第三，要实现流动资产周转率的良性变动，应以主营业务收入增幅高于流动资产增幅做保证。在企业内部，通过对该指标的分析对比，一方面，可以促进加强内部管理，充分有效地利用其流动资产，如降低成本、调动暂时闲置的货币资金创造收益等；另一方面，可以促进企业采取措施扩大生产或服务领域，提高流动资产的综合使用效率。

第四，一般情况下，流动资产周转率指标越高，表明企业流动资产周转速度越快，利用越好。在较快的周转速度下，流动资产会相对节约，其意义相当于流动资产投入的扩大，在某种程度上增强了企业的创收能力；而周转速度慢，则需补充流动资金参加周转，形成资金浪费，降低企业创收能力。

第五，对流动资产周转率和流动资产周转天数分析时，可以进行横向和纵向对比。通过与同行业平均水平或竞争对手的比较，就能查看企业的流动资产周转速度在整个行业中的水平，与竞争对手相比，是快了还是慢了。如果通过横向对比，发现企业的流动资产周转率过高或过低，则应深入调查查找原因，然后采取措施进行调整。通过与企业以往各期流动资产周转率对比，可以查看企业流动资产周转速度的变化趋势，流动资产周转速度是越来越快，还是越来越慢，或者保持基本稳定。如果在某一期间流动资产周转速度突然恶化，要及时查找原因并及时改进。

2.4.4　流动资产周转指标实战案例分析

表 2-5 所示为片仔癀（600436）2017—2022 年流动资产周转指标。

表 2-5　片仔癀（600436）2017—2022 年流动资产周转指标

年　度	主营业务收入（亿元）	平均流动资产（亿元）	流动资产周转率（次）	流动资产周转天数（天）
2017	37.14	38.15	0.974	369.61
2018	47.66	47.24	1.009	356.79
2019	57.22	62.91	0.910	395.60
2020	65.11	78.24	0.832	432.69
2021	80.22	94.645	0.848	424.53
2022	86.94	116.69	0.745	483.22

由表 2-5 可以看到，2017—2022 年片仔癀（600436）主营业务收入每年都在增加，处于明显的上涨趋势中，表明企业经营良好，如图 2-38 所示。

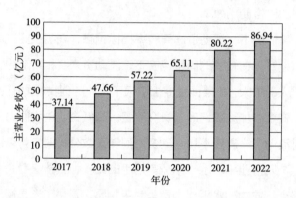

图 2-38 片仔癀（600436）2017—2022 年主营业务收入每年都在增加

2017—2022 年片仔癀（600436）平均流动资产每年都在增加，处于明显的上升趋势中，这表明企业在扩大规模、扩展业务、增加库存、应收账款等方面投入更多的资金。同时也说明企业可能有资金使用不够高效，不能及时回收资金或者处理库存等问题，如图 2-39 所示。

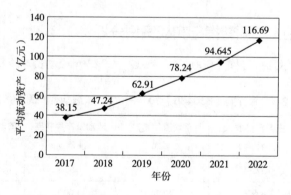

图 2-39 片仔癀（600436）2017—2022 年平均流动资产每年都在增加

2017—2022 年片仔癀（600436）主营业务收入增幅，明显低于平均流动资产总额增幅，造成流动资产周转率较低。除 2018 年为 1.009 外，其他几年都在 1 以下，如图 2-40 所示。

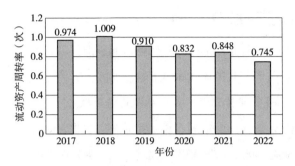

图 2-40　片仔癀（600436）2017—2022 年流动资产周转率比较低

片仔癀（600436）流动资产周转率较低，说明增加的流动资产参与周转后，形成资金浪费，运营效率低，从而降低了企业的创收能力。这需要企业加强管理，提高流动资产周转能力。

2017—2022 年片仔癀（600436）由于流动资产周转率较低，所以流动资产周转天数就较高，如图 2-41 所示。

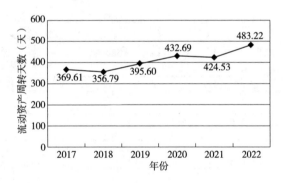

图 2-41　片仔癀（600436）2017—2022 年流动资产周转天数较高

2.5　营业周期指标

营业周期不但可以用来分析企业资产的使用效率和管理水平，还可以用来补充说明和评价企业的流动性。实际上，营业周期的长短是决定企业流动资产需求量多少的重要因素之一。

2.5.1 营业周期的定义及计算

营业周期是指从外购商品或接受劳务从而承担付款义务开始，到收回因销售商品或提供劳务而产生的应收账款的这段时间，其计算公式如下：

营业周期 = 存货周转天数 + 应收账款周转天数

一般情况下，营业周期越短，说明完成一次营业活动所需要的时间越短，企业的存货流通越顺畅，应收账款回收越迅速。需要注意的是，与存货和应收账款的分析一样，营业周期并不是越短越好，而是要具体情况具体分析。

打开同花顺炒股软件，输入云南白药的股票代码 000538，然后按"回车"键，再按下【F10】键，即可进入云南白药（000538）的个股资料页面。

在个股资料页面中，单击"财务分析"选项卡，再单击"主要指标"选项，再单击"按年度"选项卡，即可看到云南白药（000538）2017—2022 年各年营业周期、存货周转天数、应收账款周转天数信息，如图 2-42 所示。

	2022	2021	2020	2019	2018	2017
净资产收益率-摊薄	7.79%	7.55%	14.50%	11.03%	10.72%	17.44%
运营能力指标						
营业周期(天)	189.90	184.72	203.75	208.28	201.86	184.25
存货周转率(次)	3.28	2.74	2.08	1.95	1.99	2.15
存货周转天数(天)	109.62	131.57	173.01	184.67	181.05	167.63
应收账款周转天数(天)	80.28	53.14	30.74	23.61	20.81	16.63

图 2-42　云南白药（000538）营业周期、存货周转天数、应收账款周转天数信息

云南白药（000538）2017 年的存货周转天数为 167.63，应收账款周转天数为 16.63，所以该年的营业周期为 167.63+16.63=184.26（天）。需要注意的是，与 2017 年显示的营业周期为 184.25 差 0.1 的原因，是计算存货周转天数、应收账款周转天数时用了四舍五入。

云南白药（000538）2018 年的存货周转天数为 181.05，应收账款周转天数为 20.81，所以该年的营业周期为 181.05+20.81=201.86（天）。

云南白药（000538）2019 年的存货周转天数为 184.67，应收账款周转天数为 23.61，所以该年的营业周期为 184.67+23.61=208.28（天）。

云南白药（000538）2020 年的存货周转天数为 173.01，应收账款周转天数为 30.74，所以该年的营业周期为 173.01+30.74=203.75（天）。

云南白药（000538）2021 年的存货周转天数为 131.57，应收账款周转天数为 53.14，所以该年的营业周期为 131.57+53.14=184.71（天）。

需要注意的是，与 2021 年显示的营业周期为 184.72 差 0.1 的原因，是计算存货周转天数、应收账款周转天数时，用了四舍五入。

云南白药（000538）2022 年的存货周转天数为 109.62，应收账款周转天数为 80.28，所以该年的营业周期为 109.62+80.28=189.9（天）。

2.5.2　营业周期分析的注意事项

一般情况下，营业周期越短的企业，流动资产的需求量越少，这样流动比率和速动比率就会较小，但因为流动资产的管理效率高，因此从动态角度来看，企业的流动性仍比较强，企业的短期偿债能力也较强。相反，如果企业的营业周期很长，那么有可能存货和应收账款占用资金太多，并且变现能力比较差，虽然该企业流动比率和速动比率比较高，但是企业的流动性却可能比较差。

所以营业周期可以作为利用流动比率、速动比率分析企业偿债能力的补充指标。

对营业周期分析时，可以进行横向对比和纵向对比。通过与同行业平均水平或竞争对手的比较，就能查看企业的营业周期在整个行业中的水平，与竞争对手相比，是长了还是短了。如果通过横向对比，发现企业的营业周期过长或过短，则应深入调查查找原因，然后采取措施进行调整。通过与企业以往各期营业周期对比，可以查看企业营业周期的变化趋势。

2.5.3　营业周期指标实战案例分析

表 2-6 所示为海尔智家（600690）2018—2022 年营业周期指标。

表 2-6　海尔智家（600690）2018—2022 年营业周期指标

年　　度	存货周转天数（天）	应收账款周转天数（天）	营业周期（天）
2018	60.69	22.46	83.15
2019	64.66	19.23	83.89
2020	70.40	23.12	93.52
2021	79.73	24.17	103.9
2022	87.63	22.57	110.2

2018—2022 年海尔智家（600690）的存货周转天数越来越大，即处于上升趋势中，如图 2-43 所示。

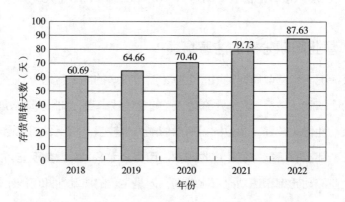

图 2-43　海尔智家（600690）的存货周转天数越来越大

海尔智家（600690）的存货周转天数越来越大，说明存货周转得越来越慢，存货的流动性越来越弱。这表明企业资金的使用效率不高，短期偿债能力减弱，进一步说明企业管理水平下降。

2018—2022 年海尔智家（600690）的应收账款周转天数处于震荡趋势中，如图 2-44 所示。

由图 2-44 可以看到，2018—2019 年应收账款周转天数出现了下降，但随后三年，即 2019—2021 年，应收账款周转天数呈上涨趋势，2022 年应收账款周转天数再度下降。

　　海尔智家（600690）2018—2022 年应收账款周转天数虽处于震荡趋势中，但整体变化不大，维持在 20 天左右。这表明企业应收账款的收回速度正常，应收账款发生坏账的可能性不大。

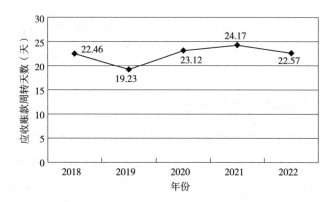

图 2-44　海尔智家（600690）2018—2022 年的应收账款周转天数处于震荡趋势中

　　2018—2022 年海尔智家（600690）的营业周期处于上涨趋势中，如图 2-45 所示。

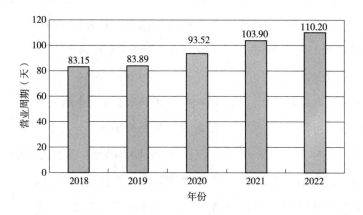

图 2-45　海尔智家（600690）2018—2022 年的营业周期处在上涨趋势中

　　海尔智家（600690）的营业周期处于上涨趋势中，表明营业周期越来越长，即完成一次营业活动所需要的时间越来越长，企业的存货流通越来越不顺畅，应收账款回收越来越慢。这说明企业管理水平越来越低，效率越来越差。

2.6　现金周期指标

现金周期决定了企业资金的使用效率，现金周期的变化直接影响企业所需营运资金的多少。一般情况下，绩优企业的现金周期要比一般企业少 40~60 天。

2.6.1　现金周期的定义及计算

现金周期是指企业在经营中从付出现金到收到现金所需的平均时间（天数）。企业不只是在销售商品或提供劳务的过程中会产生应收账款，推迟现金的收回时间；相应地，企业在采购时，也会通过赊账方式占用其他企业的资金，推迟现金的支付时间。所以现金周期的影响因素，除应收账款周转天数、存货周转天数外，还包括应付账款周转天数，其计算公式如下：

现金周期 = 营业周期 − 应付账款周转天数

　　　　= 存货周转天数 + 应收账款周转天数 − 应付账款周转天数

一般情况下，现金周期小于营业周期。但要注意的是，在极端情况下，营业周期可能会小于应付账款周转天数，这样现金周期就为负数了。

应付账款周转率和应付账款周转天数的计算公式如下：

应付账款周转率（次）= 赊购净额 ÷ 应付账款平均余额

应付账款周转天数（天）=360÷ 应付账款周转率

注意，赊购净额是指一定期间企业的向外赊购净额，该数据一般很难通过公开信息资料获得，只能以本期存货增加净额来代替，计算公式如下：

本期存货增加净额 = 销货成本 + 期末存货 − 期初存货

打开同花顺炒股软件，输入云南白药的股票代码 000538，然后按"回车"键，再按下【F10】键，即可进入云南白药（000538）的个股资料页面。

在个股资料页面中，单击"财务分析"选项卡，再单击"主要指标"选项，再单击"按年度"选项卡，即可看到云南白药（000538）2021 年和 2022 年的营业周期信息，如图 2-46 所示。

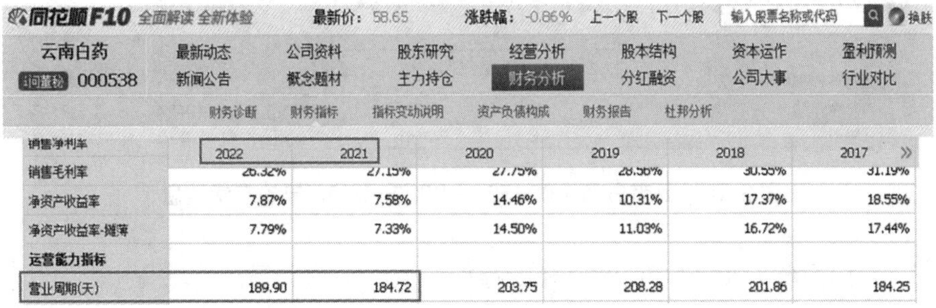

图 2-46　云南白药（000538）2021 年和 2022 年的营业周期信息

云南白药（000538）2021 年的营业周期为 184.72 天。

云南白药（000538）2022 年的营业周期为 189.90 天。

下面来计算赊购净额，先来看一下销货成本，即营业成本。

在个股资料页面中，单击"财务分析"选项卡，再单击"利润表"选项，再单击"按年度"选项卡，就可以看到云南白药（000538）2021 年和 2022 年的营业成本信息，如图 2-47 所示。

图 2-47　云南白药（000538）2021 年和 2022 年的营业成本信息

云南白药（000538）2021 年的营业成本为 264.98 亿元。

云南白药（000538）2022 年的营业成本为 268.83 亿元。

接下来看一下存货信息。在个股资料页面中，单击"财务分析"选项卡，再单击"资产负债表"选项，再单击"按年度"选项卡，即可看到云南白药（000538）2020—2022 年的存货信息，如图 2-48 所示。

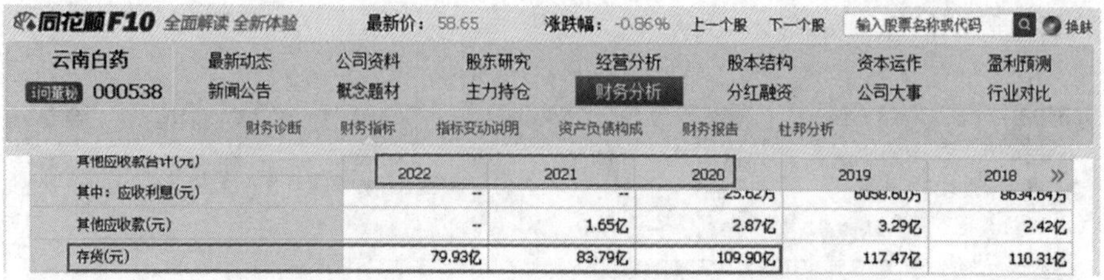

其他应收款合计(元)	2022	2021	2020	2019	2018
其中：应收利息(元)	--	--	25.62万	6058.60万	8634.64万
其他应收款(元)	--	1.65亿	2.87亿	3.29亿	2.42亿
存货(元)	79.93亿	83.79亿	109.90亿	117.47亿	110.31亿

图 2-48　云南白药（000538）2020—2022 年的存货信息

云南白药（000538）2020 年的存货为 109.90 亿元。

云南白药（000538）2021 年的存货为 83.79 亿元。

云南白药（000538）2022 年的存货为 79.93 亿元。

下面来计算一下赊购净额。

云南白药（000538）2021 年赊购净额 =2021 年存货增加净额 = 销货成本 + 期末存货 − 期初存货 =264.98+83.79−109.90=238.87（亿元）

云南白药（000538）2022 年赊购净额 =2022 年存货增加净额 = 销货成本 + 期末存货 − 期初存货 =268.83+79.93−83.79=264.97（亿元）

下面来看一下应付账款信息。在个股资料页面中，单击“财务分析”选项卡，再单击“资产负债表”选项，再单击“按年度”选项卡，就可以看到云南白药（000538）2020—2022 年的应付账款信息，如图 2-49 所示。

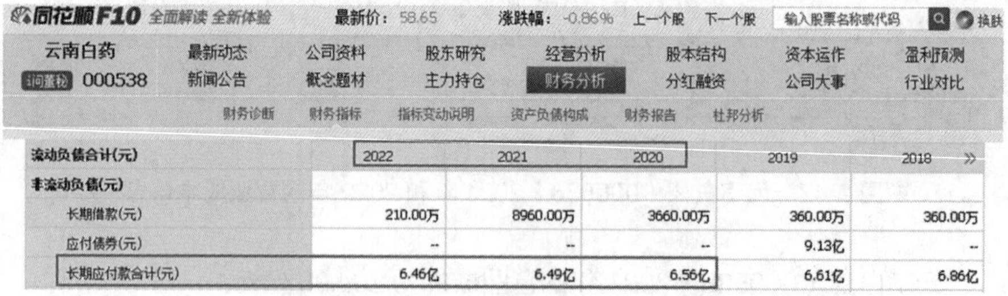

流动负债合计(元)	2022	2021	2020	2019	2018
非流动负债(元)					
长期借款(元)	210.00万	8960.00万	3660.00万	360.00万	360.00万
应付债券(元)	--	--	--	9.13亿	--
长期应付款合计(元)	6.46亿	6.49亿	6.56亿	6.61亿	6.86亿

图 2-49　云南白药（000538）2020—2022 年的应付账款信息

云南白药（000538）2020 年的应付账款为 6.56 亿元。

云南白药（000538）2021 年的应付账款为 6.49 亿元。

云南白药（000538）2022 年的应付账款为 6.46 亿元。

云南白药（000538）2021 年的应付账款平均余额 =（6.56+6.49）÷2= 6.525（亿元）

云南白药（000538）2022 年的应付账款平均余额 =（6.49+6.46）÷2= 6.475（亿元）

下面来计算应付账款周转率和应付账款周转天数。

云南白药（000538）2021 年的应付账款周转率（次）= 赊购净额 ÷ 应付账款平均余额 =238.87÷6.525 ≈ 36.61（次）

云南白药（000538）2022 年的应付账款周转率（次）= 赊购净额 ÷ 应付账款平均余额 =264.97÷6.475 ≈ 40.92（次）

云南白药（000538）2021 年的应付账款周转天数（天）=360÷ 应付账款周转率 =360÷36.61 ≈ 9.83（天）

云南白药（000538）2022 年的应付账款周转天数（天）=360÷ 应付账款周转率 =360÷40.92 ≈ 8.80（天）

云南白药（000538）2021 年的现金周期 = 营业周期 - 应付账款周转天数 =184.72-9.83=174.89（天）

云南白药（000538）2022 年的现金周期 = 营业周期 - 应付账款周转天数 =189.90-8.80=181.10（天）

2.6.2　现金周期指标分析的注意事项

一般情况下，存货和应收账款的周转期越长，应付账款的周转期越短，流动资金的数额越大；相反，存货和应收账款的周转期越短，应付账款的周转期越长，流动资金的数额越小。

当存货周转天数加上应收账款周转天数刚好等于应付账款周转天数时，其现实意义可能就是企业无须投入资金，先赊购生产材料，然后生产销售收回的款项刚好赶上支付货款的时间，只要做的不是亏本买卖，企业经营资金投入就可以是零，可以说是无本生意。

因此缩短存货周转期和应收账款周转期，延长应付账款付款期是缩短现金循环周期的基本途径。企业可以根据自身的实际情况，压缩收款流程，优化贷款支付过程如利用现金浮游量、支付账户集中、展期付款、设立零余额账户、远距离付款等方法，在合理的范围内尽量延长贷款支付的时间，加速现金流的周转，相应地提高现金的利用效果，从而增加企业的收益。

现金周期指标分析要注意两点：一是合理确定最佳现金周期，二是与供应链上下游维持良好的关系。

1. 合理确定最佳现金周期

在各行业都在追求"零库存、现金周转负周期"的压力下，企业要避免盲目跟风，盲目缩短现金周转周期，因为如果偏离了最佳现金周转周期，就会产生成本，所以企业要避免因销售亏损、预付款打折对企业业绩造成负面影响。

2. 与供应链上下游维持良好的关系

当前，市场竞争已经逐渐成为供应链之间的竞争。为了顺应经济发展的趋势，企业仅仅提高自身的管理水平是不够的，还要依靠建立在"供应商—自身—客户"关系基础上的营运资金管理。紧密的战略伙伴关系还可以降低业务成本，保持客户满意度和减少客户流失，在合作过程中实现双赢。

现金周期的长短对企业的经营管理至关重要。因此现金周期管理效率会影响企业的绩效与价值，也会影响企业的财务风险。管理层可以通过适当缩短现金转换周期来提高公司的整体价值。例如，引入零库存管理理念，制定适当的信用政策，避免长期拖欠等措施，将现金周转周期、应收账款周转周期、存货周转周期、应付账款周转周期控制在合理最优水平，在保证充分安全性和流动性的前提下，实现营运资金的高速周转，从而最大限度地降低风险，为投资者创造价值。

2.6.3 现金周期指标实战案例分析

表 2-7 所示为宁德时代（300750）2017—2022 年现金周期指标。

表 2-7　宁德时代（300750）2017—2022 年现金周期指标

年　　度	营业周期（亿元）	应付账款周转天数（元）	现金周期（天）
2017	195.63	99.15	96.48
2018	174.80	91.95	82.85
2019	160.08	86.61	73.47
2020	192.57	124.40	68.17
2021	148.47	94.22	54.25
2022	125.04	86.42	38.62

2017—2022 年宁德时代（300750）的营业周期整体处于下降趋势中，如图 2-50 所示。

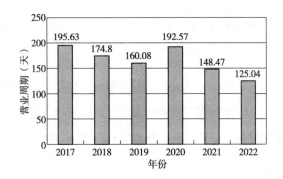

图 2-50　宁德时代（300750）2017—2022 年的营业周期整体处于下降趋势中

需要注意的是，2020 年宁德时代（300750）的营业周期突然变多，主要原因是存货周转天数变多。另外，应收账款天数也略有增加，如图 2-51 所示。

图 2-51　2020 年宁德时代（300750）的营业周期突然变多的原因

2017—2022 年宁德时代（300750）的应付账款周转天数整体处于震荡趋势中，如图 2-52 所示。

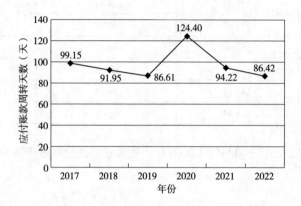

图 2-52　宁德时代（300750）2017—2022 年的应付账款周转天数整体处于震荡趋势中

虽然宁德时代（300750）的应付账款周转天数整体处于震荡趋势中，但 2020 年应付账款周转天数突然变多，变多的原因是赊购净额减少了，但应付账款平均余额却增加了，造成应付账款周转率变小，从而应付账款周转天数变大。

2017—2022 年宁德时代（300750）的现金周期处于下降趋势中，如图 2-53 所示。

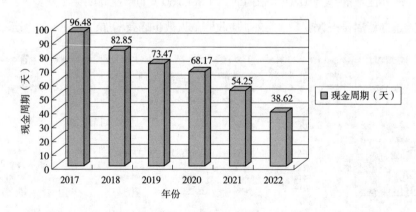

图 2-53　宁德时代（300750）2017—2022 年的现金周期处于下降趋势

宁德时代（300750）的现金周期处于下降趋势中，说明企业在销售产品后收到款项的时间正在缩短，即企业财务状况越来越好。

> 提醒：下降的现金周期有三点好处：一是提高现金流量，企业需要更少的时间来将销售额转化为现金流量，从而提高现金流量；二是降低财务成本，由于销售周期缩短，企业在运作上会更灵活，因此可以减少财务成本；三是加速企业增长，现金周期缩短能够加速企业的现金流增长，有助于企业实现更快的扩张和发展。

2.7　固定资产周转率

固定资产周转率所反映的是企业资产的利用效率。高固定资产周转率说明企业能够在更短的时间内利用资产实现更高的销售收入，表明企业生产经营效率的提升，反之则说明企业生产经营效率低下。

2.7.1　固定资产周转率的定义及计算

固定资产周转率又称固定资产利用率，是企业年主营业务收入净额与平均固定资产净值的比率，其计算公式如下：

固定资产周转率（次数）＝主营业务收入净额 ÷ 平均固定资产净值

其中，平均固定资产净值＝（期初固定资产净值＋期末固定资产净值）÷2

固定资产周转天数（天）＝360 ÷ 固定资产周转率（次数）

一般来讲，固定资产周转率越高，固定资产周转天数越短，表明固定资产周转快，利用充分；反之则说明固定资产周转慢，利用不充分。

需要注意的是，如果固定资产周转速度过快，要结合企业实际情况分析原因，看生产能力是否已饱和，是否需要增加或更新设备。

打开同花顺炒股软件，输入贵州茅台的股票代码 600519，然后按"回车"键，再按下【F10】键，即可进入贵州茅台（600519）的个股资料页面。

在个股资料页面中，单击"财务分析"选项卡，再单击"利润表"选项，即可看到贵州茅台（600519）2022 年 3 月 31 日至 2023 年 3 月 31 日各期营业收入信息，如图 2-54 所示。

科目\年度	2023-03-31	2022-12-31	2022-09-30	2022-06-30	2022-03-31
报表核心指标(元)					
*净利润(元)	215.25亿	653.75亿	463.14亿	311.05亿	179.52亿
*营业总收入(元)	393.79亿	1275.54亿	897.86亿	594.44亿	331.87亿
*营业总成本(元)	107.18亿	397.63亿	278.90亿	178.55亿	91.87亿
*归属于母公司所有者的净利润(元)	207.95亿	627.16亿	444.00亿	297.94亿	172.45亿
*扣除非经常性损益后的净利润(元)	207.78亿	627.92亿	443.93亿	297.63亿	172.43亿
报表全部指标(元)					
一、营业总收入(元)	393.79亿	1275.54亿	897.86亿	594.44亿	331.87亿
其中：营业收入(元)	387.56亿	1241.00亿	871.60亿	576.17亿	322.96亿

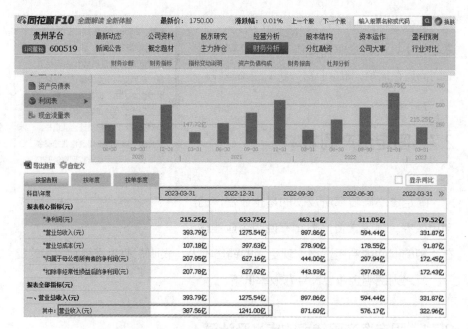

图 2-54　贵州茅台（600519）2022 年 3 月 31 日至 2023 年 3 月 31 日各期营业收入信息

贵州茅台（600519）2022 年 12 月 31 日的营业收入为 1 241.00 亿元。

贵州茅台（600519）2023 年 3 月 31 日的营业收入为 387.56 亿元。

在个股资料页面中，单击“财务分析”选项卡，再单击“资产负债表”选项，即可看到贵州茅台（600519）2022 年 3 月 31 日至 2023 年 3 月 31 日各期非流动资产信息，如图 2-55 所示。

持有至到期投资(元)	2023-03-31	2022-12-31	2022-09-30	2022-06-30	2022-03-31
长期股权投资(元)	--	--	--	--	--
其他非流动金融资产(元)	--	--	--	--	--
投资性房地产(元)	457.35万	533.50万	541.22万	548.93万	556.64万
固定资产合计(元)	194.89亿	197.43亿	172.07亿	174.94亿	172.23亿

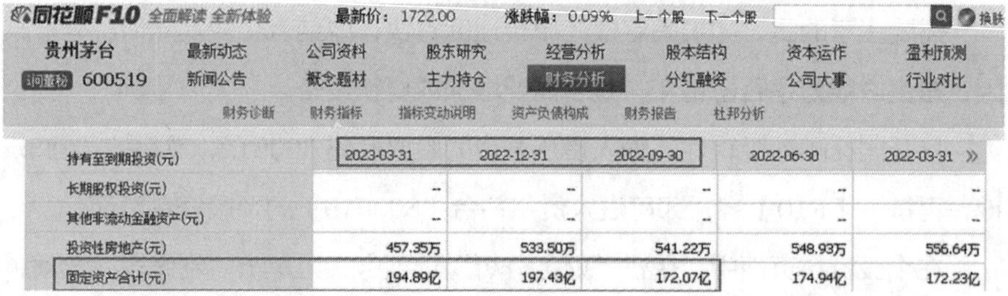

图 2-55　贵州茅台（600519）2022 年 3 月 31 日至 2023 年 3 月 31 日各期非流动资产信息

贵州茅台（600519）2022 年 9 月 30 日的固定资产为 172.07 亿元。

贵州茅台（600519）2022 年 12 月 31 日的固定资产为 197.43 亿元。

贵州茅台（600519）2023 年 3 月 31 日的固定资产为 194.89 亿元。

贵州茅台（600519）2022 年 12 月 31 日的平均固定资产净值 =（172.07+197.43）÷2=184.75（亿元）

贵州茅台（600519）2023 年 3 月 31 日的平均固定资产净值 =（197.43+194.89）÷2=196.16（亿元）

下面来计算固定资产周转率（次数）和固定资产周转天数（天）。

贵州茅台（600519）2022 年 12 月 31 日的固定资产周转率 = 主营业务收入净额 ÷ 平均固定资产净值 =1 241.00÷184.75 ≈ 6.72（次）

贵州茅台（600519）2023 年 3 月 31 日的固定资产周转率 = 主营业务收入净额 ÷ 平均固定资产净值 =387.56÷196.16 ≈ 1.98（次）

贵州茅台（600519）2022 年 12 月 31 日的固定资产周转天数 =360÷ 固定资产周转率 =360÷6.72 ≈ 53.57（天）

贵州茅台（600519）2023 年 12 月 31 日的固定资产周转天数 =360÷ 固定资产周转率 =360÷1.98 ≈ 181.82（天）

2.7.2　影响固定资产周转率的主要因素

影响固定资产周转率的主要因素有三点：生产线的效率、资本投资的比例及资产更新和维修成本。

1. 生产线的效率

企业生产线效率越高，其生产效率就越高，产品生产时间就越短，固定资产周转率就越高。

2. 资本投资的比例

资本投资越高，固定资产周转率越低。资本投资越低，固定资产周转率越高。

3. 资产更新和维修成本

固定资产的更新和维修成本越高，固定资产周转率就越低。固定资产的更新和维修成本越低，固定资产周转率就越高。

2.7.3　固定资产周转率分析的注意事项

固定资产周转率分析的注意事项如下：

第一，固定资产周转率的分母采用平均固定资产净值，因此指标的比较将受到折旧方法和折旧年限的影响，应注意其可比性问题。

第二，同行业的主营业务收入没有变化，但由于企业每年对固定资产计提折扣，固定资产值逐年减少，因此固定资产周转率会逐年呈上升趋势。

第三，固定资产周转率不存在绝对合理的标准，不同的行业、不同的地区、不同的时期固定资产周转率都会有较大的差异。

第四，当企业固定资产净值率过低（如因资产陈旧或过度计提折旧），或者当企业属于劳动密集型企业时，这一比率就可能没有太大的意义。

第五，对固定资产周转率和固定资产周转天数进行分析时，可以进行横向和纵向对比。通过与同行业平均水平或竞争对手的比较，就能查看企业的固定资产周转速度在整个行业中的水平，与竞争对手相比，是快了还是慢了。如果通过横向对比，发现企业的固定资产周转率过高或过低，则应深入调查查找原因，然后采取措施进行调整。通过与企业以往各期固定资产周转率对比，可以查看企业固定资产周转速度的变化趋势，固定资产周转速度是越来越快，还是越来越慢，或者保持基本稳定。如果在某一期间固定资产周转速度突然恶化，要及时查找原因，并及时改进。

第六，企业如果想提高固定资产周转率，就必须加强对固定资产的管理，做到固定资产投资规模恰当，结构合理。如果企业的固定资产规模很大，就会造成设备闲置，形成资产浪费，固定资产使用效率下降；如果企业的固定资产规模很小，就会造成生产能力小，形成不了规模效益。

第七，需要注意的是，现在很多企业的非生产性固定资产投资很大，如盖大楼、买高档汽车等，这也是企业固定资产利用率低的原因之一。另外，固定资产应当及时维护、保养和更新，对技术性落后、效益低的固定资产要下大决心处理，引进技术水平、生产能力强的固定资产。

2.7.4　固定资产周转率实战案例分析

表 2-8 所示为宁德时代（300750）2017—2022 年固定资产周转率。

表 2-8　宁德时代（300750）2017—2022 年固定资产周转率

年　度	主营业务收入净额（亿元）	平均固定资产净值（亿元）	固定资产周转率（次）
2017	199.97	59.73	3.35
2018	296.11	98.97	2.99
2019	457.88	144.96	3.16
2020	503.19	185.195	2.75
2021	1 303.56	304.485	4.28
2022	3 285.94	651.73	5.04

2017—2022 年宁德时代（300750）的主营业务收入净额处于明显的上涨趋势中，如图 2-56 所示。

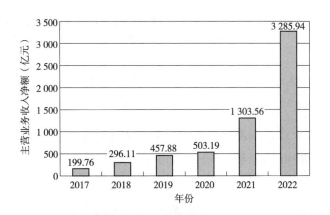

图 2-56　宁德时代（300750）2017—2022 年的主营业务收入净额处于明显的上涨趋势中

宁德时代（300750）的主营业务收入净额处于明显的上涨趋势中，说明企业业务在不断扩展，市场竞争力不断提高，市场份额逐渐扩大，从而进一步增强了企业的盈利能力和市场地位。

2017—2022 年宁德时代（300750）的平均固定资产净值也处于明显的上涨趋势中，如图 2-57 所示。

宁德时代（300750）的平均固定资产净值在明显的上涨趋势中，说明企业在进行大量的固定资产投资，如购买厂房、机器设备、生产线等，这些投资通常需要较高的资本支出。这表明企业正处于扩大生产能力、改善运营并提高生产效率的阶段，并且具有较高的前瞻性，预期自身未来业务增长。

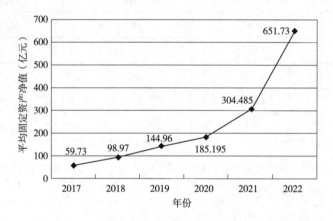

图 2-57　宁德时代（300750）2017—2022 年的平均固定资产净值也处于明显的上涨趋势中

2017—2022 年宁德时代（300750）的固定资产周转率整体处于震荡趋势中，如图 2-58 所示。

虽然固定资产周转率整体处于震荡趋势中，但即 2020—2022 年宁德时代（300750）的固定资产周转率处于明显的上涨趋势中。这表明 2020—2022 年宁德时代（300750）有效地利用固定资产，创造了更多的利润。这样就给企业带来战略优势，即企业将有更多的钱去投资其他战略性项目，如研发、市场营销和人才招聘等，从而提高企业的竞争力。

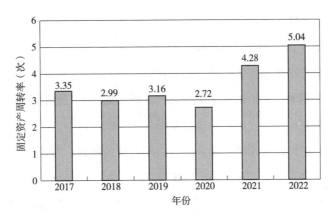

图 2-58　宁德时代（300750）2017—2022 年的固定资产周转率整体处于震荡趋势中

2.8　固定资产产值率

固定资产产值率通常用于衡量企业固定资产的使用效率和生产效益。它是一个重要的财务指标，能够反映企业在生产经营过程中资产的利用程度和效率。

2.8.1　固定资产产值率的定义及计算

固定资产产值率是指一定时期内总产值与固定资产平均总值之间的比率，或每百元固定资产提供的总产值，其计算公式具体如下：

固定资产产值率 = 总产值 ÷ 固定资产平均总值

其中，总产值通常是利润表中的营业收入，固定资产平均总值 =（期初固定资产总值 + 期末固定资产总值）÷ 2。

公式中的分母是采用固定资产原值还是采用固定资产净值，目前尚有两种观点：

一种观点主张采用固定资产原值计算，理由是固定资产生产能力并非随着其价值的逐步转移而相应降低。比如，一种设备在其全新时期和半新时期往往具有同样的生产能力；再则，用原值便于企业不同时间或不同企业进行比较，如果采用净值计算，则失去可比性。

另一种观点主张采用固定资产净值计算，理由是固定资产原值并非一直全部都被企业占用着，其价值小的磨损部分已逐步通过折旧收回，只有采用净值计算，才能真正反映一定时期内企业实际占用的固定资金。

实际上，单纯地采用哪一种计价方法都会难免偏颇；为了既从生产能力又从资金占用两个方面来考核企业的固定资产利用水平，必须同时采用原值和净值两种计价标准，才能从不同角度全面地反映企业固定资产利用的经济效益。

打开同花顺炒股软件，输入云南白药的股票代码 000538，然后按"回车"键，再按下【F10】键，即可进入云南白药（000538）的个股资料页面。

在个股资料页面中，单击"财务分析"选项卡，再单击"主要指标"选项，再单击"按年度"选项卡，即可看到云南白药（000538）2018—2022 年营业收入信息，如图 2-59 所示。

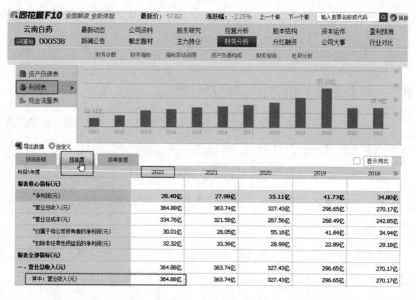

图 2-59　云南白药（000538）2018—2022 年各年营业收入信息

云南白药（000538）2022 年营业收入为 364.88 亿元。

利用资产负债表查看云南白药（000538）2022 年的固定资产净值。在个股资料页面中，单击"财务分析"选项卡，再单击"资产负债表"选项，再单击"按年度"选项卡，即可看到云南白药（000538）2021 年和 2022 年固定资产净值信息，如图 2-60 所示。

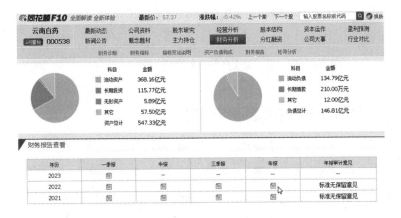

图 2-60　云南白药（000538）2021 年和 2022 年固定资产净值信息

云南白药（000538）2021 年固定资产净值为 29.71 亿元。

云南白药（000538）2022 年固定资产净值为 27.23 亿元。

云南白药（000538）2022 年固定资产平均总值 =（期初固定资产总值 + 期末固定资产总值）÷2=（29.71+27.23）÷2=28.47（亿元）

利用固定资产净值计算的固定资产产值率 =364.88÷28.47 ≈ 12.82

下面看一下云南白药（000538）的固定资产原值。向下拖动垂直滚动条，可以看到财务报告查看信息，如图 2-61 所示。

图 2-61　财务报告查看信息

单击 2022 年后的年报按钮 ，打开云南白药（000538）2022 年年报，然后向下拖动垂直滚动条，即可看到固定资产原值信息，如图 2-62 所示。

（1）固定资产情况

单位：元

项目	房屋及建筑物	机器设备	运输工具	电子设备	其他	合计
一、账面原值						
1.期初余额	2,646,874,403.53	1,553,032,681.70	62,786,279.28	132,121,856.47	3,749,138.54	4,398,564,359.52
2.本期增加金额	49,412,493.57	224,477,643.10	8,472,990.59	53,704,150.96	1,389,232.73	337,456,510.95
（1）购置		206,146,461.72	4,785,055.06	29,910,955.56	170,162.12	241,012,634.46
（2）在建工程转入	49,412,493.57	18,331,181.38	113,982.30	22,205,185.14		90,062,842.39
（3）企业合并增加			3,573,953.23	1,588,010.26	1,219,070.61	6,381,034.10
3.本期减少金额	216,113,764.62	244,242,317.86	10,815,725.39	9,624,726.19	2,997,885.71	483,794,419.77
（1）处置或报废	11,509,588.90	180,897,919.17	6,442,016.98	7,468,973.87	614,706.19	206,933,205.11
其他	204,604,175.72	63,344,398.69	4,373,708.41	2,155,752.32	2,383,179.52	276,861,214.66
4.期末余额	2,480,173,132.48	1,533,268,006.94	60,443,544.48	176,201,281.24	2,140,485.56	4,252,226,450.70

图 2-62　云南白药（000538）2022 年的固定资产信息

云南白药（000538）2021 年固定资产原值为 4 398 564 359.52 元。

云南白药（000538）2022 年固定资产原值为 4 252 226 450.70 元。

云南白药（000538）2022 年固定资产平均总值 =（期初固定资产总值 + 期末固定资产总值）÷2 =（4 398 564 359.52+4 252 226 450.7）÷2=4 325 395 405.11 元≈ 43.25（亿元）

利用固定资产原值计算的固定资产产值率 =364.88÷43.25 ≈ 8.44

2.8.2　固定资产产值率的影响因素

固定资产产值率是一个综合性指标，受多种因素的影响，在众多的因素中固定资产本身的因素最为重要。全部固定资产原值平均余额中，生产用固定资产占多少，在生产用固定资产中，生产设备占多少，都会影响固定资产的利用效果。将固定资产产值率进行如下分解：

固定资产产值率 = 总产值 ÷ 固定资产平均总值 =

（总产值 ÷ 生产设备平均总值）×（生产设备平均总值 ÷ 生产用固定资产平均总值）×（生产用设备平均总值 ÷ 固定资产平均总值）=

生产设备产值率 × 生产设备占生产用固定资产的构成率 × 生产用固定资产构成率

从分解后的公式中可以看出，生产设备产值率是反映生产设备能力和时间的利用效果，其数值大小直接影响生产用固定资产的利用效果，进而影响全部固定资产的产值率。

生产设备占生产用固定资产比重和生产用固定资产占全部固定资产平均总值比重，反映了企业固定资产的结构状况和配置的合理程度，其比重越大，则全部固定资产产值率就越高。因此在分析固定资产产值率时应从固定资产的配置和利用两个方面进行。特别是要提高生产设备的利用效果，不断提高其单位时间的产量，才能提高固定资产产值率。

固定资产产值率的分析是以实际数与计划数、上期实际数或历史最好水平进行比较，从中找出影响该指标的不利因素，由此对企业固定资产利用效果做出评价。

2.8.3　固定资产产值率实战案例分析

某企业有关固定资产产值率分析资料如表 2-9 所示。

表 2-9　某企业有关固定资产产值率分析资料金额

单位：亿元

项　　目	计　划	实　际
工业总产值	8	7
工业设备平均总值	1.28	1.575
生产用固定资产平均总值	2.56	2.626
全部固定资产平均总值	3.2	3.5

先来计算该企业的计划固定资产产值率，具体计算如下：

（8÷1.28）×（1.28÷2.56）×（2.56÷3.2）=6.25×0.5×0.8=2.5

再来计算该企业的实际固定资产产值率，具体计算如下：

（7÷1.575）×（1.575÷2.626）×（2.626÷3.5）≈ 4.44×0.6×0.75 ≈ 2

这样实际固定资产产值率与计划固定资产产值率之间的差为 2-2.5=-0.5

必须说明，固定资产产值率是一个比较综合的指标，容易计算，在考核固定资金利用效果中具有一定的作用。但是，也应该看到这个指标的局限性。在某些情况下，总产值并不能真实反映企业的生产成果，例如，当企业大量库存积压或者存在大量的退货时，总产值可能会被高估。这也就连锁影响了固定资产产值率指标的正确性。

2.9　固定资产增长率

固定资产增长率通常用于评估企业的固定资产的扩张率，以及企业对生产能力和资产基础的长期投资。从长远来看，固定资产增长率表示企业是否坚持增长计划，并是否能够支持未来的经济扩张。对于投资者来讲，固定资产增长率是一个参考企业业务扩张情况和可持续性的重要指标。

2.9.1　固定资产增长率的定义

固定资产增长率是指一定时期内增加的固定资产原值对原有固定资产数额的比率，其计算公式具体如下：

固定资产增长率 =（期末固定资产原值 - 期初固定资产原值）÷ 期初固定资产原值 ×100%

一般来讲，固定资产增长率上升说明企业固定资产规模的扩张程度。当本期增加的固定资产数额大于本期减少的固定资产数额时，该指标体现本期内固定资产的增长，其增加数减去减少数后的数值越大，固定资产周转率固定资产增加的规模越大，固定资产增长的速度越快。

在分析固定资产增长率时，投资者需分析增长部分固定资产的构成，对于增长的固定资产大部分还处于在建工程状态，投资者需关注其预计竣工时间，待其竣工，必将对竣工当期利润产生重大影响；如果增长的固定资产在本年度较早月份已竣工，则其效应已基本反映在本期报表中，投资者希望其未来收益在此基础上再有大幅增长已不太现实。

需要注意的是，固定资产的增长应结合具体原因进行分析，看其增长是否合理。一般来说，企业增加生产设备，生产也应相应地增长，这样才能保证固定资产使用的经济效益。如果是非生产用固定资产，也应考虑企业的经济承受能力。

2.9.2　固定资产增长率实战案例分析

打开同花顺炒股软件，输入华润三九的股票代码000999，然后按"回车"键，再按下【F10】键，即可进入华润三九（000999）的个股资料页面。

在个股资料页面中，单击"财务分析"选项卡，向下拖动垂直滚动条，可以看到华润三九（000999）财务报告查看信息，如图 2-63 所示。

年份	一季报	中报	三季报	年报	年报审计意见
2023	📋	--	--	--	
2022	📋	📋	📋	📋	标准无保留意见
2021	📋	📋	📋	📋	标准无保留意见

图 2-63　华润三九（000999）财务报告查看信息

单击 2022 年后的年报按钮📋，打开华润三九（000999）2022 年年报，然后向下拖动垂直滚动条，即可看固定资产原值信息，如图 2-64 所示。

14. 固定资产

	2022年	2021年
固定资产	3,723,692,827.71	3,728,511,433.72
固定资产清理	6,921,089.09	3,260,874.04
	3,730,613,916.80	3,731,772,307.76

2022年

原值	房屋及建筑物	机器设备	运输设备	电子及办公设备	合计
年初余额	3,425,340,229.54	2,888,402,265.87	68,254,884.06	413,867,913.64	6,795,865,293.11
购置	206,190.92	135,535,047.19	4,337,983.50	23,568,305.29	163,647,526.90
投资性房地产转入	3,506,613.24	-	-	-	3,506,613.24
在建工程转入	156,859,088.64	151,566,124.39	-	7,627,152.22	316,052,365.25
固定资产内部重分类	-	-28,604.17	-	28,604.17	-
报废、处置及转出	-59,365,231.53	-48,321,556.36	-6,312,438.84	-7,539,027.65	-121,538,254.38
转入投资性房地产	-16,216,632.17	-	-	-	-16,216,632.17
转入在建工程	-43,702,952.38	-	-	-	-43,702,952.38
汇率变动	-	-	-	12,212.65	12,212.65
年末余额	3,466,627,306.26	3,127,153,276.92	66,280,428.72	437,565,160.32	7,097,626,172.22

图 2-64 华润三九（000999）2022 年的固定资产信息

华润三九（000999）2022 年期初固定资产原值为 6 795 865 293.11 元。

华润三九（000999）2022 年期末固定资产原值为 7 097 626 172.22 元。

华润三九（000999）2022 年固定资产增长率＝（期末固定资产原值－期初固定资产原值）÷期初固定资产原值 ×100%=（7 097 626 172.22－6 795 865 293.11）÷6 795 865 293.11 ×100% ≈ 4.44%

华润三九（000999）2022 年的固定资产增长率为正，即企业产能在扩张，但扩张速度较慢。

2.10 固定资产更新率

固定资产更新率是考核固定资产动态状况的指标，反映固定资产在计算期内更新的规模和速度。

2.10.1　固定资产更新率的定义

固定资产更新率是指一定时期内新增加的固定资产原值与期初全部固定资产原值的比率，其计算公式如下：

固定资产更新率＝本期新增的固定资产总额（原值）÷期初固定资产总额（原值）×100%

需要注意的是，本期新增的固定资产总额≠期末固定资产总值－期初固定资产总值。本期新增的固定资产总额－本期减少的固定资产总额＝期末固定资产总值－期初固定资产总值。

固定资产更新率是反映企业现有固定资产中，经过更新的占多大比重，也反映了固定资产在一定时期内更新的规模和速度。在评价企业固定资产更新的规模和速度时，也应结合具体情况进行分析，企业为了保持一定的生产规模和生产能力，必须对设备进行更新是合理的，但如果更新设备只是盲目扩大生产，就不合理了。

2.10.2　固定资产更新率的影响因素

从固定资产更新率的公式可以看出，固定资产更新率受两个方面因素的影响，具体如下：

1. 受到期初固定资产总额的影响

期初固定资产体现原有固定资产的规模，这一数值越大，在其他条件不变的情况下，其固定资产更新的速度越缓慢，即固定资产更新率越低。

2. 受到新增固定资产数额的影响

在一定的计算期内，其期初固定资产总额是计算固定资产更新率的前提条件和基础。因此在计算固定资产更新率的公式中，期初的固定资产数额是已经确定的常量，它是实实在在的期初数额的真实反映，在这种条件下，固定资产的更新率直接受本期新增固定资产数额的影响，即本期新增的固定资产越多，其固定资产的更新率越高，固定资产更新的规模越大，速度越快。

2.10.3 固定资产更新率实战案例分析

打开同花顺炒股软件，输入宁德时代的股票代码 300750，然后按"回车"键，再按下【F10】键，即可进入宁德时代（300750）的个股资料页面。

在个股资料页面中，单击"财务分析"选项卡，向下拖动垂直滚动条，可以看到宁德时代（300750）财务报告查看信息，如图 2-65 所示。

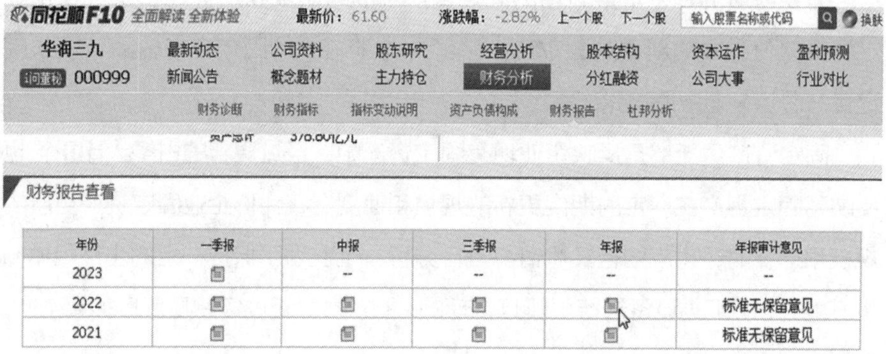

图 2-65 宁德时代（300750）财务报告查看信息

单击 2022 年后的年报按钮📄，打开宁德时代（300750）2022 年年报，然后向下拖动垂直滚动条，就可以看固定资产原值信息，如图 2-66 所示。

(1) 固定资产情况

单位：万元

项目	房屋及建筑物	机器设备	运输设备	电子设备	专用设备	其他	合计
一、账面原值：							
1.期初余额	1,574,141.70	4,143,430.97	15,889.51	119,530.33		16,724.34	5,869,716.85
2.本期增加金额	1,975,428.41	3,941,827.42	6,454.98	80,489.43	17,956.19	7,139.90	6,029,296.33
(1) 购置	1,289.49	21,775.38	3,272.06	1,743.42	232.74	506.43	28,819.51
(2) 在建工程转入	1,964,840.84	3,907,393.06	2,714.36	77,612.09	17,723.45	5,861.50	5,976,145.30
(3) 其他增加	9,298.09	12,658.98	468.56	1,133.92		771.97	24,331.52
3.本期减少金额	134.46	67,012.64	2,802.09	7,174.16		534.82	77,658.17
(1) 处置或报废	134.46	67,012.64	2,802.09	7,174.16		534.82	77,658.17
4.期末余额	3,549,435.66	8,018,245.75	19,542.40	192,845.61	17,956.19	23,329.42	11,821,355.02

图 2-66 宁德时代（300750）2022 年的固定资产信息

宁德时代（300750）2022 年期初固定资产原值为 5 869 716.85 元。

宁德时代（300750）2022 年期末固定资产原值为 11 821 355.02 元。

宁德时代（300750）2022 年增加金额为 6 029 296.33 元。

宁德时代（300750）2022 年减少金额为 77 658.17 元。

本期新增的固定资产总额－本期减少的固定资产总额＝期末固定资产总值－期初固定资产总值。即 11 821 355.02−5 869 716.85=5 951 638.17；6 029 296.33−77 658.17=5 951 638.16。注意这里有四舍五入情况，所以差 0.1。

宁德时代（300750）2022 年固定资产更新率＝本期新增的固定资产总额（原值）÷期初固定资产总额（原值）×100%=6 029 296.33÷5 869 716.85×100% ≈ 102.72%

2.11　固定资产退废率

企业固定资产的退废应与更新相适应，这样才能维持再生产。退废数额中不包括固定资产盘亏和损坏的数额。

2.11.1　固定资产退废率的定义

固定资产退废率又称固定资产报废率，是指企业一定时期内报废清理的固定资产与期初固定资产原值的比率，其计算公式如下：

固定资产退废率＝本期退废固定资产总值（原值）÷期初固定资产总值（原值）×100%

固定资产的报废分为两种情况：一种是固定资产的使用寿命已到，其资产陈旧、磨损严重，无法继续使用而被报废；另一种是由于科学技术的发展进步，新型的、生产效率更高的固定资产的出现将技术落后的固定资产淘汰造成的旧固定资产的停止使用。专用固定资产所生产出的产品被新型产品所替代，而使其淘汰也存在专用固定资产报废的可能。

无论是哪一种固定资产的报废，其结果都是退出固定资产的使用过程。这一报废的发生对于某一项固定资产是在其使用过程中的某一个时点，而对整个企业的固定资产的规模来讲，其整体固定资产的报废程序是以一个阶段去考核的。因此固定资产退废率是考核固定资产退废程序的动态指标。

2.11.2 固定资产退废率分析的注意事项

固定资产退废率反映的是期初固定资产总额中报废和清理的固定资产部分，这说明这一部分固定资产退出使用过程。其退废率越高，说明退出使用的固定资产数额越多。在不考虑其他因素的情况下，这说明着企业生产能力萎缩，生产率下降。但其固定资产退废率并非人为控制指标，其指标是固定资产有形磨损和无形磨损的客观反映，退废率的提高说明企业固定资产趋于陈旧，企业如果要维持固定资产的再生产，必须要有相应的固定资产予以更新。

因此，对于固定资产退废率的考核要与固定资产的更新率相比较，当同期固定资产的退废率低于固定资产的更新率时，说明企业固定资产投资率规模的增加，这一增加如果适度，有利于企业生产规模的扩大和生产率的提高。如果固定资产退废率高于同期固定资产更新率，一般来讲，反映了企业生产能力的萎缩和生产率的降低。

宏观经济分析上，固定资产退废率在考虑固定资产的投资规模和项目的安排时，也具有积极的参考意义，其固定资产退废率较大的行业和部门即为未来固定资产项目贷款的新投向，只有这样才能保证社会生产的顺利进行。

2.11.3 固定资产退废率实战案例分析

打开同花顺炒股软件，输入片仔癀的股票代码 600436，然后按"回车"键，再按下【F10】键，即可进入片仔癀（600436）的个股资料页面。

在个股资料页面中，单击"财务分析"选项卡，向下拖动垂直滚动条，可以看到片仔癀（600436）财务报告查看信息，如图 2-67 所示。

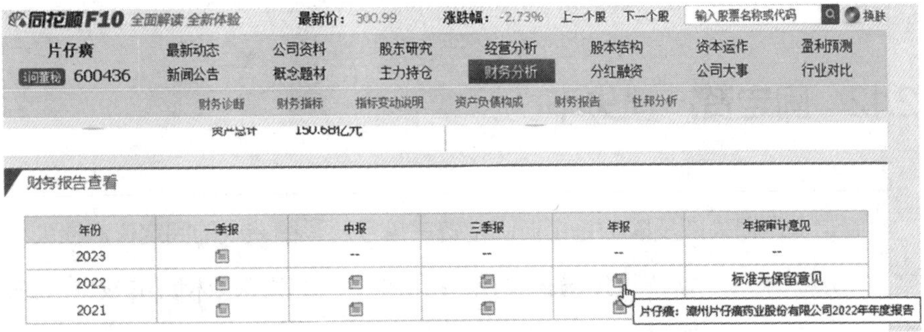

图 2-67 片仔癀（600436）财务报告查看信息

单击 2022 年后的年报按钮 ▤，打开片仔癀（600436）2022 年年报，然后向下拖动垂直滚动条，就可以看固定资产原值信息，如图 2-68 所示。

2022 年年度报告

固定资产

(1). 固定资产情况

√适用 □不适用

单位：元 币种：人民币

项目	房屋及建筑物	机器设备	运输工具	其他设备	合计
一、账面原值：					
1. 期初余额	333,679,332.76	201,934,269.86	19,668,942.29	82,408,248.63	637,690,793.54
2. 本期增加金额	2,472,522.76	19,779,027.01	2,249,168.56	7,240,949.43	31,741,667.76
(1) 购置		19,779,027.01	2,249,168.56	7,240,949.43	29,269,145.00
(2) 在建工程转入					
(3) 投资性房产转入	2,472,522.76				2,472,522.76
(4) 其他增加					
3. 本期减少金额	3,572,020.26	2,206,641.56	391,338.26	2,194,275.11	8,364,275.19
(1) 处置或报废	3,239,736.97	2,206,641.56	391,338.26	2,194,275.11	8,031,991.90
(2) 转出至投资性房产	332,283.29				332,283.29
(3) 其他减少					
4. 期末余额	332,579,835.26	219,506,655.31	21,526,772.59	87,454,922.95	661,068,186.11

图 2-68 片仔癀（600436）2022 年的固定资产信息

片仔癀（600436）2022 年退废固定资产总值为 8 031 991.90 元。

片仔癀（600436）2022 年期初固定资产总额为 637 690 793.54 元。

片仔癀（600436）2022 年固定资产退废率 = 本期退废固定资产总值（原值）÷ 期初固定资产总值（原值）×100%=8 031 991.90÷637 690 793.54×100% ≈ 1.26%

2.12　固定资产损失率

固定资产损失率反映的是企业固定资产盘亏及毁损造成的固定资产损失程度。在分析时，应查清原因，分清责任，并根据分析结果采取相应的改进措施，以减少、杜绝盘亏毁损现象。

2.12.1　固定资产损失率的定义

固定资产损失率是指企业因各种因素（如物理损耗、技术陈旧、市场需求下降等）导致固定资产价值减少的比率。通常企业会用折旧费来反映固定资产的价值减少，而固定资产损失率则可以用固定资产减值的费用占固定资产原值的比率来计算，其计算公式如下：

固定资产损失率 = 本期固定资产减值的费用 ÷ 期初固定资产原值 ×100%

固定资产损失率越高，说明企业的生产设备和技术越陈旧，维护成本也会越高，从而影响企业的经济效益。

2.12.2　固定资产损失率实战案例分析

图 2-69 所示为片仔癀（600436）2022 年的固定资产原值和累计折旧的数据信息。

片仔癀（600436）2022 年的期初固定资产原值为 637 690 793.54 元。

片仔癀（600436）2022 年的期初累计折旧为 368 820 922.69 元。

片仔癀（600436）2022 年固定资产损失率 = 本期固定资产减值的费用 ÷ 期初固定资产原值 ×100%=368 820 922.69 ÷ 637 690 793.54×100% ≈ 57.84%

固定资产

(1).　固定资产情况

√适用 □不适用

单位:元　币种:人民币

项目	房屋及建筑物	机器设备	运输工具	其他设备	合计
一、账面原值:					
1. 期初余额	333,679,332.76	201,934,269.86	19,668,942.29	82,408,248.63	637,690,793.54
2. 本期增加金额	2,472,522.76	19,779,027.01	2,249,168.56	7,240,949.43	31,741,667.76
(1) 购置		19,779,027.01	2,249,168.56	7,240,949.43	29,269,145.00
(2) 在建工程转入					
(3) 投资性房产转入	2,472,522.76				2,472,522.76
(4) 其他增加					
3. 本期减少金额	3,572,020.26	2,206,641.56	391,338.26	2,194,275.11	8,364,275.19
(1) 处置或报废	3,239,736.97	2,206,641.56	391,338.26	2,194,275.11	8,031,991.90
(2) 转出至投资性房产	332,283.29				332,283.29
(3) 其他减少					
4. 期末余额	332,579,835.26	219,506,655.31	21,526,772.59	87,454,922.95	661,068,186.11
二、累计折旧					
1. 期初余额	172,129,496.22	124,520,799.46	14,043,075.63	58,127,551.38	368,820,922.69

图 2-69　片仔癀（600436）2022 年的固定资产原值和累计折旧的数据信息

2.13　固定资产净值率

固定资产净值率是反映企业全部固定资产平均新旧程度的指标。该比率可以按每一项固定资产分别计算;也可以按某一类或全部固定资产分类或综合计算,以反映其平均新旧程度。磨损率越大,则净值率越小;磨损率越小,则净值率越大。

2.13.1　固定资产净值率的定义

固定资产净值率又称固定资产有用系数,是指企业固定资产净值与固定资产原值的比率,其计算公式如下:

固定资产净值率＝固定资产净值 ÷ 固定资产原值 ×100%

下面来看一下固定资产原值、固定资产净值和固定资产净额的区别。

固定资产原值是指企业投产时按规定由投资形成固定资产的部分,主要有工程费用、待摊投资（应计入固定资产原值的部分）、预备费、建设期利息等。

固定资产净值又称折余价值，是指固定资产原值减去已提折旧后的净额。它可以反映企业实际占用固定资产的金额和固定资产的新旧程度。这种计价方法主要用于计算盘盈、盘亏、毁损固定资产的损益等。

> 提醒：投资者在资产负债表中看到的固定资产，就是固定资产净额。

固定资产净额是固定资产原值减累计折旧再减固定资产减值准备后的差额。

2.13.2 固定资产净值率实战案例分析

打开同花顺炒股软件，输入宁德时代的股票代码 300750，然后按"回车"键，再按下【F10】键，即可进入宁德时代（300750）的个股资料页面。

在个股资料页面中，单击"财务分析"选项卡，向下拖动垂直滚动条，可以看到宁德时代（300750）财务报告查看信息，如图 2-70 所示。

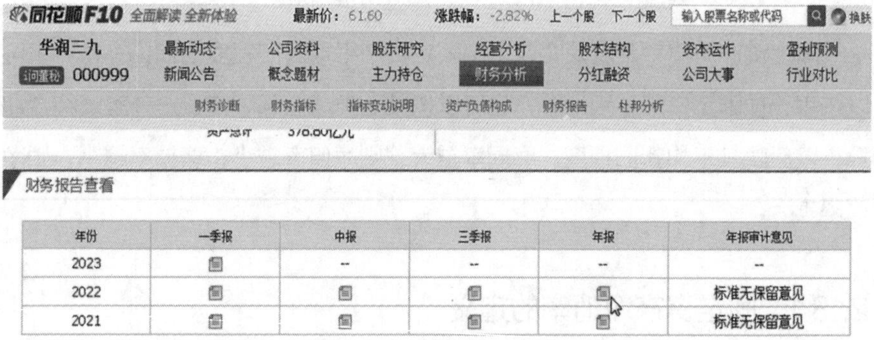

图 2-70 宁德时代（300750）财务报告查看信息

单击 2022 年后的年报按钮，打开宁德时代（300750）2022 年年报，然后向下拖动垂直滚动条，就可以看固定资产原值信息，如图 2-71 所示。

宁德时代（300750）2022 年期初的固定资产原值为 5 869 716.85 元。

宁德时代（300750）2022 年期初的累计折旧为 1 705 175.58 元。

宁德时代（300750）2022 年期初的减值准备为 37 007.94 元。

（1）固定资产情况

单位：万元

项目	房屋及建筑物	机器设备	运输设备	电子设备	专用设备	其他	合计
一、账面原值：							
1.期初余额	1,574,141.70	4,143,430.97	15,889.51	119,530.33		16,724.34	5,869,716.85
2.本期增加金额	1,975,428.41	3,941,827.42	6,454.98	80,489.43	17,956.19	7,139.90	6,029,296.33
（1）购置	1,289.49	21,775.38	3,272.06	1,743.42	232.74	506.43	28,819.51
（2）在建工程转入	1,964,840.84	3,907,393.06	2,714.36	77,612.09	17,723.45	5,861.50	5,976,145.30
（3）其他增加	9,298.09	12,658.98	468.56	1,133.92		771.97	24,331.52
3.本期减少金额	134.46	67,012.64	2,802.09	7,174.16		534.82	77,658.17
（1）处置或报废	134.46	67,012.64	2,802.09	7,174.16		534.82	77,658.17
4.期末余额	3,549,435.66	8,018,245.75	19,542.40	192,845.61	17,956.19	23,329.42	11,821,355.02
二、累计折旧							
1.期初余额	153,742.79	1,475,476.53	8,671.35	55,408.58		11,876.33	1,705,175.58
2.本期增加金额	127,357.31	1,024,222.26	3,672.12	37,137.13	151.41	4,514.97	1,197,055.20
（1）计提	127,015.45	1,024,144.18	3,611.45	36,990.82	151.41	4,144.55	1,196,057.86
（2）其他增加	341.86	78.08	60.67	146.31		370.43	997.34
3.本期减少金额	14.08	40,426.29	2,629.64	5,537.05		276.76	48,883.81
（1）处置或报废	14.08	40,426.29	2,629.64	5,537.05		276.76	48,883.81
4.期末余额	281,086.02	2,459,272.50	9,713.84	87,008.66	151.41	16,114.55	2,853,346.96
三、减值准备							
1.期初金额		36,947.62		59.74		0.58	37,007.94
2.本期增加金额		28,604.86		1.10			28,605.96
（1）计提		28,535.28		1.10			28,536.38
（2）其他增加		69.58					69.58
3.本期减少金额		4,688.15		0.59		0.58	4,689.32
（1）处置或报废		4,688.15		0.59		0.58	4,689.32
4.期末余额		60,864.33		60.25			60,924.58
四、账面价值							
1.期末账面价值	3,268,349.64	5,498,108.92	9,828.56	105,776.70	17,804.78	7,214.87	8,907,083.47
2.期初账面价值	1,420,398.91	2,631,006.83	7,218.16	64,062.01		4,847.42	4,127,533.33

图 2-71　宁德时代（300750）2022 年的固定资产信息

宁德时代（300750）2022 年期初的账面价值为 4 127 533.33 元。

> 提醒：账面价值就是固定资产净额。

宁德时代（300750）2022 年期初的固定资产净值 = 固定资产原值 − 累计折旧 = 5 869 716.85 − 1 705 175.58 = 41 64 541.27（元）

宁德时代（300750）2022 年期初的固定资产净额 = 固定资产原值 − 累计折旧 − 固定资产减值准备 = 5 869 716.85 − 1 705 175.58 − 37 007.94 = 4 127 533.33（元）

在这里可以看到，计算出来的固定资产净额，与宁德时代（300750）2022 年期初的账面价值是相同的。

下面来计算宁德时代（300750）2022 年期初固定资产净值率。

宁德时代（300750）2022 年期初固定
资产净值率＝固定资产净值÷固定资产原
值×100%＝4 164 541.27÷5 869 716.85×
100%≈71%

> 提醒：固定资产净值率值越大，表明公司的经营条件相对较好；反之，则表明公司固定资产较旧，需投资进行维护和更新，经营条件相对较差。

2.14   总资产营运能力指标

总资产是企业所拥有或控制的能以货币计量，并能够为企业带来未来经济利益的经济资源。总资产营运能力是衡量企业组织、管理和营运整个资产的能力和效率。总资产营运能力是企业经营效率的重要影响因素。

分析总资产营运能力，一般有两个重要指标：总资产周转率和总资产周转天数。

2.14.1   总资产周转率

总资产周转率是反映企业所有资产周转情况的重要指标，是企业在一定时期内营业收入净额同平均资产总额的比值，其计算公式具体如下：

总资产周转率（次）＝主营业务收入÷平均资产总额

其中，平均资产总额＝（期初资产余额＋期末资产余额）÷2

对总资产周转率的计算公式，有两种变形要注意，具体如下：

总资产周转率（次）＝（主营业务收入÷平均流动资产总额）×（平均流动资产总额÷平均资产总额）＝流动资产周转率（次）×流动资产占总资产平均比重

总资产周转率（次）＝（主营业务收入÷平均固定资产总额）×（平均固定资产总额÷平均资产总额）＝固定资产周转率（次）×固定资产占总资产平均比重

在这里可以看到，流动资产周转率和固定资产周转率对总资产周转率有着直接的影响，即流动资产周转率和固定资产周转率越高，总资产周转率就越高。

所以，对总资产周转情况的分析，要结合流动资产、固定资产等的周转情况进行分析，只有这样，才能分析透彻，找到根源。

> 提醒：分析总资产周转率及其驱动因素，通过优化资产结构和提高各类资产利用率，是加强企业资产管理、提高资金利用效益的重要方法。

2.14.2　总资产周转天数

总资产周转天数是反映企业所有资产周转情况的另一个重要指标，它等于 360 天与总资产周转率之比，其计算公式为：

总资产周转天数（天）=360÷总资产周转率（次）

一般来讲，总资产周转率越高，总资产周转天数越短，表明企业所有资产周转速度越快，同样的资产获得的收入越多，所以资产的管理水平越高。

打开同花顺炒股软件，输入贵州茅台的股票代码 600519，然后按"回车"键，再按下【F10】键，即可进入贵州茅台（600519）的个股资料页面。

在个股资料页面中，单击"财务分析"选项卡，再单击"利润表"选项，然后单击"按年度"选项卡，即可看到贵州茅台（600519）2018—2022 年各期营业收入信息，如图 2-72 所示。

同花顺 F10 全面解读 全新体验		最新价：1715.66	涨跌幅：-0.08%	上一个股	下一个股	输入股票名称或代码 🔍 ❂ 换肤	
贵州茅台	最新动态	公司资料	股东研究	经营分析	股本结构	资本运作	盈利预测
〔洞察秒〕600519	新闻公告	概念题材	主力持仓	财务分析	分红融资	公司大事	行业对比
		财务诊断　财务指标　指标变动说明　资产负债构成　财务报告　杜邦分析					

"扣除非经常性损益后的净利润(元)	2022	2021	2020	2019	2018 ≫
报表全部指标(元)					
一、营业总收入(元)	1275.54亿	1094.64亿	979.93亿	888.54亿	771.99亿
其中：营业收入(元)	1241.00亿	1061.90亿	949.15亿	854.30亿	736.39亿

图 2-72　贵州茅台（600519）2018—2022 年各期营业收入信息

贵州茅台（600519）2021 年营业收入为 1 061.90 亿元。

贵州茅台（600519）2022 年营业收入为 1 241.00 亿元。

在个股资料页面中，单击"财务分析"选项卡，再单击"资产负债表"选项，然后单击"按年度"选项卡，即可看到贵州茅台（600519）2020—2022 年各期资产合计信息，如图 2-73 所示。

长期待摊费用(元)	2022	2021	2020	2019	2018
递延所得税资产(元)	34.59亿	22.37亿	11.23亿	11.00亿	10.49亿
其他非流动资产(元)	--	20.60亿	--		
非流动资产合计(元)	377.53亿	344.03亿	277.44亿	240.18亿	219.85亿
资产合计(元)	2543.65亿	2551.68亿	2133.96亿	1830.42亿	1598.47亿

图 2-73　贵州茅台（600519）2020—2022 年各期资产合计信息

贵州茅台（600519）2020 年资产合计为 2 133.96 亿元。

贵州茅台（600519）2021 年资产合计为 2 551.68 亿元。

贵州茅台（600519）2022 年资产合计为 2 543.65 亿元。

下面利用公式来计算总资产周转率和总资产周转天数。

贵州茅台（600519）2021 年平均资产总额 =（期初资产余额 + 期末资产余额）÷2=（2 133.96+2 551.68）÷2=2 342.82（亿元）

贵州茅台（600519）2021 年总资产周转率（次）= 主营业务收入 ÷ 平均资产总额 1 061.90÷2 342.82 ≈ 0.45（次）

贵州茅台（600519）2021 年总资产周转天数（天）=360÷ 总资产周转率（次）360÷0.45=800（天）

贵州茅台（600519）2022 年平均资产总额 =（期初资产余额 + 期末资产余额）÷2=（2 551.68+2 543.65）÷2=2 547.665（亿元）

贵州茅台（600519）2022 年总资产周转率（次）= 主营业务收入 ÷ 平均资产总额 1 241.00÷2 547.665 ≈ 0.49（次）

贵州茅台（600519）2022 年总资产周转天数（天）=360÷ 总资产周转率（次）360÷0.49 ≈ 734.69（天）

总资产周转率是综合评价企业全部资产的经营质量和利用效率的重要指标。总资产周转率越大，说明总资产周转越快，反映出销售能力越强。企业可以通过薄利多销的办法，加速资产的周转，带来利润绝对额的增加。

2.14.3 总资产周转情况的分析方法

总资产周转情况的分析方法有两种：总资产周转情况的行业分析和总资产周转情况的趋势分析。

1. 总资产周转情况的行业分析

总资产周转情况的分析方法主要采用比较法。一般进行同业比较，即同行业之间的比较。它可以是与同行业的平均水平相比，也可以是与同行业先进水平相比。前者反映在行业中的一般状况，后者反映与行业先进水平的距离或者是在行业中的领先地位。企业实际分析时可根据需要选择比较标准。如果通过对比，发现企业的总资产周转情况过高或过低，则应深入调查查找原因，然后采取措施进行调整。

2. 总资产周转情况的趋势分析

由于总资产周转情况中的资产数据是一个时点数，极易受偶然因素的干扰甚至是人为的修饰。因此要弄清企业总资产周转情况的真实状况，先应对其进行趋势分析，即对同一个企业的各个时期的总资产周转情况的变化加以对比分析，以掌握其发展规律和发展趋势。

2.14.4 总资产营运能力的影响因素

总资产营运能力的影响因素有四种：主营业务收入和各营运资产占用额、行业及经营背景、经营周期、资产的构成及质量，如图 2-74 所示。

1. 主营业务收入和各营运资产占用额

要提高企业总资产营运能力，首先应安排好各项资产的合理比例，尤其是流动资产与固定资产的比例关系，防止流动资产或固定资产出现闲置。

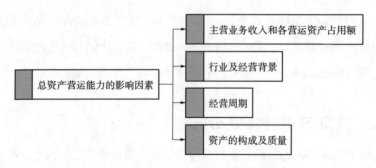

图 2-74　总资产营运能力的影响因素

其次，提高各项资产的利用程度，尤其是流动资产中的应收账款、存货项目和固定资产的利用效率。固定资产利用效率的提高主要取决于固定资产是否全部投入使用，投入使用的固定资产是否都满负荷运行。为此必须结合企业的生产能力、生产规模确定固定资产的投资规模。

最后，应做到在总资产规模不变的情况下尽可能地扩大销售收入。实现的主营业务收入越多，则资产运用效率越高。

2. 行业及经营背景

不同的行业有不同的资产占用，如制造业需要占用大量的机器设备、原材料、产成品等，服务业特别是劳动密集型企业或知识型的服务业，除人力资源外，资产占用量很少。资产占用量大，资产周转就慢；资产占用量少，资产周转就快。

另外，企业的经营背景不同，其资产周转也呈不同趋势：落后的、传统的经营和管理，其资产周转相对较慢，而在现代经营管理模式下，资产管理的周转加速较快。

3. 经营周期

经营周期（营业周期）的长短可以反映资产的运用效率，通过应收账款周转天数和存货周转天数之和可以简化计算出营业周期。营业周期越短，资产的流动性越强，企业实现的销售次数越多，销售收入累计额越多，资产周转相对越快，反之亦然。

4. 资产的构成及质量

企业的资产按其变现速度及价值转移形式不同，分为流动资产和非流动资产。流动资产通常属于短期资产，非流动资产通常属于长期资产。企业在一定时点上的资产总量，是企业取得收入和利润的基础。当企业的长期资产、固定资产占用过多或出现问题资产、资产质量不高时，就会形成资金积压，资产流动性低下，以致营运资金不足。

另外，流动资产的数量和质量通常决定企业变现能力的强弱，而非流动资产的数量和质量则通常决定企业的生产经营能力。非流动资产只有伴随着产品的销售才能形成销售收入。在资产总量一定的情况下，非流动资产所占比重越大，企业实现的周转价值越小，资产的周转速度越慢。反之亦然。

2.14.5　总资产营运能力指标实战案例分析

表 2-10 所示为宁德时代（300750）2017—2022 年总资产营运能力指标。

表 2-10　宁德时代（300750）2017—2022 年总资产营运能力指标

年　　度	主营业务收入（亿元）	平均资产总额（亿元）	总资产周转率（次）	总资产周转天数（天）
2017	199.97	391.255	0.51	705
2018	296.11	617.735	0.48	750
2019	457.88	876.180	0.52	692
2020	503.19	1 289.850	0.39	923
2021	1 303.56	2 321.425	0.56	642
2022	3 285.94	4 543.095	0.72	500

2017—2022 年宁德时代（300750）的主营业务收入处于明显的上升趋势中，如图 2-75 所示。

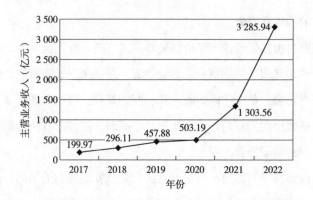

图 2-75 宁德时代（300750）2017—2022 年的主营业务收入处于明显的上升趋势中

宁德时代（300750）的主营业务收入处于明显的上升趋势中，说明企业业务越来越大，市场竞争力越来越高，市场份额越来越大，从而进一步增强了企业的盈利能力和市场地位。

2017—2022 年宁德时代（300750）的平均资产总额也处于明显的上涨趋势中，如图 2-76 所示。

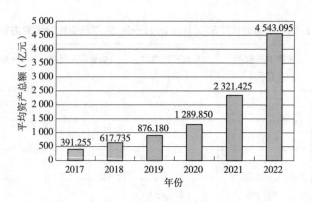

图 2-76 宁德时代（300750）的平均资产总额也处于明显的上涨趋势中

企业的平均资产总额处于上升趋势，通常意味着企业的财务状况得到了改善。这可能是由于企业业务的扩张、市场份额的增加、销售和利润的增加，或者是由于企业的投资或其他收益增加。此外，这也可能反映出企业的有效财务管理、成本控制、内部控制等方面得到有效改善。

2017—2022 年宁德时代（300750）的总资产周转率整体处在震荡趋势中，如图 2-77 所示。

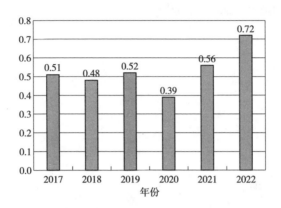

图 2-77　宁德时代（300750）2017—2022 年的总资产周转率整体处于震荡趋势中

虽然总资产周转率整体处于震荡趋势中，但最近三年，即 2020—2022 年，宁德时代（300750）的总资产周转率处于明显的上涨趋势中。这表明最近三年，宁德时代（300750）经营状况良好，有效利用了已有的资源，提高了经济效益。

2017—2022 年宁德时代（300750）的总资产周转天数整体处于震荡趋势中，如图 2-78 所示。

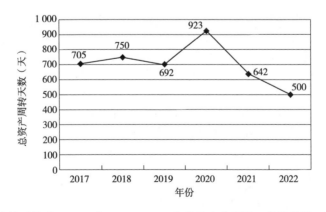

图 2-78　宁德时代（300750）2017—2022 年的总资产周转天数整体处于震荡趋势中

宁德时代（300750）总资产周转天数处于震荡趋势中，表明企业的资产管理和运营效率存在波动或不稳定性，这可能是由于市场环境、竞争压力、经营策略、管理问题等多种因素造成的。

第3章

企业偿债能力指标
实战与应用

企业的偿债能力强弱是反映企业财务状况的重要内容，是财务分析的重要组成部分。分析企业的偿债能力，对企业债权人、经营者、投资者都有相当重要的作用。

本章主要内容:

➤ 营运资本及实战案例分析

➤ 流动比率及实战案例分析

➤ 速动比率及实战案例分析

➤ 现金比率及实战案例分析

➤ 企业支付能力系数及实战案例分析

➤ 资产负债率及实战案例分析

➤ 股权比率及实战案例分析

➤ 产权比率及实战案例分析

➤ 权益乘数及实战案例分析

➤ 有形资产债务比率及实战案例分析

- ➤ 有形净值债务比率及实战案例分析
- ➤ 利息保障倍数及实战案例分析
- ➤ 现金流量利息保障倍数及实战案例分析

3.1 营运资本

营运资本管理的主要目的是确保企业能够满足日常业务所需的流动资金需求，同时尽量减少资金占用和成本。一般来讲，企业需要根据其经营规模和特点，合理安排营运资本的结构和使用。

3.1.1 营运资本的定义及计算

营运资本是指企业日常运营所需的流动资金，包括应收账款、库存和应付账款，其值等于流动资产减去流动负债后的差额，也称营运资金，表示企业的流动资产在偿还全部流动负债后还有多少剩余，其计算公式如下：

营运资本 = 流动资产 − 流动负债

营运资本本质上反映流动资产可用于偿还或抵补流动负债后的余额。营运资本越多，说明企业可用于偿还流动负债的资金越充足，企业的短期偿债能力越强，债权人收回债权的安全性越高。

打开同花顺炒股软件，输入贵州茅台的股票代码 600519，然后按"回车"键，再按下【F10】键，即可进入贵州茅台（600519）的个股资料页面。

在个股资料页面中，单击"财务分析"选项卡，再单击"资产负债表"选项，即可看到贵州茅台（600519）2022 年 3 月 31 日至 2023 年 3 月 31 日各期流动资产信息，如图 3-1 所示。

贵州茅台（600519）2022 年 12 月 31 日的流动资产合计为 2 166.11 亿元。

贵州茅台（600519）2023 年 3 月 31 日的流动资产合计为 2 182.00 亿元。

向下拖动垂直滚动条，可以看到贵州茅台（600519）2022 年 3 月 31 日至 2023 年 3 月 31 日各期流动负债信息，如图 3-2 所示。

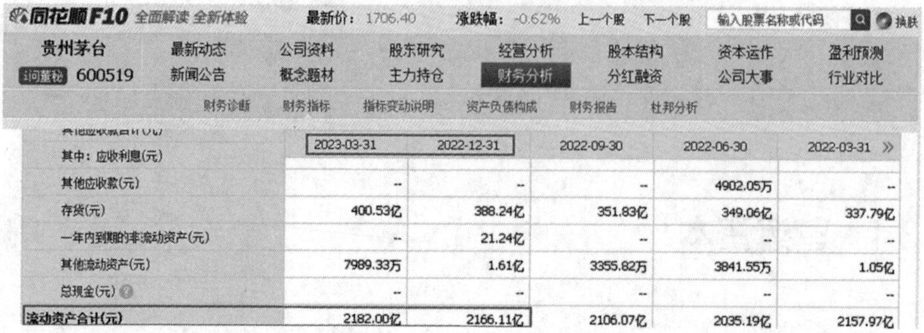

其他应收款合计(元)	2023-03-31	2022-12-31	2022-09-30	2022-06-30	2022-03-31
其中：应收利息(元)					
其他应收款(元)	--	--	--	4902.05万	--
存货(元)	400.53亿	388.24亿	351.83亿	349.06亿	337.79亿
一年内到期的非流动资产(元)	--	21.24亿	--	--	--
其他流动资产(元)	7989.33万	1.61亿	3355.82万	3841.55万	1.05亿
总现金(元)	--	--	--	--	--
流动资产合计(元)	2182.00亿	2166.11亿	2106.07亿	2035.19亿	2157.97亿

图 3-1　贵州茅台（600519）2022 年 3 月 31 日至 2023 年 3 月 31 日各期流动资产信息

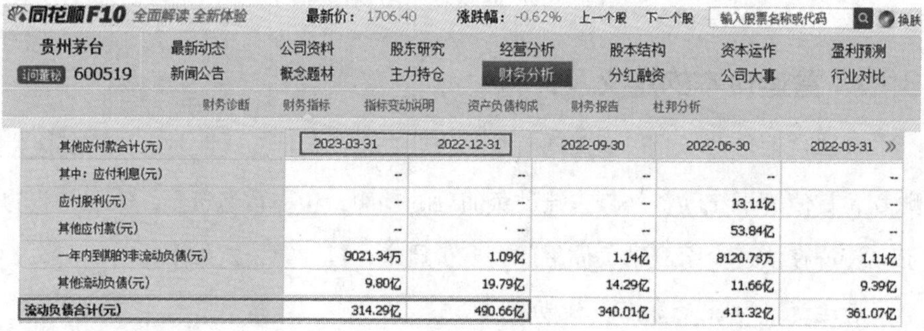

其他应付款合计(元)	2023-03-31	2022-12-31	2022-09-30	2022-06-30	2022-03-31
其中：应付利息(元)	--	--	--	--	--
应付股利(元)	--	--	--	13.11亿	--
其他应付款(元)	--	--	--	53.84亿	--
一年内到期的非流动负债(元)	9021.34万	1.09亿	1.14亿	8120.73万	1.11亿
其他流动负债(元)	9.80亿	19.79亿	14.29亿	11.66亿	9.39亿
流动负债合计(元)	314.29亿	490.66亿	340.01亿	411.32亿	361.07亿

图 3-2　贵州茅台（600519）2022 年 3 月 31 日至 2023 年 3 月 31 日各期流动负债信息

贵州茅台（600519）2022 年 12 月 31 日的流动负债合计为 490.66 亿元。

贵州茅台（600519）2023 年 3 月 31 日的流动负债合计为 314.29 亿元。

下面来计算营运资本。

贵州茅台（600519）2022 年 12 月 31 日的营运资本 = 流动资产 − 流动负债 =2 166.11−490.66=1 675.45（亿元）

贵州茅台（600519）2023 年 3 月 31 日的营运资本 = 流动资产 − 流动负债 =2 182.00−314.29=1 867.71（亿元）

在这里可以看到，贵州茅台（600519）2022 年 12 月 31 日和 2023 年 3 月 31 日的营运资本均大于 1 000 亿元，这表明企业具有很强的短期偿债能力。

另外，2023 年 3 月 31 日的营运资本大于 2022 年 12 月 31 日的营运资本。这表明贵州茅台（600519）用来支付的资金越来越充足，短期偿债能力越来越好。

3.1.2　营运资本分析的注意事项

企业的营运资本是多少时最好呢？这里没有固定的标准。对于债权人来说，希望企业的营运资本越高越好，这样就能提高其债务的保证程度。

对于企业来说，持有过多的营运资本，虽然可以提高短期偿债能力，降低财务风险，但是会降低企业的盈利能力。因为高营运资本意味着流动资产多，流动负债少，而流动资产与长期资产相比，虽然流动性强，但盈利能力差。

所以企业对营运资本的管理是企业财务管理中的一项相当重要的内容，需要在收益和风险之间平衡。不同的企业，可以根据自己的实际情况采取不同的融资策略，合理安排企业的营运资本金额。

需要注意的是，营运资本虽然可以直接反映流动资产保证流动负债偿还后能够剩下的金额，这个指标不但受企业财务运作的影响，并且受企业规模的影响较大，所以该指标不便进行企业之间的比较。

> 提醒：当营运资本出现负数，也就是一家企业的流动资产小于流动负债时，这家企业的营运可能随时因周转不灵而中断。

所以对营运资本指标的分析，一般仅进行纵向比较，很少进行横向比较。

3.1.3　营运资本实战案例分析

表 3-1 所示为宁德时代（300750）2018—2022 年营运资本。

表 3-1　宁德时代（300750）2018—2022 年营运资本

年　　度	流动资产（亿元）	流动负债（亿元）	营运资本（亿元）
2018	539.11	310.85	228.26
2019	716.95	456.07	260.88

续上表

年　　度	流动资产（亿元）	流动负债（亿元）	营运资本（亿元）
2020	1 128.65	549.77	578.88
2021	1 777.35	1 493.45	283.90
2022	3 877.35	2 957.61	919.74

2018—2022 年宁德时代（300750）的流动资产处于明显的上涨趋势中，如图 3-3 所示。

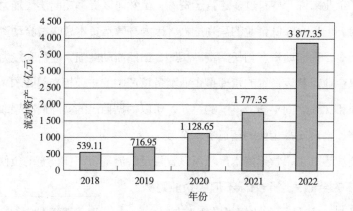

图 3-3　宁德时代（300750）2018—2022 年的流动资产处于明显的上涨趋势中

流动资产处于明显的上涨趋势中，表明企业在处理现金和其他流动资产时的能力增强了，表明企业正在积极扩大业务和投资，增加了资产。

2018—2022 年宁德时代（300750）的流动负债也处于明显的上涨趋势中，如图 3-4 所示。

流动负债处于明显的上涨趋势中，表明企业现在有更多的短期债务需要偿还，这是因为企业需要筹集资金来支持业务扩张或进行投资等活动。需要注意的是，流动负债上升过快或超过企业可承受的范围，可能会导致财务压力增加，增加财务风险。

2018—2022 年宁德时代（300750）的营运资本整体处于震荡上涨趋势中，但 2021 年营运资本出现快速下跌，如图 3-5 所示。

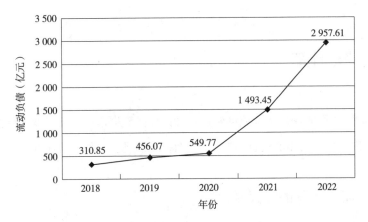

图 3-4 宁德时代（300750）2018—2022 年的流动负债处于明显的上涨趋势中

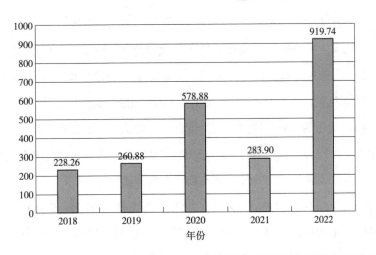

图 3-5 宁德时代（300750）2018—2022 年的营运资本整体处于震荡上涨趋势中

2021 年宁德时代（300750）营运资本出现快速下跌的原因是流动负债增长太快，由 2020 年的 549.77 亿元增加到 2021 年的 1 493.45 亿元。

2018—2020 年宁德时代（300750）营运资本每年都在增加，这说明企业短期偿债能力越来越强。2021 年营运资本虽快速下跌，但仍有 283.90 亿元，仍能维持企业的正常运转。2022 年，营运资本再度快速上升为 919.74 亿元，短期偿债能力更强了。

3.2　流动比率

流动比率用来衡量企业流动资产在短期债务到期以前，可以变为现金用于偿还负债的能力，即每一元的流动负债有多少流动资产作为偿还保证。

3.2.1　流动比率的定义及计算

流动比率是指流动资产与流动负债的比率，其计算公式具体如下：

流动比率 = 流动资产 ÷ 流动负债

对流动比率的计算公式，还可以进行变形，具体如下：

流动比率 = 流动资产 ÷ 流动负债 = [（流动资产 − 流动负债）+ 流动负债] ÷ 流动负债 = [营运资本 + 流动负债] ÷ 流动负债 = 营运资本 ÷ 流动负债 +1

一般情况下，流动比率越高，说明企业资产的变现能力越强，短期偿债能力也越强；反之则说明短期偿债能力越弱。一般认为流动比率应在 2∶1 以上，流动比率 2∶1，表示流动资产是流动负债的 2 倍，即使流动资产有一半在短期内不能变现，也能保证全部的流动负债得到偿还。

打开同花顺炒股软件，输入片仔癀的股票代码 600436，然后按"回车"键，再按下【F10】键，即可进入片仔癀（600436）的个股资料页面。

在个股资料页面中，单击"财务分析"选项卡，再单击"资产负债表"选项，即可看到片仔癀（600436）2022 年 3 月 31 日至 2023 年 3 月 31 日各期流动资产信息，如图 3-6 所示。

片仔癀（600436）2022 年 12 月 31 日的流动资产合计为 127.05 亿元。

片仔癀（600436）2023 年 3 月 31 日的流动资产合计为 131.38 亿元。

向下拖动垂直滚动条，可以看到片仔癀（600436）2022 年 3 月 31 日至 2023 年 3 月 31 日各期流动负债信息，如图 3-7 所示。

片仔癀（600436）2022 年 12 月 31 日的流动负债合计为 25.10 亿元。

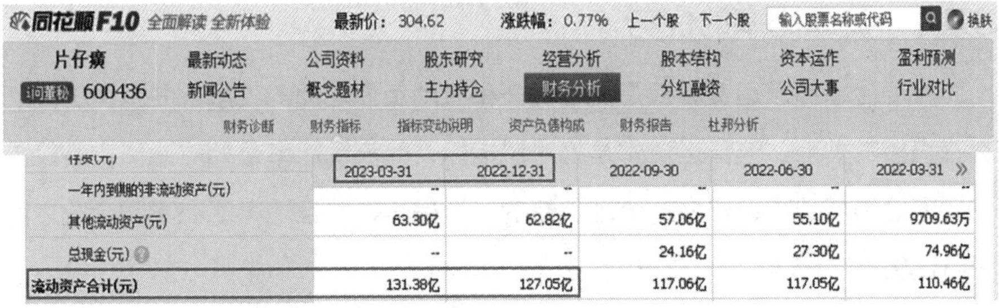

存货(元)	2023-03-31	2022-12-31	2022-09-30	2022-06-30	2022-03-31
一年内到期的非流动资产(元)	--	--	--	--	--
其他流动资产(元)	63.30亿	62.82亿	57.06亿	55.10亿	9709.63万
总现金(元)	--	--	24.16亿	27.30亿	74.96亿
流动资产合计(元)	131.38亿	127.05亿	117.06亿	117.05亿	110.46亿

图 3-6　片仔癀（600436）2022 年 3 月 31 日至 2023 年 3 月 31 日各期流动资产信息

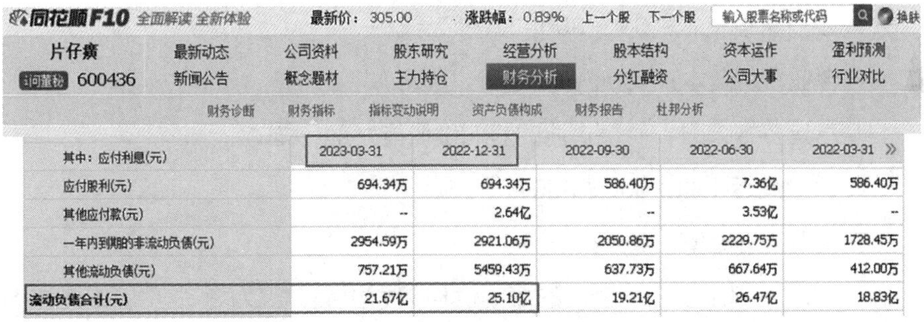

其中：应付利息(元)	2023-03-31	2022-12-31	2022-09-30	2022-06-30	2022-03-31
应付股利(元)	694.34万	694.34万	586.40万	7.36亿	586.40万
其他应付款(元)	--	2.64亿	--	3.53亿	--
一年内到期的非流动负债(元)	2954.59万	2921.06万	2050.86万	2229.75万	1728.45万
其他流动负债(元)	757.21万	5459.43万	637.73万	667.64万	412.00万
流动负债合计(元)	21.67亿	25.10亿	19.21亿	26.47亿	18.83亿

图 3-7　片仔癀（600436）2022 年 3 月 31 日至 2023 年 3 月 31 日各期流动负债信息

片仔癀（600436）2023 年 3 月 31 日的流动负债合计为 21.67 亿元。

下面来计算营运资本和流动比率。

片仔癀（600436）2022 年 12 月 31 日的营运资本 = 流动资产 − 流动负债 =127.05−25.1=101.95（亿元）

片仔癀（600436）2023 年 3 月 31 日的营运资本 = 流动资产 − 流动负债 = 131.38−21.67=109.71（亿元）

片仔癀（600436）2022 年 12 月 31 日的流动比率 = 流动资产 ÷ 流动负债 =127.05 ÷ 25.1 ≈ 5.06

片仔癀（600436）2023 年 3 月 31 日的流动比率 = 流动资产 ÷ 流动负债 = 131.38 ÷ 21.67 ≈ 6.06

片仔癀（600436）2022 年 12 月 31 日至 2023 年 3 月 31 日的营运资本和流动比率都是越来越大，表明企业的短期偿债能力越来越强。

3.2.2　流动比率的优势

流动比率和营运资本都是流动资产和流动负债之间的关系，并且两者之间存在直接的关系，但营运资本是绝对量指标，而流动比率是相对比值，所以流动比率更能反映流动资产对流动负债的保证程度，并且还可以在不同企业之间进行比较。

例如，A 企业流动资产 600 万元，流动负债为 300 万元；B 企业的流动资产为 400 万元，流动负债为 100 万元。

A 企业营运资本：600–300=300（万元）

B 企业营运资本：400–100=300（万元）

从营运资本来看，两个企业的短期偿债能力是一样的。

A 企业流运比率：600÷300=2

B 企业流运比率：400÷100=4

从流动比率来看，B 企业的短期偿债能力更强，因为 B 企业每 1 元流动负债有 4 元流动资产作保证，A 企业每 1 元流动负债只有 2 元流动资产作保证。

3.2.3　流动比率的不足

流动比率是分析企业短期偿债能力最常用的指标，并且该指标数据容易得到、计算容易，且容易理解，但也有一些不足。具体有四个方面：流动比率是静态分析指标、流动比率未考虑流动资产结构、流动比率未考虑流动负债结构、流动比率易被人为操控，如图 3-8 所示。

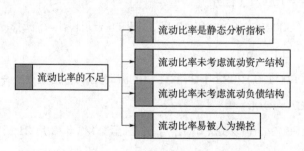

图 3-8　流动比率的不足

1. 流动比率是静态分析指标

流动比率反映的是某期期末这个静态时点上的流动资产与流动负债的比率，是一个静态分析指标。但企业下一个期间的短期偿债能力取决于企业下一个期间的现金流入和流出的数量和时间，是一个动态的问题。

一般来讲，期末的流动资产将在下一个期间转化为现金，期末的流动负债将在下一个期间转化为支付，所以二者的比值能够在一定程度上反映下一个期间的现金流入和流出。但是用一个静态比率来反映一个动态问题，不可能把所有因素都考虑进去。

例如，企业下一个期间的劳务收入带来的现金流入，能直接增强企业的短期偿债能力，但却没有在流动比率中表现出来；企业下一个期间的业务招待费用会削弱企业的流动性和短期偿债能力，但也不会在流动比率中表现出来。

2. 流动比率未考虑流动资产结构

流动比率的分子是流动资产合计，反映流动资产在未来期间可转换成现金对流动负债的保证程度，但没有考虑到流动资产不同项目具有不一样的变现能力。

实际上，一个企业的流动比率高，并不能说明其短期偿债能力就一定强，有可能流动比率高的原因是企业的存货积压、应收账款增多且收款期延长所导致的，而真正可用来偿还债务的现金却严重不足，这种企业尽管流动比率高，但实际短期偿债能力很弱。

所以在分析流动比率时，还应分别从静态和动态两个角度分析流动资产的结构和流动资产的周转情况。

3. 流动比率未考虑流动负债结构

流动比率的分母是流动负债合计，但很明显流动比率没有考虑流动负债的结构。

第一，没有考虑不同债务具有不同的强制程度和紧迫性。不同的债务无法到期偿还，会对企业产生不一样的影响，如短期借款、应付票据、应交税费到期偿还的紧迫性就强，而应付账款和合同负债到期偿还的紧迫性就弱一些。所以分析流动比率时，应考虑不同流动负债不同的紧迫性。

第二，流动负债是循环流动的，到期的债务需要偿还，但同时也会形成新的流动负债，并因此获得企业经营所需的资金。需要注意的是，不同的流动负债项目，循环形式也不一样。例如，短期借款的偿还与增加，是通过与银行达成相应的借款合同进行的，受企业的筹资能力和偿债能力影响较大；而应付账款则随着企业的经营活动的开展而不断循环，这些流动负债的增加，受企业经营规模和市场信用的影响较大。

所以在分析流动比率时，要考虑流动负债结构对短期偿债能力的影响。

4.流动比率易被人为操控

在企业的流动比率大于 1 的情况下，如果流动资产（分子）与流动负债（分母）同时增加相同数额，则流动比率会降低；相反如果流动资产（分子）与流动负债（分母）同时减少相同数额，则流动比率会升高。

所以在临近期末时，企业可以利用推迟正常的赊购，降低期末时分子中的存货和分母中的应付账款，从而提高流动比率；或者通过借入一笔临时借款，增加分子中的货币资金和分母中的短期借款，从而降低流动比率。

如果企业的流动比率小于 1，操纵手段与流动比率大于 1 时正好相反。

财务分析者在分析流动比率时，一定要关注是否有人为操纵的情况，一旦发现，要及时调整，然后再计算流动比率。

例如，如果在下一个期初，企业的存货和应付账款比正常情况下增长得更快，则企业有人为操控的嫌疑。这时可以考虑在计算流动比率时，将下一个期初非正常增加的存货和应付账款减去。

3.2.4　流动比率分析的注意事项

一般认为，从债权人立场上说，流动比率越高越好，表示企业的偿付能力越强，企业所面临的短期流动性风险越小，债权越有保障，借出的资金越安全。

但从经营者和所有者角度看，并不一定要求流动比率越高越好，因为流动比率过高，表明企业留在流动资产上的资金过多，不能充分利用这些资金，从而造成企业盈利能力下降。

所以在偿债能力允许的范围内，根据经营需要，进行负债经营也是现代企业经营的策略之一。一般来看，流动比率为 200% 时，认为是比较合适的。此时，企业的短期偿债能力较强，对企业的经营也比较有利。

但需要注意的是，流动比率的高低还受企业所在的行业影响，如房地产企业的流动比率一般会比较高，而制造业企业、公用事业企业的流动比率比较低。所以在确定流动比率分析标准时，一定要考虑行业的影响。

3.2.5　流动比率实战案例分析

表 3-2 所示为宁德时代（300750）2018—2022 年流动比率。

表 3-2　宁德时代（300750）2018—2022 年流动比率

年　度	流动资产（亿元）	流动负债（亿元）	营运资本	流动比率
2018	539.11	310.85	228.26	1.73
2019	716.95	456.07	260.88	1.57
2020	1 128.65	549.77	578.88	2.05
2021	1 777.35	1 493.45	283.9	1.19
2022	3 877.35	2 957.61	919.74	1.31

2018—2022 年宁德时代（300750）的流动资产、流动负债和营运资本都处于震荡上涨趋势中，但其流动比率却处于震荡趋势中。

2018—2020 年流动比率均在 1.5 以上，说明企业都有较强的短期偿债的能力。但 2021—2022 年流动比率均在 1.5 以下，说明企业的短期偿债能力变弱了。

如果一个企业的流动比率过小，就说明企业用于偿付短期债务的流动资产不足，可能会导致企业无法按时履行短期债务，从而面临财务风险。

流动比率过小表明企业资金短缺，可能因为经营不善、高额债务或者投资不足等原因所致。此时企业可以通过增加流动性资产，如现金、短期债券等来提高流动比率。提高流动比率不仅有助于企业偿付短期债务，而且还有利于企业经营风险的控制，提高企业信誉度，为企业长期发展奠定坚实的基础。

3.3　速动比率

速动比率是用于衡量企业的流动性、偿债能力和财务稳定性的指标。速动比率的高低能直接反映企业的短期偿债能力强弱，它是对流动比率的补充，并且比流动比率反映得更加直观可信。

3.3.1　速动比率的定义及计算

速动比率是指企业的速动资产与流动负债的比率，用来衡量企业流动资产中速动资产变现偿付流动负债的能力，其计算公式如下：

速动比率 = 速动资产 ÷ 流动负债 × 100%

其中，速动资产是企业的流动资产减去存货和预付款项后的余额，主要包括现金、短期投资、应收票据、应收账款等项目。

一般情况下，速动比率越高，说明企业资产的变现能力越强，短期偿债能力也越强；反之则短期偿债能力越弱。

打开同花顺炒股软件，输入海康威视的股票代码 002415，然后按"回车"键，再按下【F10】键，即可进入海康威视（002415）的个股资料页面。

在个股资料页面中，单击"财务分析"选项卡，再单击"资产负债表"选项，即可看到海康威视（002415）2023 年 3 月 31 日的流动资产信息，如图 3-9 所示。

应收票据及应收账款(元)	2023-03-31	2022-12-31	2022-09-30	2022-06-30	2022-03-31
其中：应收票据(元)	24.80亿	25.20亿	20.67亿	12.88亿	14.82亿
应收账款(元)	293.12亿	299.06亿	317.72亿	291.13亿	257.90亿
预付款项(元)	5.45亿	5.35亿	5.46亿	6.23亿	5.20亿
其他应收款合计(元)	5.94亿	5.17亿	5.96亿	7.01亿	5.60亿
其他应收款(元)	--	5.17亿	--	6.40亿	--
存货(元)	188.75亿	189.98亿	195.14亿	206.75亿	185.00亿
一年内到期的非流动资产(元)	10.48亿	9.97亿	10.57亿	9.29亿	10.00亿
其他流动资产(元)	8.40亿	8.07亿	9.64亿	11.51亿	10.60亿
总现金(元)	--	400.25亿	304.04亿	280.75亿	342.54亿
流动资产合计(元)	952.07亿	979.07亿	893.42亿	852.06亿	859.79亿

图 3-9　海康威视（002415）2023 年 3 月 31 日的流动资产信息

海康威视（002415）2023 年 3 月 31 日的流动资产合计为 952.07 亿元。

海康威视（002415）2023 年 3 月 31 日的存货为 188.75 亿元。

海康威视（002415）2023 年 3 月 31 日的预付款项为 5.45 亿元。

下面来计算速动资产。

海康威视（002415）2023 年 3 月 31 日的速动资产 = 流动资产合计 − 存货 − 预付款项 =952.07−188.75−5.45=757.87（亿元）

向下拖动垂直滚动条，可以看到海康威视（002415）2023 年 3 月 31 日的流动负债信息，如图 3-10 所示。

其中：应付利息(元)	2023-03-31	2022-12-31	2022-09-30	2022-06-30	2022-03-31
应付股利(元)	--	3.00亿	--	8.69亿	--
其他应付款(元)	--	29.03亿	--	17.38亿	--
一年内到期的非流动负债(元)	8.37亿	8.68亿	5.94亿	6.72亿	6.44亿
其他流动负债(元)	8.68亿	9.24亿	8.69亿	8.64亿	9.24亿
流动负债合计(元)	267.25亿	343.56亿	302.84亿	314.96亿	280.24亿

图 3-10　海康威视（002415）2023 年 3 月 31 日的流动负债信息

海康威视（002415）2023 年 3 月 31 日的流动负债合计为 267.25 亿元。

下面来计算速动比率。

海康威视（002415）2023 年 3 月 31 日的速动比率 = 速动资产 ÷ 流动负债 × 100%=757.87 ÷ 267.25 × 100% ≈ 283.58%

3.3.2　速动比率分析的注意事项

速动比率可以用作流动比率的辅助指标。用速动比率来评价企业的短期偿债能力，消除了存货等变现能力较差的流动资产项目的影响，可以部分地弥补流动比率指标存在的缺陷。在一些存货等项目短期变现弱的企业，流动比率较高时，流动资产中可以立即变现用来支付债务的资产较少，其偿债能力也不理想；反之，在一些流动资产项目短期变现能力高的企业，即使流动比率较低，但流动资产中的大部分项目都可以在较短的时间内转化为现金，其偿债能力也会很强。所以不能单纯地说流动比率与速动比率哪一个更准确，应将两者结合，视企业的具体情况而论。

一般认为，在企业的全部流动资产中，存货约占 50%。所以速动比率的一般标准为 100%，也就是说，每一元的流动负债，都有一元几乎可以立即变现的资产来偿付。如果速动比率低于 100%，一般认为偿债能力较差，但分析时还要结合其他因素进行评价。

在分析速动比率时，还应注意以下两点：

第一，虽然速动比率比流动比率更能反映短期偿还债务的安全性和稳定性，但不能想当然地认为速动比率低的企业，流动负债到期时就不能偿还。事实上，如果企业存货变现能力强，即使速动比率低，只要流动比率高，企业仍可以偿还到期债务。另外，速动资产中的应收款项并不能保证一定按期收回，所以在利用速动比率分析短期偿债能力时，还需要考虑应收款项的预计收回情况。

第二，速动比率与流动比率一样，也很容易被人操控。例如，A 企业期末实际速动资产为 500 万元，而流动负债为 400 万元，这样速动比率为 500 ÷ 400=1.25，企业为了提高速动比率，在接近报表日时，现在偿还 200 万元的应付账款，此举导致速动资产和流动负债都减少 200 万元，这样速动比率就变成（500-200）÷（400-200）=1.5。

3.3.3　速动比率实战案例分析

表 3-3 所示为华润三九（000999）2018—2022 年速动比率。

表 3-3　华润三九（000999）2018—2022 年速动比率

年　　度	速动资产（亿元）	流动负债（亿元）	速动比率
2018	69.05	63.17	109.31%
2019	91.55	68.99	132.70%
2020	89.73	72.95	123.00%
2021	100.30	79.47	126.21%
2022	91.14	86.73	105.08%

2018—2022 年华润三九（000999）的速动资产整体处于震荡趋势中，如图 3-11 所示。

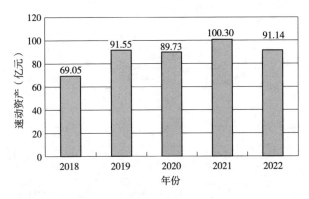

图 3-11　华润三九（000999）2018—2022 年的速动资产整体处于震荡趋势中

速动资产整体处于震荡趋势中，说明企业在市场上没有明显的买入或卖出力量。投资者可以持观望态度，由于缺乏趋势性的信号，市场也缺乏动能。这种情况可能会在一段时间内持续，直到市场形成明确的趋势信号。

2018—2022 年华润三九（000999）的流动负债处于明显的上涨趋势中，如图 3-12 所示。

华润三九（000999）流动负债处于明显的上涨趋势中，说明该企业有更多的短期债务需要偿还。需要注意的是，流动负债上升过快或超过企业可承受的范围，可能会导致财务压力增加，增加财务风险。

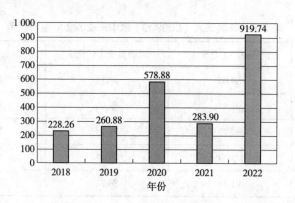

图 3-12　华润三九（000999）2018—2022 年的流动负债处于明显的上涨趋势中

2018—2022 年华润三九（000999）的速动比率处于震荡趋势中，如图 3-13 所示。

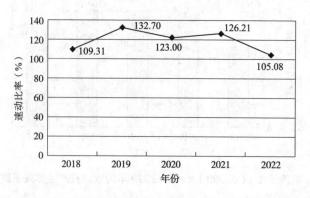

图 3-13　华润三九（000999）2018—2022 年的速动比率处于震荡趋势中

速动比率处于震荡趋势中，表明企业的流动性不稳定，可能存在许多不确定因素和风险。

提醒：速动比率处于震荡趋势中，说明企业在短期内可能很难偿付其债务，而且可能需要借款或出售资产来满足其短期财务需求。此外，这也可能表明企业的运营效率出现了问题，需要采取措施来提高盈利能力和资金流动性。总之，速动比率处于震荡趋势中是一个值得关注的信号，可以提示投资者和管理层注意公司的财务状况，并采取必要的措施进行改进。

下面来对比华润三九（000999）、白云山（600332）、西藏药业（600211）2018—2022 年速动比率情况，如表 3-4 所示。

表 3-4　三家企业 2018—2022 年速动比率对比

股　票	年　度				
	2018	2019	2020	2021	2022
华润三九（000999）	109.31%	132.70%	123.00%	126.21%	105.08%
白云山（600332）	114.00%	120.00%	123.00%	126.00%	114.00%
西藏药业（600211）	391.00%	403.00%	382.00%	176.00%	251.00%

华润三九（000999）的速动比率处于震荡趋势中，但其值均在 100% 以上，说明该企业短期偿债能力还不错，仍可以关注其投资机会。

白云山（600332）的速动比率从 2018 年至 2021 年处于明显上涨趋势中，但 2022 年有所下降，如图 3-14 所示。

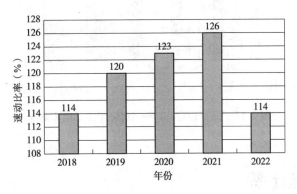

图 3-14　白云山（600332）2018—2022 年的速动比率

从 2018—2021 年，白云山（600332）速动比率处于明显上涨趋势中，说明企业短期偿债能力越来越强。2022 年的短期偿债能力变弱。

西藏药业（600211）的速动比率从 2018—2022 年处于震荡趋势中，但其值在 150% 以上，所以具有较强的短期偿债能力，如图 3-15 所示。

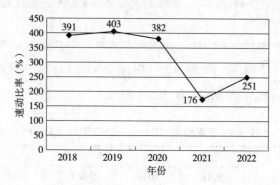

图 3-15　西藏药业（600211）2018—2022 年的速动比率

华润三九（000999）、白云山（600332）、西藏药业（600211）2018—2022 年速动比率对比，如图 3-16 所示。

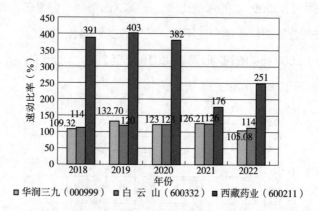

图 3-16　三家企业 2018—2022 年速动比率对比

3.4　现金比率

现金比率是评估企业短期偿债能力强弱最可信的指标，其主要作用是评价企业最坏情况下的短期偿债能力。

3.4.1　现金比率的定义及计算

现金比率是企业现金类资产与流动负债的比率，其计算公式如下：

现金比率 = 现金类资产 ÷ 流动负债 × 100%

现金类资产是指企业拥有的可以在短期内转化为现金的财务资产。这些资产通常包括现金、银行存款、短期国债、商业票据等。现金类资产是公司流动性最高、最易转化为现金的资产。它们可以为公司提供短期资金流动性支持，帮助公司满足日常的运营需求，如支付员工工资、采购原材料等。

在企业的流动资产中，现金类资产的变现能力最强，一般情况下可以百分之百地保证相等数额的短期负债的偿还。所以现金比率与流动比率和速动比率相比，衡量企业的短期偿债能力更有保障。

一般情况下，现金比率越高，企业短期偿债能力越强，反之则短期偿债能力越弱。

打开同花顺炒股软件，输入海康威视的股票代码 002415，然后按"回车"键，再按下【F10】键，即可进入海康威视（002415）的个股资料页面。

在个股资料页面中，单击"财务分析"选项卡，再单击"资产负债表"选项，然后单击"按年度"选项卡，即可看到海康威视（002415）2022 年的现金类资产信息，如图 3-17 所示。

> 提醒：在资产负债表中，货币资金、交易性金融资产、应收票据属于现金类资产。

报表全部指标(元)	2022	2021	2020	2019	2018
流动资产(元)					
货币资金(元)	400.12亿	347.22亿	354.60亿	270.72亿	265.60亿
交易性金融资产(元)	1280.74万	3432.00万	2267.98万	200.00	186.01万
应收票据及应收账款(元)	324.26亿	276.98亿	232.83亿	222.81亿	191.89亿
其中: 应收票据(元)	25.20亿	15.23亿	13.03亿	9.73亿	25.69亿
应收账款(元)	299.06亿	261.75亿	219.79亿	213.08亿	166.19亿

图 3-17　海康威视（002415）2022 年的现金类资产信息

海康威视（002415）2022 年的货币资金为 400.12 亿元。

海康威视（002415）2022 年的交易性金融资产为 1 280.74 万元，即为 0.128 074 亿元。

海康威视（002415）2022 年的应收票据为 25.2 亿元。

下面来计算现金类资产。

现金类资产 = 货币资金 + 交易性金融资产 + 应收票据 =400.12+0.128 074+ 25.2=425.448 074（亿元）

向下拖动垂直滚动条，可以看到海康威视（002415）2022 年的流动负债信息，如图 3-18 所示。

		2022	2021	2020	2019	2018 »
其中: 应付利息(元)						
应付股利(元)		3.00亿	2.47亿	2.06亿	1.08亿	1.20亿
其他应付款(元)		29.03亿	15.83亿	13.19亿	14.61亿	28.34亿
一年内到期的非流动负债(元)		8.68亿	5.97亿	35.08亿	8612.32万	31.78亿
其他流动负债(元)		9.24亿	9.17亿	7.46亿	9.14亿	3.65亿
流动负债合计(元)		343.56亿	332.92亿	312.25亿	235.21亿	247.10亿

图 3-18　海康威视（002415）2022 年的流动负债信息

海康威视（002415）2022 年的流动负债为 343.56 亿元。

下面来计算现金比率。

海康威视（002415）2022 年的现金比率 = 现金类资产 ÷ 流动负债 × 100%=425.448 074 ÷ 343.56 × 100% ≈ 123.84%

3.4.2　现金比率分析的注意事项

当现金比率等于 1 时，表示企业拥有与现金和现金等价物完全相同数量的流动负债以偿还这些短期债务。

当现金比率小于 1 时，表示企业流动负债多于现金和现金等价物。这说明企业手头现金不足以偿还短期债务。

当现金比率大于 1 时，表示企业拥有的现金和现金等价物多于流动负债。在这种情况下，企业有能力偿还所有短期债务，并且仍有剩余现金。

虽然现金比率最能反映企业直接偿付流动负债的能力，这个比率越高，说明企业短期偿债能力越强。但是如果企业保留过多的现金类资产，现金比率过高，说明企业流动负债未能合理地运用，经常以获得能力低的现金类资产保持着，这会导致企业机会成本的增加。

需要注意的是，现金比率在分析短期偿债能力时，常常只是一个辅助性的指标，因为不能要求企业目前持有现金类资产来保证所有的流动负债，企业也没有必要总是保持足够偿还债务的现金类资产。

另外，现金类资产可用于即时支付，而流动负债是指在一年内或超过一年的一个营业周期内偿还的债务，所以现金比率实际上是将某一时点可支付的资金与该时点的流动负债的比值，因此现金比率不一定能够准确反映企业的偿债能力。

3.4.3　现金比率实战案例分析

表 3-5 所示为西藏药业（600211）2018—2022 年现金比率。

表 3-5　西藏药业（600211）2018—2022 年现金比率

年　　度	现金类资产（亿元）	流动负债（亿元）	现金比率（%）
2018	6.30	2.61	241.38
2019	8.60	3.10	277.42
2020	8.49	3.33	254.95
2021	13.67	11.10	123.15
2022	19.33	10.26	188.40

2018—2022 年西藏药业（600211）的现金类资产整体处于上涨趋势中，表明企业短期偿债能力越来越强，如图 3-19 所示。

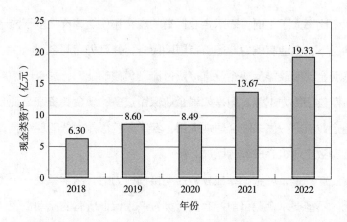

图 3-19　西藏药业（600211）2018—2022 年的现金类资产整体处于上涨趋势中

2018—2021 年西藏药业（600211）的流动负债呈上升趋势，但 2022 年有所减少，但其值仍较大，这表明企业短期需要偿还的债务越来越多，如图 3-20 所示。

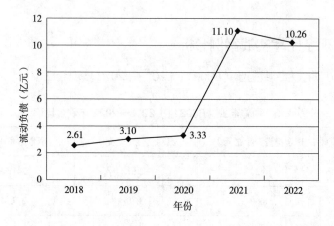

图 3-20　西藏药业（600211）2018—2022 年的流动负债呈上升趋势

2018—2022 年西藏药业（600211）的现金比率整体处于震荡趋势中，如图 3-21 所示。

虽然西藏药业（600211）的现金比率整体处于震荡趋势中，但其值均在 120% 以上，这表明企业现金比率较高，短期偿债能力较强。

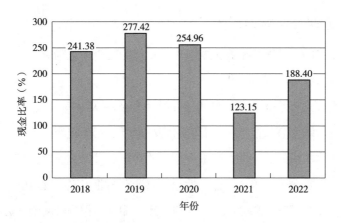

图 3-21　西藏药业（600211）2018—2022 年的现金比率整体处于震荡趋势中

3.5　企业支付能力系数

企业支付能力系数是反映企业短期偿债能力的重要指标。根据企业支付能力反映的具体时间的差异，支付能力系数可以分为期末支付能力系数和近期支付能力系数两种。

3.5.1　期末支付能力系数

期末支付能力系数是指期末货币资金额与急需支付款项之比，其计算公式如下：

期末支付能力系数 = 期末货币资金 ÷ 急需支付款项

其中，急需支付款项包括逾期未缴款项、逾期银行借款、逾期应付款项等。

期末支付能力系数大于或等于 1，说明企业有支付能力。期末支付能力系数小于 1，说明企业支付能力差。

期末支付能力系数的值越低，说明企业支付能力越差。

3.5.2　近期支付能力系数

近期支付能力系数是指在近期可用于支付的资金与近期需要支付的资金之间的比值，其计算公式如下：

近期支付能力系数 = 近期可用于支付的资金 ÷ 近期需要支付的资金

近期支付能力系数指标在计算时必须注意以下四个问题：

第一，这里所说的近期，可根据企业的实际支付情况而定，可以是三天、五天，也可以是十天或半个月，当然也可以计算企业当天的支付能力。

第二，该指标分子和分母的口径应一致，即分子和分母所说的近期相同，企业可用于支付的资金数额，包括现金、银行存款、近期可收回的应收款、近期现销收入、其他可收回的资金等。

第三，近期需要支付的资金是指到最后支付时点企业需要支付的资金数额，包括已经到期需要归还的各种负债、近期将要到期的负债，以及近期其他应付款或预交款等。

第四，企业近期支付能力系数对于评价企业短期或近期的偿债能力状况和财务状况有着重要的作用。当近期支付能力系数大于或等于 1 时，说明企业近期支付能力较好；反之，则说明企业近期支付能力较差。该指标越低，说明近期支付能力越差。

3.6　资产负债率

资产负债率是衡量企业利用债权人提供资金进行经营活动的能力，是反映债权人发放贷款的安全程度的指标，属于衡量企业长期偿债能力的指标。

3.6.1　资产负债率的定义及计算

资产负债率是负债总额和资产总额之比值，其计算公式如下：

资产负债率 = 负债总额 ÷ 资产总额 ×100%

资产负债率揭示了资产和负债的关系，即负债偿还的保证程度。资产负债率越低，表示资产对负债的保证程度越高。

例如，A 企业的资产负债率为 25%，表示每 1 元资产对 0.25 元负债做保证。B 企业的资产负债率为 55%，表示每 1 元资产对 0.55 元负债做保证。

显然，A 企业的资产负债率更低，资产对负债的保证程度更高一些。

打开同花顺炒股软件，输入贵州茅台的股票代码 600519，然后按“回车”键，再按下【F10】键，即可进入贵州茅台（600519）的个股资料页面。

在个股资料页面中，单击“财务分析”选项卡，再单击“资产负债表”选项，即可看到贵州茅台（600519）2022 年 3 月 31 日至 2023 年 3 月 31 日各期资产总额信息，如图 3-22 所示。

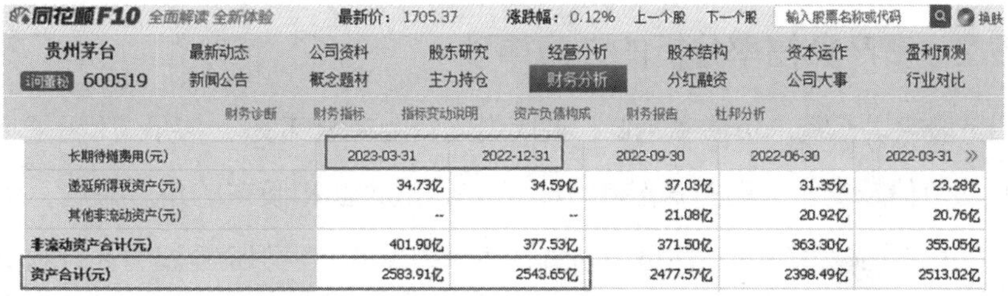

长期待摊费用(元)	2023-03-31	2022-12-31	2022-09-30	2022-06-30	2022-03-31 »
递延所得税资产(元)	34.73亿	34.59亿	37.03亿	31.35亿	23.28亿
其他非流动资产(元)	--	--	21.08亿	20.92亿	20.76亿
非流动资产合计(元)	401.90亿	377.53亿	371.50亿	363.30亿	355.05亿
资产合计(元)	2583.91亿	2543.65亿	2477.57亿	2398.49亿	2513.02亿

图 3-22　贵州茅台（600519）2022 年 3 月 31 日至 2023 年 3 月 31 日各期资产总额信息

贵州茅台（600519）2022 年 12 月 31 日的资产总额为 2 543.65 亿元。

贵州茅台（600519）2023 年 3 月 31 日的资产总额为 2 583.91 亿元。

向下拖动垂直滚动条，可以看到贵州茅台（600519）2022 年 3 月 31 日至 2023 年 3 月 31 日各期负债总额信息，如图 3-23 所示。

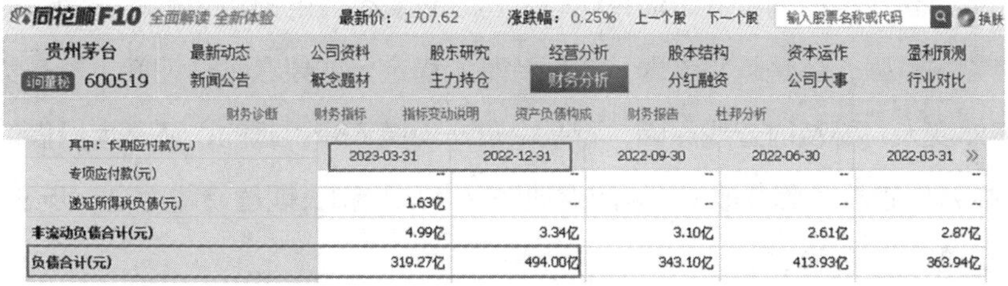

其中：长期应付款(元)	2023-03-31	2022-12-31	2022-09-30	2022-06-30	2022-03-31 »
专项应付款(元)	--	--	--	--	--
递延所得税负债(元)	1.63亿	--	--	--	--
非流动负债合计(元)	4.99亿	3.34亿	3.10亿	2.61亿	2.87亿
负债合计(元)	319.27亿	494.00亿	343.10亿	413.93亿	363.94亿

图 3-23　贵州茅台（600519）2022 年 3 月 31 日至 2023 年 3 月 31 日各期负债总额信息

贵州茅台（600519）2022 年 12 月 31 日的负债总额为 494.00 亿元。

贵州茅台（600519）2023 年 3 月 31 日的负债总额为 319.27 亿元。

下面来计算资产负债率。

贵州茅台（600519）2022 年 12 月 31 日的资产负债率 = 负债总额 ÷ 资产总额 ×100%=494.00 ÷ 2 543.65 × 100% ≈ 19.42%

贵州茅台（600519）2023 年 3 月 31 日的资产负债率 = 负债总额 ÷ 资产总额 ×100%=319.27 ÷ 2 583.91 × 100% ≈ 12.36%

贵州茅台（600519）2023 年 3 月 31 日的资产负债率小于 2022 年 12 月 31 日的资产负债率，这表明企业的资产负债率越来越低，资产对负债的保证程度越来越高。

3.6.2　资产负债率分析的注意事项

一般来讲，资产负债率越低，说明借入资金在全部资金中所占比重越小，企业的负债越安全，财务风险越小。但是，从企业和股东的角度来看，资产负债率并不是越低越好，这是因为资产负债率越低，表明企业没有充分利用财务杠杆，没有充分利用负债经营的好处。所以在评价资产负债表时，要注意在收益和风险之间权衡，充分考虑企业内部因素和外部环境，做出合理的正确的判断。

资产负债率可以进行横向比较，也可以进行纵向比较。通过与同行业平均水平比较，可以查看企业的财务风险和长期偿债能力在整个行业中是高了还是低了。如果过高或过低，要及时查找原因，及时调整。

通过企业各期的资产负债率比较，可以查看企业的财务风险和长期偿债能力是越来越强，还是越来越弱，或保持基本稳定。如果在某一期间，资产负债率突然变大，要及时查找原因，看是由资产规模下降引起的，还是大量借款导致的，及时查找原因并改进，以防企业的财务风险和长期偿债能力进一步恶化，避免出现财务危机。

3.6.3　资产负债率的不足

资产负债率的不足主要表现在三个方面，具体如下：

第一，资产负债率是查看企业破产清算时债权人利益的保证程度。但是财务分析并不是建立在破产清算的基础上，而是在持续经营状况下，并且长期资产一般不用于直接偿还债务。另外，长期负债具有期限长的特点，并且随着时间的推移，企业长期资产的价值会随着企业的运营而发生变化。所以利用资产负债率无法完全反映企业将来偿债的能力。

第二，资产负债率未考虑负债的偿还期限。资产负债率计算公式中的分子是负债总额，并未考虑负债的期限结构。实际上，不同的负债期限结构对企业的长期偿债能力有着不同的影响。

第三，资产负债率未考虑资产的结构。资产负债率计算公式中的分母是资产总额，并未考虑资产的结构。不同的资产结构对到期债务的偿还有着不同程度的保证。例如，企业破产清算时，企业拥有的无形资产不具有实质性的偿债能力。另外，资产的账面价值还受会计政策的影响，如企业的资产计量方法和折旧政策，使得资产的账面价值与实际价值之间有一定的差异。

3.6.4　资产负债率实战案例分析

表 3-6 所示为片仔癀（600436）2018—2022 年资产负债率。

表 3-6　片仔癀（600436）2018—2022 年资产负债率

年　度	负债总额（亿元）	资产总额（亿元）	资产负债率（%）
2018	13.50	66.58	20.28
2019	18.41	88.11	20.89
2020	19.49	102.06	19.10
2021	23.84	125.21	19.04
2022	27.80	146.04	19.03

2018—2022 年片仔癀（600436）的负债总额处于明显的上涨趋势中，如图 3-24 所示。

负债总额处于明显的上涨趋势中，说明企业借款越来越大，负债总额不断增大。从股东的立场看，在全部资本利润率高于借款利息率时，负债越大越好，否则反之。从经营者的立场看，如果举债过大，超出债权人心理承受程度，企业经营风险就会加大。

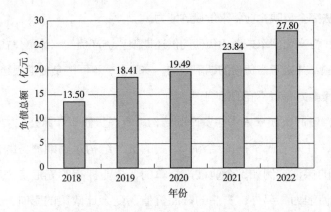

图 3-24　片仔癀（600436）2018—2022 年的负债总额处于明显的上涨趋势中

2018—2022 年片仔癀（600436）的资产总额也处于明显的上涨趋势中，如图 3-25 所示。

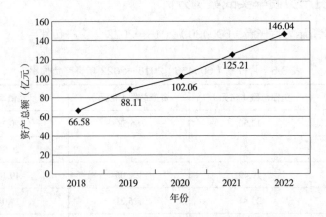

图 3-25　片仔癀（600436）2018—2022 年的资产总额处于明显的上涨趋势中

资产总额处于明显的上涨趋势中，说明企业当前的收入水平较高，收入增长比支出增长快。

2018—2019 年片仔癀（600436）的资产负债率略有上升。随后几年，即 2019—2022 年片仔癀（600436）的资产负债率处于下跌趋势中，如图 3-26 所示。

资产负债率处于下跌趋势中，说明企业负债总额相对于资产总额的比例正在下降，这可能是因为企业已经偿还了部分债务或减少了新的贷款；也可能是因为企业经营状况在改善，收益增加，因此有更多的资金用于偿还债务；也有可能企业已经出售了一些资产，并用得到的资金偿还了负债。

需要注意的是，资产负债率下降并不能说明企业财务状况健康，还需考虑其他财务因素，如现金流、利润等。同时，如果企业债务负担过重，则可能存在潜在的财务风险。

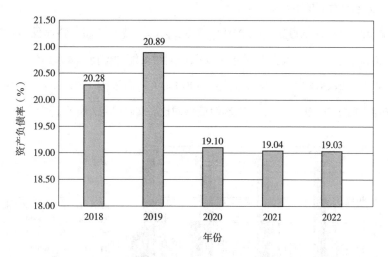

图 3-26　片仔癀（600436）2018—2022 年的资产负债率

下面来对比一下片仔癀（600436）、华润三九（000999）、白云山（600332）、西藏药业（600211）2019—2022 年资产负债率情况，如表 3-7 所示。

表 3-7　四家企业 2019—2022 年资产负债率对比信息

股　　票	年　　度			
	2019	2020	2021	2022
片 仔 癀（600436）	20.89%	19.10%	19.04%	19.03%
华润三九（000999）	35.92%	36.12%	35.36%	35.36%
白 云 山（600332）	54.32%	52.80%	52.62%	54.95%
西藏药业（600211）	11.58%	12.09%	30.44%	26.07%

由表 3-1 可以看到，白云山（600332）的资产负债率最高，均在 50% 以上，说明这四家企业中，白云山（600332）的财务风险最大，长期偿债能力最弱。

片仔癀（600436）从 2019 年到 2022 年，资产负债率越来越低，说明其财务风险越来越小，长期偿债能力越来越强。

西藏药业（600211）2019 年和 2020 年，资产负债率较低，而 2021 年和 2022 年，资产负债率变大，这说明该企业的财务风险有变大的可能，长期偿债能力有变弱的可能。

华润三九（000999）从 2019 年到 2022 年，资产负债率整体保持稳定，均在 36% 左右，说明该企业财务风险和长期偿债能力保持基本稳定。

片仔癀（600436）、华润三九（000999）、白云山（600332）、西藏药业（600211）2019—2022 年资产负债率对比，如图 3-27 所示。

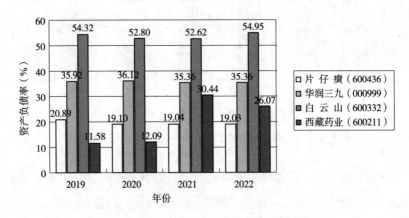

图 3-27　四家企业 2019—2022 年资产负债率对比

3.7　股权比率

股权比率是企业财务健康状况的重要指标，反映了企业经营风险的大小。股权比率是投资者在选择投资目标时需要考虑的重要指标之一。

3.7.1　股权比率的定义

股权比率是企业的所有者权益总额与资产总额的比率，其计算公式如下：

股权比率 = 所有者权益总额 ÷ 资产总额 ×100%

需要注意的是，所有者权益总额指的是企业的全部股本、资本公积、盈余公积、未分配利润等构成的总和。

股权比率反映了在企业全部资产中，有多少是所有者提供的。

需要注意的是，一个企业的资金要么是所有者提供的，要么是债权人提供的，所以资产负债率加上股权比率等于 1，即 100%。

所以股权比率的另一个计算公式如下：

股权比率 =1– 资产负债率

股权比率反映的是股权资金占比，所以其值越高，资产负债率越低，说明所有者投入的资金在全部资金占比越高，这样企业的长期偿债能力越强。

3.7.2　股权比率实战案例分析

打开同花顺炒股软件，输入海康威视的股票代码 002415，然后按 "回车" 键，再按下【F10】键，即可进入海康威视（002415）的个股资料页面。

在个股资料页面中，单击 "财务分析" 选项卡，再单击 "资产负债表" 选项，然后单击 "按年度" 选项卡，即可看到海康威视（002415）2021 年和 2022 年的资产总额信息，如图 3-28 所示。

无形资产(元)	2022	2021	2020	2019	2018 》
商誉(元)	2.17亿	2.02亿	2.74亿	2.74亿	2.12亿
长期待摊费用(元)	1.77亿	1.58亿	1.09亿	8761.15万	--
递延所得税资产(元)	14.70亿	12.11亿	8.20亿	6.89亿	5.34亿
其他非流动资产(元)	28.16亿	33.51亿	7.22亿	8.66亿	15.83亿
非流动资产合计(元)	213.27亿	178.45亿	139.39亿	113.32亿	98.58亿
资产合计(元)	1192.33亿	1038.65亿	887.02亿	753.58亿	634.92亿

图 3-28　海康威视（002415）2021 年和 2022 年的资产总额信息

海康威视（002415）2021 年的资产总额为 1 038.65 亿元。

海康威视（002415）2022 年的资产总额为 1 192.33 亿元。

向下拖动垂直滚动条，可以看到海康威视（002415）2021 年和 2022 年的所有者权益总额和负债总额信息，如图 3-29 所示。

非流动负债合计(元)	2022	2021	2020	2019	2018 》
负债合计(元)	462.63亿	384.70亿	342.22亿	298.85亿	255.29亿
所有者权益(或股东权益)(元)					
实收资本(或股本)(元)	94.31亿	93.36亿	93.43亿	93.45亿	92.27亿
资本公积(元)	101.41亿	54.04亿	51.79亿	41.27亿	19.56亿
减: 库存股(元)	53.16亿	10.23亿	11.22亿	21.48亿	3.65亿
其他综合收益(元)	-4258.72万	-7718.41万	-8499.39万	-5354.11万	-4957.64万
盈余公积(元)	47.15亿	46.73亿	46.73亿	46.73亿	44.61亿
未分配利润(元)	494.60亿	451.49亿	358.07亿	289.61亿	223.60亿
归属于母公司所有者权益合计(元)	683.89亿	634.61亿	537.94亿	449.04亿	375.89亿
少数股东权益(元)	45.81亿	19.34亿	6.85亿	5.69亿	3.73亿
所有者权益(或股东权益)合计(元)	729.70亿	653.95亿	544.80亿	454.73亿	379.63亿

图 3-29　海康威视（002415）2021 年和 2022 年的所有者权益总额和负债总额信息

海康威视（002415）2021 年的所有者权益总额为 653.95 亿元。

海康威视（002415）2022 年的所有者权益总额为 729.70 亿元。

海康威视（002415）2021 年的负债总额为 384.70 亿元。

海康威视（002415）2022 年的负债总额为 462.63 亿元。

下面来计算股权比率。

海康威视（002415）2021 年的股权比率 = 所有者权益总额 ÷ 资产总额 ×100%=653.95 ÷ 1 038.65 × 100% ≈ 62.96%

海康威视（002415）2022 年的股权比率 = 所有者权益总额 ÷ 资产总额 ×100%=729.70 ÷ 1 192.33 × 100% ≈ 61.20%

下面利用股权比率的另一个计算公式来计算股权比率。

海康威视（002415）2021 年的股权比率 =1- 资产负债率 =1-（负债总额 ÷ 资产总额 ×100%）=1-（384.70 ÷ 1 038.65 × 100%）≈ 62.96%

海康威视（002415）2022 年的股权比率 =1- 资产负债率 =1-（负债总额 ÷ 资产总额 ×100%）=1-（462.63 ÷ 1 192.33 × 100%）≈ 61.20%

海康威视（002415）2022 年的股权比率比 2021 年的股权比率低，这表明企业的自有资本变小，债务资本变多，承担经营风险的能力变弱，财务风险变大。但需要注意的是，2021 年和 2022 年的股权比率均在 60% 以上，即自有资本超过总资产的一半，所以海康威视（002415）经营风险很小，财务风险也很小。

3.8　产权比率

产权比率不仅反映了由债务人提供的资本与所有者提供的资本的相对关系，而且反映了企业自有资金偿还全部债务的能力，因此它又是衡量企业负债经营是否安全有利的重要指标。

3.8.1　产权比率的定义

产权比率是负债总额与所有者权益总额之间的比率，所以又称负债与所有者权益比率，其计算公式如下：

产权比率 = 负债总额 ÷ 所有者权益 ×100%

产权比率反映所有者权益对负债的保证程度，也直接反映负债与所有者权益之间的关系。

一般情况下，产权比率越高，表示企业的长期偿债能力越低，债权人权益保证程度越低，承担的风险越大。产权比率越低，说明企业的长期偿债能力越高，债权人权益保证程度越高，承担的风险越小。

产权比率与资产负债率、股权比率之间的关系，具体如下：

产权比率 = 负债总额 ÷ 所有者权益 ×100%=（负债总额 ÷ 资产总额）÷（所有者权益总额 ÷ 资产总额）×100%= 资产负债率 ÷ 股权比率 ×100%

产权比率 = 负债总额 ÷ 所有者权益 ×100%=（资产总额 − 所有者权益）÷ 所有者权益 ×100%=［（1÷ 股权比率）−1］×100%

一般来讲，产权比率高，是高风险、高报酬的财务结构；产权比率低，是低风险、低报酬的财务结构。

从股东角度来说，在通货膨胀时期，企业举债可以将损失和风险转移给债权人；在经济繁荣时期，举债经营可以获得额外的利润；在经济萎缩时期，少借债可以减少利息负担和降低财务风险。

3.8.2　产权比率实战案例分析

打开同花顺炒股软件，输入贵州茅台的股票代码 600519，然后按"回车"键，再按下【F10】键，即可进入贵州茅台（600519）的个股资料页面。

在个股资料页面中，单击"财务分析"选项卡，再单击"资产负债表"选项，然后单击"按年度"选项卡，即可看到贵州茅台（600519）2021 年和2022 年的负债总额和所有者权益信息，如图 3-30 所示。

贵州茅台（600519）2021 年的负债总额为 582.11 亿元。

贵州茅台（600519）2022 年的负债总额为 494.00 亿元。

贵州茅台（600519）2021 年的所有者权益为 1 969.58 亿元。

贵州茅台（600519）2022 年的所有者权益为 2 049.65 亿元。

同花顺F10 全面解读 全新体验　最新价：1701.97　涨跌幅：-0.08%　上一个股　下一个股　输入股票名称或代码　换肤

贵州茅台 600519　最新动态　公司资料　股东研究　经营分析　股本结构　资本运作　盈利预测　新闻公告　概念题材　主力持仓　财务分析　分红融资　公司大事　行业对比

财务诊断　财务指标　指标变动说明　资产负债构成　财务报告　杜邦分析

长期应付款合计(元)	2022	2021	2020	2019	2018
其中：长期应付款(元)	--	--	--	--	--
专项应付款(元)	--	--	--	--	--
递延所得税负债(元)	--	--	145.75万	7269.26万	--
非流动负债合计(元)	3.34亿	2.96亿	145.75万	7269.26万	--
负债合计(元)	494.00亿	582.11亿	456.75亿	411.66亿	424.38亿
所有者权益（或股东权益）(元)					
实收资本（或股本）(元)	12.56亿	12.56亿	12.56亿	12.56亿	12.56亿
资本公积(元)	13.75亿	13.75亿	13.75亿	13.75亿	13.75亿
其他综合收益(元)	-1077.69万	-1301.79万	-533.14万	-719.87万	-706.57万
盈余公积(元)	325.23亿	251.43亿	201.75亿	165.96亿	134.44亿
未分配利润(元)	1613.02亿	1607.17亿	1375.94亿	1158.92亿	959.82亿
归属于母公司所有者权益合计(元)	1975.07亿	1895.39亿	1613.23亿	1360.10亿	1128.39亿
少数股东权益(元)	74.58亿	74.18亿	63.98亿	58.66亿	45.70亿
所有者权益（或股东权益）合计(元)	2049.65亿	1969.58亿	1677.21亿	1418.76亿	1174.08亿

图 3-30　贵州茅台（600519）2021 年和 2022 年的负债总额和所有者权益信息

下面来计算产权比率。

贵州茅台（600519）2021 年的产权比率 = 负债总额 ÷ 所有者权益 × 100%=582.11 ÷ 1 969.58 × 100% ≈ 29.56%

贵州茅台（600519）2022 年的产权比率 = 负债总额 ÷ 所有者权益 × 100%=494.00 ÷ 2 049.65 × 100% ≈ 24.10%

贵州茅台（600519）2022 年的产权比率比 2021 年的产权比率低，这表明企业的长期偿债能力越来越高，债权人权益保证程度越来越高，承担的风险越来越小。

但需要注意的是，2021 年和 2022 年的产权比率均在 30% 以下，表明企业是低风险、低报酬的财务结构，具有很强的长期偿债能力。

> 提醒：一般认为，产权比率为 1 ∶ 1，即 100% 以下时，企业应该是有偿债能力的。但还应结合企业的具体情况加以分析。当企业的资产收益率大于负债成本率时，负债经营有利于提高资金收益率，获得额外的利润，这时的产权比率可适当高一些。

3.9 权益乘数

权益乘数是股东权益比例的倒数，是分析企业长期偿债能力的一个重要财务指标，也是杜邦分析法中的一个指标。权益乘数反映了企业财务杠杆的大小，权益乘数越大，说明股东投入的资本在资产中所占的比重越小，财务杠杆越大。

3.9.1 权益乘数的定义

权益乘数是指资产总额与所有者权益总额之间的比率，又称权益总资产率，其计算公式如下：

权益乘数 = 资产总额 ÷ 所有者权益总额

产权比率与股权比率、产权比率之间的关系，具体如下：

权益乘数 =1 ÷ 股权比率

权益乘数 = 资产总额 ÷ 所有者权益总额 =（所有者权益总额 + 负债总额）÷ 所有者权益总额 =1+ 产权比率

权益乘数是企业资产总额是所有者权益的倍数，该值越大，表示所有者投入的资本在资产总额中所占比重越小，负债占比越大，所以企业的长期偿债能力越弱。反之，该值越小，企业的长期偿债能力越强。

3.9.2 权益乘数实战案例分析

打开同花顺炒股软件，输入西藏药业的股票代码 600211，然后按"回车"键，再按下【F10】键，即可进入西藏药业（600211）的个股资料页面。

在个股资料页面中，单击"财务分析"选项卡，再单击"资产负债表"选项，然后单击"按年度"选项卡，即可看到西藏药业（600211）2021 年和 2022 年的资产总额信息，如图 3-31 所示。

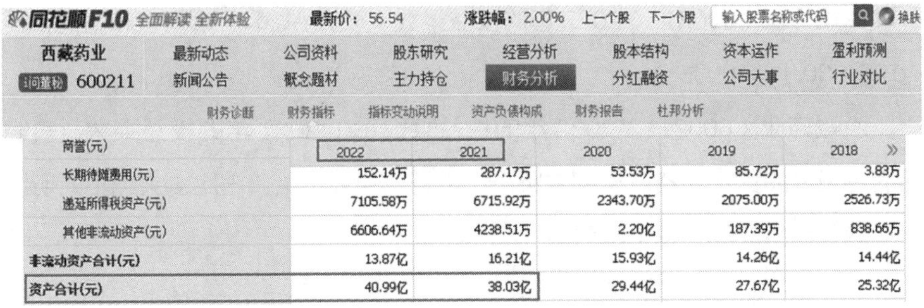

商誉(元)	2022	2021	2020	2019	2018
长期待摊费用(元)	152.14万	287.17万	53.53万	85.72万	3.83万
递延所得税资产(元)	7105.58万	6715.92万	2343.70万	2075.00万	2526.73万
其他非流动资产(元)	6606.64万	4238.51万	2.20亿	187.39万	838.66万
非流动资产合计(元)	13.87亿	16.21亿	15.93亿	14.26亿	14.44亿
资产合计(元)	40.99亿	38.03亿	29.44亿	27.67亿	25.32亿

图 3-31　西藏药业（600211）2021 年和 2022 年的资产总额信息

西藏药业（600211）2021 年的资产总额为 38.03 亿元。

西藏药业（600211）2022 年的资产总额为 40.99 亿元。

向下拖动垂直滚动条，可以看到西藏药业（600211）2021 年和 2022 年的所有者权益总额信息，如图 3-32 所示。

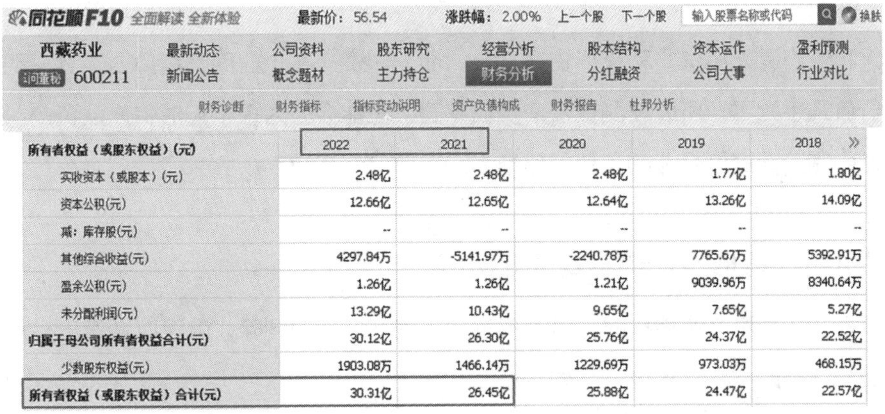

所有者权益（或股东权益）(元)	2022	2021	2020	2019	2018
实收资本（或股本）(元)	2.48亿	2.48亿	2.48亿	1.77亿	1.80亿
资本公积(元)	12.66亿	12.65亿	12.64亿	13.26亿	14.09亿
减：库存股(元)	--	--	--	--	--
其他综合收益(元)	4297.84万	-5141.97万	-2240.78万	7765.67万	5392.91万
盈余公积(元)	1.26亿	1.26亿	1.21亿	9039.96万	8340.64万
未分配利润(元)	13.29亿	10.43亿	9.65亿	7.65亿	5.27亿
归属于母公司所有者权益合计(元)	30.12亿	26.30亿	25.76亿	24.37亿	22.52亿
少数股东权益(元)	1903.08万	1466.14万	1229.69万	973.03万	468.15万
所有者权益（或股东权益）合计(元)	30.31亿	26.45亿	25.88亿	24.47亿	22.57亿

图 3-32　西藏药业（600211）2021 年和 2022 年的所有者权益总额信息

西藏药业（600211）2021 年的所有者权益总额为 26.45 亿元。

西藏药业（600211）2022 年的所有者权益总额为 30.31 亿元。

下面来计算权益乘数。

西藏药业（600211）2021 年的权益乘数 = 资产总额 ÷ 所有者权益总额 = 38.03 ÷ 26.45 ≈ 1.44

西藏药业（600211）2022 年的权益乘数 = 资产总额 ÷ 所有者权益总额 = 40.99 ÷ 30.31 ≈ 1.35

西藏药业（600211）2022 年的权益乘数小于 2021 年的权益乘数，表明所有者投入的资本在资产总额中所占比重越来越大，负债占比越来越小，所以企业的长期偿债能力越来越强。

> 提醒：权益乘数，代表企业所有可供运用的总资产是所有者权益的几倍。权益乘数越大，代表企业向外界融资的财务杠杆倍数也越大，企业将承担较大的风险。但是，若企业营运状况刚好处于向上趋势中，较高的权益乘数反而可以创造更高的企业利润，通过提高企业的股东权益报酬率，对企业的股票价值产生正面激励作用。

3.10 有形资产债务比率

资产有无形资产和有形资产之分，而无形资产在企业面临清算时，其变现价值几乎为零，所以在测算资产负债率时，可能会因为未将无形资产从资产总额中剔除而高估企业的长期偿债能力。

3.10.1 有形资产债务比率的定义

在计算资产负债率时，将无形资产从资产总额中剔除，就可以计算出有形资产债务比率，其计算公式如下：

$$有形资产债务比率 = 负债总额 ÷ 有形资产总额 × 100\%$$
$$= 负债总额 ÷ （资产总额 - 无形资产） × 100\%$$

> 提醒：无形资产是指企业拥有或控制的没有实物形态的可辨认非货币性资产。其主要特征是不具有实物形态，属于非货币性长期资产，企业持有的目的只是使用，在为企业创造经济利益方面存在较大的不确定性。无形资产的构成为商标权、专利权、非专有技术等，未来价值存在较大的不确定性，特别是在企业面临清算时，其变现价值甚至全部为零。

有形资产债务比率是评估企业长期偿债能力的更加稳健的一个财务比率，它将企业长期偿债能力分析建立在更加切实可靠的物质基础之上，是资产负债率的补充指标。

一般情况下，有形资产债务比率值越小，企业长期偿债能力越强；有形资产债务比率值越大，企业长期偿债能力越弱。

3.10.2　有形资产债务比率实战案例分析

打开同花顺炒股软件，输入恒瑞医药的股票代码 600276，然后按"回车"键，再按下【F10】键，即可进入恒瑞医药（600276）的个股资料页面。

在个股资料页面中，单击"财务分析"选项卡，再单击"资产负债表"选项，然后单击"按年度"选项卡，即可看到恒瑞医药（600276）2021 年和 2022 年的资产总额和无形资产信息，如图 3-33 所示。

	2022	2021	2020	2019	2018 ≫
固定资产清理(元)					
在建工程合计(元)	11.93亿	16.59亿	13.05亿	15.33亿	13.57亿
其中: 在建工程(元)	11.93亿	16.59亿	13.05亿	15.33亿	13.57亿
工程物资(元)	--	--	--	--	--
无形资产(元)	5.20亿	4.42亿	3.41亿	3.50亿	2.73亿
长期待摊费用(元)	3.71亿	3.09亿	1.98亿	1.55亿	6548.12万
递延所得税资产(元)	2.23亿	1.41亿	5296.65万	6609.06万	1.12亿
其他非流动资产(元)	4.43亿	6.49亿			
非流动资产合计(元)	114.21亿	90.78亿	66.80亿	52.45亿	42.92亿
资产合计(元)	423.55亿	392.66亿	347.30亿	275.56亿	223.61亿

图 3-33　恒瑞医药（600276）2021 年和 2022 年的资产总额和无形资产信息

恒瑞医药（600276）2021 年的资产总额为 392.66 亿元。

恒瑞医药（600276）2022 年的资产总额为 423.55 亿元。

恒瑞医药（600276）2021 年的无形资产为 4.42 亿元。

恒瑞医药（600276）2022 年的无形资产为 5.20 亿元。

下面来计算有形资产总额。

恒瑞医药（600276）2021 年的有形资产总额＝资产总额－无形资产＝392.66－4.42=388.24（亿元）

恒瑞医药（600276）2021 年的有形资产总额＝资产总额－无形资产＝423.55－5.20=418.35（亿元）

向下拖动垂直滚动条，可以看到恒瑞医药（600276）2021 年和 2022 年的负债总额信息，如图 3-34 所示。

	2022	2021	2020	2019	2018
递延所得税负债(元)					
递延收益-非流动负债(元)	1.19亿	1.17亿	1.41亿	1.22亿	6985.70万
其他非流动负债(元)	--	--	--	--	--
非流动负债合计(元)	3.03亿	2.93亿	1.71亿	1.46亿	6985.70万
负债合计(元)	39.42亿	36.94亿	39.43亿	26.19亿	25.63亿

图 3-34　恒瑞医药（600276）2021 年和 2022 年的负债总额信息

恒瑞医药（600276）2021 年的负债总额为 36.94 亿元。

恒瑞医药（600276）2022 年的负债总额为 39.42 亿元。

下面来计算有形资产债务比率。

恒瑞医药（600276）2021 年的有形资产债务比率＝负债总额÷有形资产总额 ×100%=36.94÷388.24×100%≈9.51%

恒瑞医药（600276）2022 年的有形资产债务比率＝负债总额÷有形资产总额 ×100%=39.42÷418.35×100%≈9.42%

恒瑞医药（600276）2022 年的有形资产债务比率小于 2022 年的有形资产债务比率，表明企业长期偿债能力越来越强。

3.11　有形净值债务比率

有形净值债务比率是企业的财务指标，用于衡量其财务稳定性和偿债能力。

3.11.1　有形净值债务比率的定义

有形净值债务比率是指负债总额与有形净值总额之间的比率，其中，有形净值总额是所有者权益总额剔除无形资产，其计算公式如下：

有形净值债务比率 = 负债总额 ÷ 有形净值总额 ×100%

= 负债总额 ÷（所有者权益总额 − 无形资产）×100%

有形净值债务比率是评估企业长期偿债能力的更加谨慎的一个财务指标，它将企业长期偿债能力分析建立在更加切实可靠的物质基础之上，是产权比率的补充指标。

一般情况下，有形净值债务比率越低，表明企业的财务风险越小，长期偿债能力越强；有形净值债务比率越高，表明企业的财务风险越大，长期偿债能力越弱。

3.11.2　有形净值债务比率实战案例分析

打开同花顺炒股软件，输入宁德时代的股票代码 300750，然后按“回车”键，再按下【F10】键，即可进入宁德时代（300750）的个股资料页面。

在个股资料页面中，单击“财务分析”选项卡，再单击“资产负债表”选项，然后单击“按年度”选项卡，即可看到宁德时代（300750）2021 年和 2022 年的无形资产信息，如图 3-35 所示。

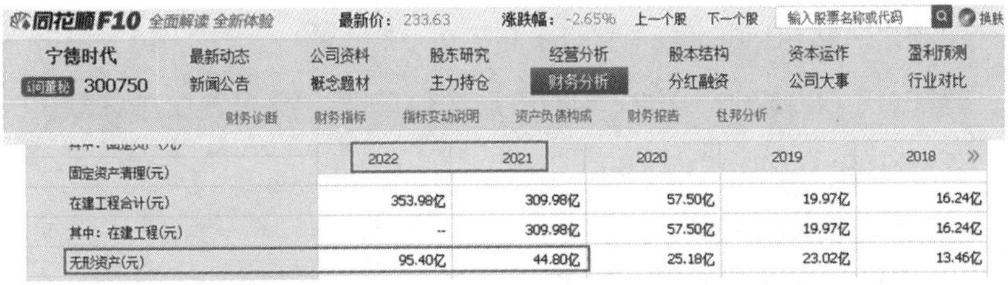

	2022	2021	2020	2019	2018
固定资产清理(元)					
在建工程合计(元)	353.98亿	309.98亿	57.50亿	19.97亿	16.24亿
其中：在建工程(元)	--	309.98亿	57.50亿	19.97亿	16.24亿
无形资产(元)	95.40亿	44.80亿	25.18亿	23.02亿	13.46亿

图 3-35　宁德时代（300750）2021 年和 2022 年的无形资产信息

宁德时代（300750）2021 年的无形资产为 44.80 亿元。

宁德时代（300750）2022 年的无形资产为 95.40 亿元。

向下拖动垂直滚动条，可以看到宁德时代（300750）2021 年和 2022 年的负债总额和所有者权益总额信息，如图 3-36 所示。

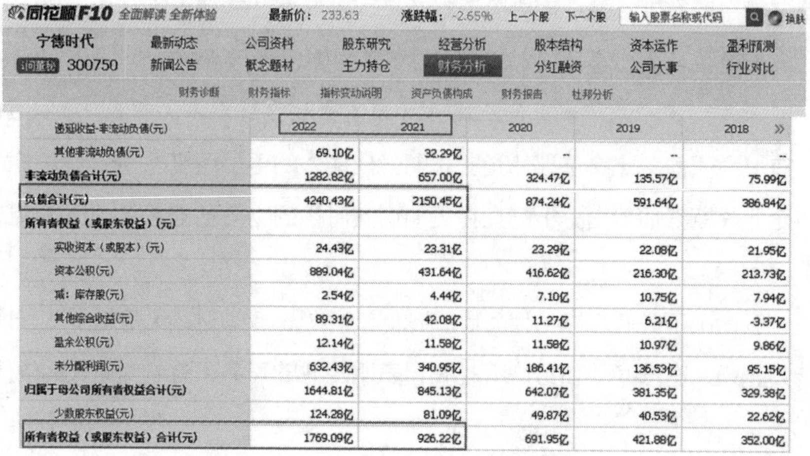

递延收益-非流动负债(元)	2022	2021	2020	2019	2018 »
其他非流动负债(元)	69.10亿	32.29亿	--	--	--
非流动负债合计(元)	1282.82亿	657.00亿	324.47亿	135.57亿	75.99亿
负债合计(元)	4240.43亿	2150.45亿	874.24亿	591.64亿	386.84亿
所有者权益（或股东权益）(元)					
实收资本（或股本）(元)	24.43亿	23.31亿	23.29亿	22.08亿	21.95亿
资本公积(元)	889.04亿	431.64亿	416.62亿	216.30亿	213.73亿
减：库存股(元)	2.54亿	4.44亿	7.10亿	10.75亿	7.94亿
其他综合收益(元)	89.31亿	42.08亿	11.27亿	6.21亿	-3.37亿
盈余公积(元)	12.14亿	11.58亿	11.58亿	10.97亿	9.86亿
未分配利润(元)	632.43亿	340.95亿	186.41亿	136.53亿	95.15亿
归属于母公司所有者权益合计(元)	1644.81亿	845.13亿	642.07亿	381.35亿	329.38亿
少数股东权益(元)	124.28亿	81.09亿	49.87亿	40.53亿	22.62亿
所有者权益（或股东权益）合计(元)	1769.09亿	926.22亿	691.95亿	421.88亿	352.00亿

图 3-36　宁德时代（300750）2021 年和 2022 年的负债总额和所有者权益总额信息

宁德时代（300750）2021 年的负债总额为 2 150.45 亿元。

宁德时代（300750）2022 年的负债总额为 4 240.43 亿元。

宁德时代（300750）2021 年的所有者权益总额为 926.22 亿元。

宁德时代（300750）2022 年的所有者权益总额为 1 769.09 亿元。

下面来计算有形净值总额。

宁德时代（300750）2021 年的有形净值总额 = 所有者权益总额 − 无形资产 =926.22−44.80=881.42（亿元）

宁德时代（300750）2022 年的有形净值总额 = 所有者权益总额 − 无形资产 =1 769.09−95.40=1 673.69（亿元）

下面来计算有形净值债务比率。

宁德时代（300750）2021 年的有形净值债务比率 = 负债总额 ÷ 有形净值总额 ×100%=2 150.45÷881.42×100% ≈ 243.98%

宁德时代（300750）2022 年的有形净值债务比率 = 负债总额 ÷ 有形净值总额 ×100%=4 240.43÷1 673.69×100% ≈ 253.36%

宁德时代（300750）2022 年的有形净值债务比率大于 2021 年的有形净值债务比率，表明企业的财务风险越来越大，长期偿债能力越来越弱。

3.12　利息保障倍数

利息保障倍数是企业财务分析常用的一个指标，用于衡量企业支付利息的能力。

3.12.1　利息保障倍数的定义

利息保障倍数是指企业息税前利润与债务利息的比值，反映企业获利能力对债务所产生的利息的偿还的保证程度，其计算公式如下：

利息保障倍数＝息税前利润 ÷ 利息费用＝（利润总额 ＋ 利息费用）÷ 利息费用＝（净利润 ＋ 所得税 ＋ 利息费用）÷ 利息费用

如果要使企业具有正常的债务偿还能力，利息保障倍数至少应大于 1。一般情况下，其比值越大，企业长期偿债能力越强。如果企业的利息保障倍数小于 1，企业将会面临经营亏损，这样偿债的安全性和稳定性都会下降。

> 提醒：通常来说，利息保障倍数大于 1.5 或 2 认为比较安全。

3.12.2　利息保障倍数分析的注意事项

对企业和所有者来讲，并不能简单地认为利息保障倍数越高越好。如果一个企业没有高利润，只是因为利息低出现了很高的利息保障倍数，则说明企业的财务杠杆程度较低，未能充分利用负债经营的优势。

利息保障倍数可以进行横向比较，也可以进行纵向比较。通过与同行业平均水平比较，可以查看企业的付息能力在整个行业中是偏高还是偏低。如果过高或过低，要及时查找原因，及时调整。

通过企业各期的利息保障倍数比较，可以查看企业的付息能力是越来越强，还是越来越弱，或保持基本稳定。如果在某一期间，利息保障倍数突然恶化，要及时查找原因，看是由盈利水平下降引起的，还是债务增加导致的，及时找出原因并改进，以防企业的付息能力进一步恶化，出现财务危机。

3.12.3　利息保障倍数实战案例分析

打开同花顺炒股软件，输入宁德时代的股票代码 300750，然后按"回车"键，再按下【F10】键，即可进入宁德时代（300750）的个股资料页面。

在个股资料页面中，单击"财务分析"选项卡，再单击"利润表"选项，然后单击"按年度"选项卡，即可看到宁德时代（300750）2021 年和 2022 年的利润总额和利息费用信息，如图 3-37 所示。

管理费用(元)	2022	2021	2020	2019	2018
研发费用(元)	155.10亿	76.91亿	35.69亿	29.92亿	19.91亿
财务费用(元)	-28.00亿	-6.41亿	-7.13亿	-7.82亿	-2.80亿
其中:利息费用(元)	21.32亿	11.61亿	6.40亿	2.89亿	2.04亿
利息收入(元)	39.87亿	23.23亿	14.95亿	10.78亿	5.66亿
资产减值损失(元)	28.27亿	20.34亿	8.27亿	14.34亿	9.75亿
信用减值损失(元)	11.46亿	1330.16万	3.42亿	2.36亿	
加:公允价值变动收益(元)	4.00亿	--	2.87亿	2733.16万	-3.14亿
投资收益(元)	25.15亿	12.33亿	-1.18亿	-7960.49万	1.84亿
其中:联营企业和合营企业的投资收益(元)	26.15亿	5.76亿	-402.73万	-1189.96万	-426.40万
资产处置收益(元)	-532.27万	-2319.03万	-989.04万	138.22万	-9153.90万
其他收益(元)	30.37亿	16.73亿	11.36亿	6.46亿	5.08亿
三、营业利润(元)	368.22亿	198.24亿	69.59亿	57.59亿	41.68亿
加:营业外收入(元)	1.59亿	1.83亿	9431.81万	6242.81万	6230.33万
减:营业外支出(元)	3.09亿	1.20亿	7125.42万	6045.68万	2596.63万
其中:非流动资产处置损失(元)	--	--			
四、利润总额(元)	366.73亿	198.87亿	69.83亿	57.61亿	42.05亿

图 3-37　宁德时代（300750）2021 年和 2022 年的利润总额和利息费用信息

宁德时代（300750）2021 年的利润总额为 198.87 亿元。

宁德时代（300750）2022 年的利润总额为 366.73 亿元。

宁德时代（300750）2021 年的利息费用为 11.61 亿元。

宁德时代（300750）2022 年的利息费用为 21.32 亿元。

下面计算利息保障倍数。

宁德时代（300750）2021 年的利息保障倍数 ＝ 息税前利润 ÷ 利息费用 ＝（利润总额 ＋ 利息费用）÷ 利息费用 ＝（198.87+11.61）÷11.61 ≈ 18.13

宁德时代（300750）2022 年的利息保障倍数 ＝ 息税前利润 ÷ 利息费用 ＝（利润总额 ＋ 利息费用）÷ 利息费用 ＝（366.73+21.32）÷21.32 ≈ 18.20

宁德时代（300750）2022 年的利息保障倍数大于 2021 年的利息保障倍数，表明企业的财务状况越来越健康，支付长期债务的能力越来越强。

> 提醒：宁德时代（300750）2021 年和 2022 年的利息保障倍数均在 18以上，表明企业很安全，企业的付息能力很强。

3.13　现金流量利息保障倍数

现金流量利息保障倍数是指企业能否通过现金流量来支付利息的能力，也是企业财务分析中一个十分重要的指标。

3.13.1　现金流量利息保障倍数的定义

现金流量利息保障倍数是可用于支付利息的经营活动现金流量与现金利息支出的比值，其计算公式如下：

现金流量利息保障倍数 ＝ 息税前经营活动现金流量 ÷ 现金利息支出 ＝（经营活动现金净流量 ＋ 现金所得税支出 ＋ 现金利息支出）÷ 现金利息支出

需要注意的是，并非所有的利润都是当期的现金流入，也并非所有的利息费用和所得税都需要在当期用现金支付，所以利用利息保障倍数反映企业支付利息的能力并不是十分准确的。

将利息保障倍数中的净利润用经营活动现金净流量代替，所得税用现金所得税支出代替，利息费用用现金利息支出代替，就可以得到现金流量利息保障倍数。

现金流量利息保障倍数反映了企业一定时期经营活动所取得的现金是现金利息支出的多少倍，更明确地表明企业用经营活动所取得的现金偿付债务利息的能力。

一般来讲，现金流量利息保障倍数大于 1.5 被认为比较安全。如果现金流量利息保障倍数小于 1 或非常接近 1，则表明企业面临着现金流的压力和财务风险，不能持续支持高利息的债务，应该采取相应的措施来改善财务状况。

较高的现金流量利息保障倍数意味着企业具有更大的提供借贷的能力，而较低的倍数则表明企业的借债能力较低，投资者需要以谨慎的态度对待。

> 提醒：在现金流量表中，“现金所得税支出”不是一个单独的项目，而是包含在“支付的各项税费”中。“现金利息支出”也不是一个单独的项目，而是包含在“分配股利、利润或偿付利息支付的现金”中。因此在外部分析中，可能难以找到计算现金流量利息保障倍数所需要的数据。

3.13.2 现金流量利息保障倍数实战案例分析

打开同花顺炒股软件，输入宁德时代的股票代码 300750，然后按“回车”键，再按下【F10】键，即可进入宁德时代（300750）的个股资料页面。

在个股资料页面中，单击“财务分析”选项卡，再单击“现金流量表”选项，然后单击“按年度”选项卡，就可以看到宁德时代（300750）2021 年和 2022 年的经营活动现金净流量和支付的各项税费信息，如图 3-38 所示。

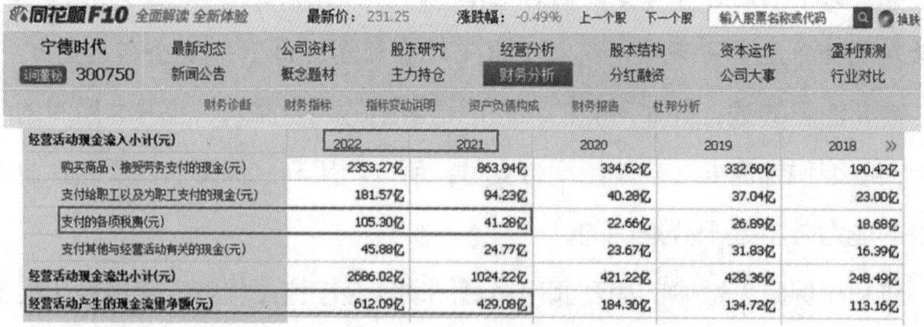

经营活动现金流入小计(元)	2022	2021	2020	2019	2018
购买商品、接受劳务支付的现金(元)	2353.27亿	863.94亿	334.62亿	332.60亿	190.42亿
支付给职工以及为职工支付的现金(元)	181.57亿	94.23亿	40.28亿	37.04亿	23.00亿
支付的各项税费(元)	105.30亿	41.28亿	22.66亿	26.89亿	18.68亿
支付其他与经营活动有关的现金(元)	45.88亿	24.77亿	23.67亿	31.83亿	16.39亿
经营活动现金流出小计(元)	2686.02亿	1024.22亿	421.22亿	428.36亿	248.49亿
经营活动产生的现金流量净额(元)	612.09亿	429.08亿	184.30亿	134.72亿	113.16亿

图 3-38　宁德时代（300750）2021 年和 2022 年的经营活动现金净流量和支付的各项税费信息

宁德时代（300750）2021 年的经营活动现金净流量为 429.08 亿元。

> 提醒：现金所得税支出用支付的各项税费来代替。

宁德时代（300750）2022 年的经营活动现金净流量为 612.09 亿元。

宁德时代（300750）2021 年支付的各项税费（现金所得税支出）为 41.28 亿元。

宁德时代（300750）2022 年支付的各项税费（现金所得税支出）为 105.30 亿元。

向下拖动垂直滚动条，可以看到宁德时代（300750）2021 年和 2022 年的现金利息支出（分配股利、利润或偿付利息支付的现金）信息，如图 3-39 所示。

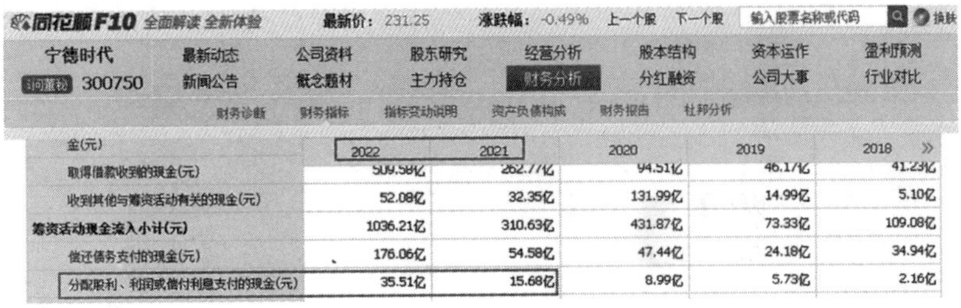

金(元)	2022	2021	2020	2019	2018
取得借款收到的现金(元)	509.58亿	262.77亿	94.51亿	46.17亿	41.23亿
收到其他与筹资活动有关的现金(元)	52.08亿	32.35亿	131.99亿	14.99亿	5.10亿
筹资活动现金流入小计(元)	1036.21亿	310.63亿	431.87亿	73.33亿	109.08亿
偿还债务支付的现金(元)	176.06亿	54.58亿	47.44亿	24.18亿	34.94亿
分配股利、利润或偿付利息支付的现金(元)	35.51亿	15.68亿	8.99亿	5.73亿	2.16亿

图 3-39　宁德时代（300750）2021 年和 2022 年的现金利息支出信息

宁德时代（300750）2021 年的现金利息支出（分配股利、利润或偿付利息支付的现金）为 15.68 亿元。

宁德时代（300750）2022 年的现金利息支出（分配股利、利润或偿付利息支付的现金）为 35.51 亿元。

下面来计算现金流量利息保障倍数。

宁德时代（300750）2021 年的现金流量利息保障倍数 = 息税前经营活动现金流量 ÷ 现金利息支出 =（经营活动现金净流量 + 现金所得税支出 + 现金利息支出）÷ 现金利息支出 =（429.08+41.28+15.68）÷ 15.68=486.04 ÷ 15.68 ≈ 30.997

宁德时代（300750）2022 年的现金流量利息保障倍数 = 息税前经营活动现金流量 ÷ 现金利息支出 =（经营活动现金净流量 + 现金所得税支出 + 现金利息支出）÷ 现金利息支出 =（612.09+105.30+35.51）÷35.51=752.90÷35.51 ≈ 21.202

宁德时代（300750）2022 年的现金流量利息保障倍数小于 2021 年的现金流量利息保障倍数，表明企业面临着现金流的压力越来越大，企业的借债能力越来越低。但需要注意的是，宁德时代（300750）2021 年和 2022 年的现金流量利息保障倍数均在 20 以上，表明企业财务状况很安全。

第4章

企业发展能力指标
实战与应用

○────────────────────────────────○

　　发展能力是企业持续发展和未来价值的源泉，是企业的生存之本、获利之源。对企业发展能力的分析具有很强的现实意义。它不仅是科学评价企业绩效的关键，而且是政府加强宏观调控，改善企业管理和满足外部需求者的工具，更是企业提高竞争力的有效工具。

本章主要内容：
➤ 市场占有率
➤ 市场覆盖率
➤ 销售增长率及实战案例分析
➤ 三年销售平均增长率及实战案例分析
➤ 销售利润增长率及实战案例分析
➤ 三年销售利润平均增长率及实战案例分析
➤ 总资产增长率及实战案例分析
➤ 三年总资产平均增长率及实战案例分析
➤ 流动资产增长率及实战案例分析
➤ 固定资产增长率及实战案例分析
➤ 无形资产增长率及实战案例分析
➤ 固定资产成新率及实战案例分析
➤ 资本积累率及实战案例分析
➤ 三年资本平均增长率及实战案例分析
➤ 股利增长率及实战案例分析
➤ 三年股利平均增长率及实战案例分析

4.1 市场占有率

市场占有率在很大程度上反映了企业的竞争地位和盈利能力，是企业非常重视的一个指标。

4.1.1 市场占有率的定义及内涵

市场占有率又称市场份额，是指在一定时期、一定市场范围内，企业某种产品的销售量占市场上同种商品销售量的比重，其计算公式如下：

市场占有率 = 产品销量 ÷ 产品市场总量

市场占有率有两个特性：数量和质量。

说起市场占有率，很多人首先想到的是市场占有率的大小。但实际上，市场占有率的大小只是市场占有率在数量方面的特征，是市场占有率在宽度方面的体现。市场占有率还有另外一个质量方面的特征，就是市场占有率的质量，它是对市场占有率优劣的反映。

市场占有率质量是指市场占有率的含金量，是市场占有率能够给企业带来的利益总和。这种利益除了现金收入之外，也包括无形资产增值所形成的收入。

衡量市场占有率质量的标准主要有两个，如图 4-1 所示。

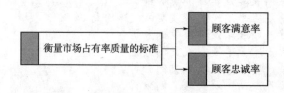

图 4-1　衡量市场占有率质量的标准

1. 顾客满意率

满意是一种心理感受程度，顾客满意与否，取决于顾客接受产品或服务的感知，同顾客在接受之前的期望相比较后的体验。顾客满意率是指在一定数量的目标顾客中表示满意的顾客所占的百分比，是用来测评顾客满意程度的一种方法。

2. 顾客忠诚率

顾客忠诚度又称顾客黏度，是指顾客对某一特定产品或服务产生了好感，形成了"依附性"偏好，进而重复购买的一种趋向。

顾客满意度与顾客忠诚度不同，顾客满意度是评价过去的交易中满足顾客原先期望的程度，而顾客忠诚度则是衡量顾客再购及参与活动意愿。

顾客满意率和顾客忠诚率越高，市场占有率质量也就越好。反之，市场占有率质量就越差。

企业较少关注市场占有率质量的原因有两个，具体如下：

第一，很多企业还未树立以顾客为中心的现代营销理念。

第二，提高市场占有率质量所带来的收益不确切，企业对提高市场份额质量心存疑虑。

要提高市场占有率质量，企业就必须从顾客的满意率入手做更深入细致的工作，需要花费大量的人力、财力和物力，并且需要较长时间。这种投资由于数量大、要求高、时间长，且投资效果无法准确地测算，显得风险较大，使得不少企业最终放弃了提高市场占有率质量的打算。

4.1.2 市场占有率的估算方法

市场占有率的估算方法有四种：总体市场、目标市场、三大竞争者和最大竞争者。

总体市场，是指一个企业的销售量在整个行业中所占的比重。

目标市场，是指一个企业的销售量在其目标市场，即它所服务的市场中所占的比重。一个企业的目标市场的范围小于或等于整个行业的服务市场，因而它的目标市场份额总是大于它在总体市场中的份额。

三大竞争者，是指一个企业的销售量和市场上最大的三个竞争者的销售总量之比。例如，一个企业的市场份额是 30%，而它的三个最大竞争者的市场份额分别为 20%、10%、10%，则该企业的相对市场份额就是 30%÷40%＝75%。

最大竞争者，是指一个企业的销售量与市场上最大竞争者的销售量之比。若高于 100%，表明该企业是这一市场的领袖。

4.1.3　市场占有率分析的作用及影响因素

一般来讲，市场占有率越高，企业竞争力越强。需要注意的是，在利用市场占有率说明企业竞争能力大小时，必须与竞争对手进行对比分析。通过对比分析，一方面，可以查明企业的优势或差距；另一方面，可以进一步深究其原因。

影响市场占有率的因素有很多，主要有市场需求状况、竞争对手的实力、企业产品的竞争能力、生产规模等。

4.1.4　市场占有率与利润的关系

市场占有率高，并不表明企业有高的利润。很多企业在市场占有率数量扩大的过程中，虽然销售增长导致生产成本下降，但用于扩大市场占有率数量的费用增长远快于生产成本的下降，再加上竞争使价格下降，单位产品盈利快速下降，最后使企业产品的盈利能力下降。

扩大市场占有率数量的费用快速增长的原因有两点，具体如下：

第一，由于在市场扩大过程中，增加的营销管理人员由于缺乏经验、缺少培训或素质不高，致使费用失控。

第二，竞争者的强烈反应引起的费用增长。企业拓展市场占有率数量的行动必然使竞争者采取相应的行动，最常见的就是企业加大广告投入，竞争者也会加大广告投入，企业降低价格，竞争者也会降低价格，甚至比企业降得更厉害。结果是企业花了很大的代价，销售并未显著增长或销售量增长了且市场占有率也扩大了，但盈利却下降了。

4.2　市场覆盖率

市场覆盖率是评估一个企业或品牌在该市场中表现的重要指标之一，也是制定营销策略和定价策略的关键因素之一。

4.2.1　市场覆盖率的定义

市场覆盖率是指本企业某种产品的投放地区数占同种产品销售地区总数的百分比，其计算公式如下：

市场覆盖率 = 本企业某种产品投放地区数 ÷ 同种产品销售地区总数 ×100%

利用市场覆盖率来查看企业竞争力的大小，也需要通过与竞争对手进行对比分析。

通过对比分析市场覆盖率，可以查看企业产品现在销售的地区，研究可行销售的地区，揭示产品销售不广的原因，有助于企业扩大竞争地区范围，开拓产品的新市场，提高企业的竞争能力。

影响企业产品的市场覆盖率的主要因素很多，主要有不同地区的需求结构、经济发展水平、民族风俗习惯、竞争对手的实力、本企业产品的竞争能力、地区经济封锁或地区经济保护等。

4.2.2　市场覆盖率与市场占有率的区别

市场覆盖率和市场占有率是两个不同的概念。

市场覆盖率是指企业产品在一定市场范围内占有区域的多少，如山东省市场，如果划分为八大区域，在这八大区域内一个企业的产品均有销售，那么这个企业山东省市场的覆盖率是 100%。

市场占有率指产品在一定区域内占同类产品总销售量的百分数，如某一地区，每月饲料总销售量是 10 万吨，某一企业在这一地区的月销售量是 1 000 吨，那么它的市场占有率是 1%（1 000÷100 000×100%）。所以，饲料企业应在提高产品的市场占有率上下功夫。

市场覆盖率的大小并不能真实反映企业的销售情况，应把市场占有率的大小作为销售业绩的评定指标。如果把主要精力放在某一固定的区域市场上，把销售工作做稳、做细，会起到事半功倍的效果。

4.3 销售增长率

销售增长率是投资者分析企业成长状况和发展能力的基本指标。对于投资者来讲，可持续的销售增长率是他们会寻求的关键性指标之一。

4.3.1 销售增长率的定义与计算

销售增长率是企业本年销售收入增长额同上年销售收入总额之间的比率，其计算公式如下：

销售增长率 = 本年销售收入增长额 ÷ 上年销售收入总额 ×100%=（本年销售收入总额 － 上年销售收入总额）÷ 上年销售收入总额 ×100%= 本年销售收入总额 ÷ 上年销售收入总额 －1

注意，本年销售增长额等于本年销售收入减去上年销售收入的差额。

从销售增长率的计算公式可以看出，该指标反映相对化的销售收入增长情况，与计算绝对量的企业销售收入增长额相比，消除了企业营业规模对该项目的影响，所以更能反映企业的发展情况。

> 提醒：在实际分析中，可以计算绝对量的企业销售收入增长额，作为分析的辅助指标。

打开同花顺炒股软件，输入云南白药的股票代码 000538，然后按"回车"键，再按下【F10】键，即可进入云南白药（000538）的个股资料页面。

在个股资料页面中，单击"财务分析"选项卡，再单击"利润表"选项，然后单击"按年度"选项卡，即可看到云南白药（000538）2020—2022 年各期营业收入信息，如图 4-2 所示。

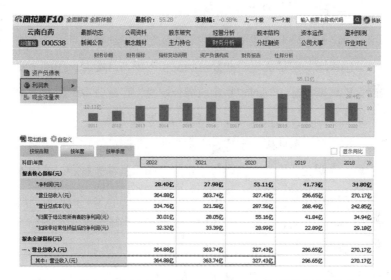

图 4-2　云南白药（000538）2020—2022 年各期营业收入信息

云南白药（000538）2020 年营业收入为 327.43 亿元。

云南白药（000538）2021 年营业收入为 363.74 亿元。

云南白药（000538）2022 年营业收入为 364.88 亿元。

云南白药（000538）2021 年销售增长额 = 本年销售收入总额 - 上年销售收入总额 =363.74-327.43=36.31（亿元）

云南白药（000538）2021 年销售增长率 = 本年销售收入增长额 ÷ 上年销售收入总额 ×100%=36.31÷327.43×100% ≈ 11.09%

云南白药（000538）2022 年销售增长额 = 本年销售收入总额 - 上年销售收入总额 =364.88-363.74=1.14（亿元）

云南白药（000538）2022 年销售增长率 = 本年销售收入增长额 ÷ 上年销售收入总额 ×100%=1.14÷363.74×100% ≈ 0.31%

云南白药（000538）2022 年销售增长率小于 2021 年销售增长率，表明企业的竞争能力减弱，经营能力和竞争力变弱，企业的销售和利润水平变差。

4.3.2　销售增长率分析的注意事项

利用销售增长率分析企业发展能力需要注意的事项有四点，具体如下：

第一，销售增长率是衡量企业经营状况和市场占有能力、预测企业经营业务拓展趋势的重要指标，同时也是企业增长增量和存量资本的重要前提。只有销售收入不断增加，才是企业生存的基础和发展的前提。

第二，销售增长率如果大于零，表明企业本年的销售收入有所增加；销售增长率越高，表明企业增长速度越快，企业市场前景越被看好。如果销售增长率小于零，表明企业要么是产品销路不对，要么是质量不高但销价又高，要么是售后服务出现了问题，总之，产品销售不出去，市场份额正在萎缩。

第三，销售增长率在实际分析中，要结合企业历年的销售水平、企业市场占有情况，或者结合企业前三年的销售收入增长率做出趋势性分析判断。同时，在分析过程中要确定比较的标准，因为单独的一个发展能力指标并不能说明所有问题，只有对企业各年度的销售增长率进行比较才有意义，在比较过程中，可以以其他相类似的企业、本企业历史水平、行业平均水平等作为比较的标准。

第四，销售增长率作为相对量指标，存在受增长基数影响的问题，如果增长基数，即上年销售收入额特别小，这样销售收入就会出现小幅度的增长，也会出现较大的销售增长率，这样就不利于企业之间进行对比。例如，某企业上年销售收入为 20 万元，本年销售收入为 200 万元，该企业的销售增长率为 900%，这并不能说明该企业一定具有很高的发展能力。所以在分析过程中，还需要使用销售收入增长额和三年销售收入平均增长率等指标进行综合判断。

4.3.3　销售增长率实战案例分析

表 4-1 所示为片仔癀（600436）2018—2022 年销售增长率。

表 4-1　片仔癀（600436）2018—2022 年销售增长率

年　　度	销售收入增长额（亿元）	销售收入总额（亿元）	销售增长率（%）
2018	10.52	47.66	20.07
2019	9.56	57.22	16.71
2020	7.89	65.11	12.12
2021	15.11	80.22	18.84
2022	6.72	86.94	7.73

2018—2022 年片仔癀（600436）销售收入增长额处于震荡趋势中，如图 4-3 所示。

销售收入增长额处于震荡趋势中，表明企业所处的市场环境存在一定程度的波动和不确定性。可能是由于竞争对手加强了市场份额，导致企业的占有率有所下降，或者消费者需求有所减少，这就使得销售收入增长率出现震荡的情况。

另外，企业的销售策略和市场战略是否得当也会影响销售收入增长额的趋势。如果企业没有合适的市场定位、销售策略和产品服务创新，也会导致销售收入增长额的震荡。无论是哪种情况，都需要企业及时调整市场策略来适应市场环境变化。

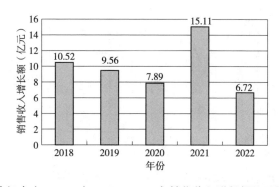

图 4-3　片仔癀（600436）2018—2022 年销售收入增长额处于震荡趋势中

2018—2022 年片仔癀（600436）销售收入总额处于明显的上涨趋势中，如图 4-4 所示。

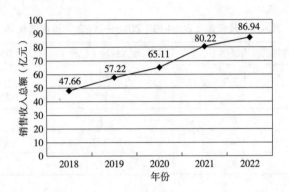

图 4-4　片仔癀（600436）2018—2022 年销售收入总额处于明显的上涨趋势中

片仔癀（600436）销售收入总额处于明显的上涨趋势中，表明企业的市场竞争力较强，积极适应市场需求变化，具有良好的发展潜力。

2018—2022 年片仔癀（600436）销售增长率处于震荡趋势中，如图 4-5 所示。

片仔癀（600436）销售增长率处于震荡趋势中，表明企业销售表现的不稳定性。这可能是由于市场竞争、经济波动、产品质量或营销策略等多种因素所导致的。在这种情况下，企业需要仔细研究市场和客户需求，以及自身产品和服务的竞争力，并采取相应的措施来提高销售增长率的稳定性。例如，可以

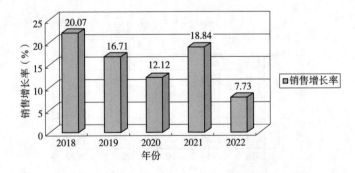

图 4-5　片仔癀（600436）2018—2022 年销售增长率处于震荡趋势中

通过改进产品质量、加强市场营销、扩大销售渠道等方式来增加销售额，从而提高销售增长率的稳定性。

下面来对比片仔癀（600436）、华润三九（000999）、白云山（600332）、西藏药业（600211）2019—2022 年销售增长率情况，如表 4-2 所示。

表 4-2　四家企业 2019—2022 年销售增长率对比

股　　票	年　　度			
	2019	2020	2021	2022
片 仔 癀（600436）	16.71%	12.12%	18.84%	7.73%
华润三九（000999）	9.23%	−8.48%	12.27%	14.02%
白 云 山（600332）	34.98%	−5.32%	10.64%	2.51%
西藏药业（600211）	11.58%	12.09%	30.44%	26.07%

片仔癀（600436）销售增长率前面已分析过，这里不再赘述。

华润三九（000999）2019 年销售增长率为 9.23%，但 2020 年销售增长率则变成负数，表明企业的销售额在某个时间段内出现了下降。这可能是由多种因素引起的，如市场竞争加剧、产品质量问题、销售策略不当等。负增长可能会影响企业的业绩和盈利能力，需要采取相应的措施来解决问题，如重新审视销售策略、改进产品质量、扩大市场份额等。

随后几年，即 2020—2022 年，华润三九（000999）销售增长率呈明显的上涨趋势，说明该企业的销售市场正在扩大，或者企业正在不断创新，推出更好的产品或服务，从而吸引更多的消费者。这表明该企业非常有竞争力，可以增加市场份额，提高盈利水平。华润三九（000999）的销售增长率如图 4-6 所示。

白云山（600332）2019 年销售增长率为 34.98%，但 2020 年销售增长率则变成负数，随后两年的销售增长率仍是震荡趋势，如图 4-7 所示。

2019—2022 年西藏药业（600211）的销售增长率整体处于震荡趋势中，但其值都在 10% 以上，这表明该企业虽然销售表现的不稳定性，但该企业增长速度较快，企业市场前景看好，如图 4-8 所示。

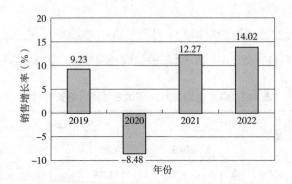

图 4-6　华润三九（000999）2019—2022 年的销售增长率

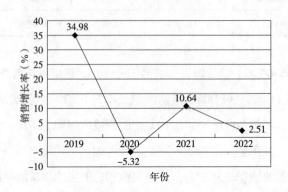

图 4-7　白云山（600332）2019—2022 年的销售增长率处于震荡趋势中

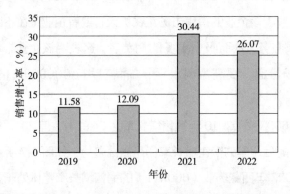

图 4-8　西藏药业（600211）2019—2022 年的销售增长率整体处于震荡趋势中

最后来看一下，片仔癀（600436）、华润三九（000999）、白云山（600332）、西藏药业（600211）2019—2022 年销售增长率对比，如图 4-9 所示。

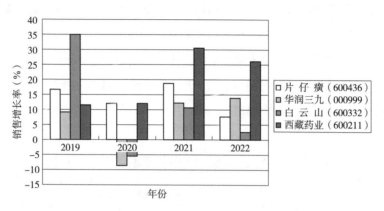

图 4-9　四家企业 2019—2022 年销售增长率对比

4.4　三年销售平均增长率

销售增长率经常会受到销售基数的影响，如上年因特殊原因使销售收入特别小，而本年则恢复正常生产经营，这样会造成销售增长率异常偏高；同样，如果上年因特殊原因使销售收入特别高，就会造成销售增长率异常偏低。

为了消除销售收入短期异常对销售增长率的影响，并反映企业较长时期的销售收入增长情况，可以计算多年的销售收入平均增长率，一般为三年销售平均增长率。

4.4.1　三年销售平均增长率的定义

三年销售平均增长率，是指企业销售收入连续三年增长情况，体现企业的发展潜力，其计算公式如下：

三年销售平均增长率 ＝ [（年末销售收入总额 ÷ 三年前年末销售收入总额）^（1÷3）－1] ×100%

注意，三年前年末销售收入总额是指企业三年前的销售收入总额，假如当前是 2022 年，三年前年末销售收入总额是指 2019 年销售收入总额。

利用三年销售平均增长率能够反映企业的销售增长趋势和稳定程度，较好地体现了企业的发展状况和发展能力，避免因少数个别年份销售收入不正常增长，而对企业发展潜力做出错误的判断。

4.4.2　三年销售平均增长率分析的注意事项

在进行三年销售平均增长率分析时，需要注意以下几点：

第一，确定时间范围。需要明确分析的时间范围，一般为三年，并确保选取的时间范围内数据具有代表性。

第二，在计算时要使用同一货币单位，并排除任何非经营性因素所导致的销售额波动。

第三，行业比较。需要将企业的销售增长率与行业平均水平进行比较，以便评估企业在行业中的地位和潜力。

第四，考虑季节性因素。某些行业的销售额可能会受到季节性因素的影响，如零售业的五一劳动节和十一国庆节。因此，在分析销售增长率时需要考虑这些因素。

第五，三年销售平均增长率只是一个指标，不能完全反映企业的整体表现，需要结合其他因素，如市场份额、利润率等进行综合分析。

4.4.3　三年销售平均增长率实战案例分析

打开同花顺炒股软件，输入贵州茅台的股票代码 600519，然后按 "回车" 键，再按下【F10】键，即可进入贵州茅台（600519）的个股资料页面。

在个股资料页面中，单击 "财务分析" 选项卡，再单击 "利润表" 选项，然后单击 "按年度" 选项卡，即可看到贵州茅台（600519）2018—2022 年各期营业收入信息，如图 4-10 所示。

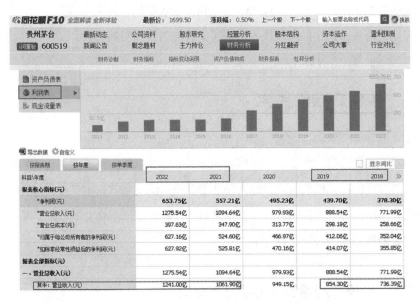

图 4-10 贵州茅台（600519）2018—2022 年各期营业收入信息

贵州茅台（600519）2022 年营业收入为 1 241.00 亿元。

贵州茅台（600519）2021 年营业收入为 1 061.90 亿元。

贵州茅台（600519）2020 年营业收入为 949.15 亿元。

贵州茅台（600519）2019 年营业收入为 854.30 亿元。

贵州茅台（600519）2018 年营业收入为 736.39 亿元。

贵州茅台（600519）2022 年的三年销售平均增长率 =［（年末销售收入总额 ÷ 三年前年末销售收入总额）^（1÷3）-1］×100%=［（1 241.00 ÷ 854.30）^（1÷3）-1］×100% ≈ 13.25%

贵州茅台（600519）2021 年的三年销售平均增长率 =［（年末销售收入总额 ÷ 三年前年末销售收入总额）^（1÷3）-1］×100%=［（1 061.90 ÷736.39）^（1÷3）-1］×100% ≈ 12.98%

> 提醒：企业三年销售平均增长率越来越强，是由于企业采取了一些有效的战略和措施，如发展新产品、扩大市场份额、优化销售渠道等。然而，需要注意的是，增长率的维持需要企业保持持续的创新和发展，以适应市场和竞争环境的变化。

贵州茅台（600519）2022 年的三年销售平均增长率大于 2021 年的三年销售平均增长率，这表明企业的销售业绩在逐年增加。这通常表明企业正在经历健康的增长，为企业和投资者带来了良好的前景和发展机会。

4.5　销售利润增长率

需要注意的是，除了关注销售收入总额的增长以外，还需要关注销售利润率及其变化情况。销售收入只是为企业提供收入或现金的来源，并不能完全形成企业的财富，只有扣除成本和费用之后，才能真正形成企业的收益，所以还需要对销售利润增长率进行分析。

4.5.1　销售利润增长率的定义与计算

销售利润增长率是指企业本年销售利润增长额与上年销售利润总额的比率，它反映企业营业利润的增减变动情况，其计算公式如下：

销售利润增长率 = 本年销售利润增长额 ÷ 上年销售利润总额 ×100%=（本年销售利润总额 − 上年销售利润总额）÷ 上年销售利润总额 ×100%= 本年销售利润总额 ÷ 上年销售利润总额 −1

销售利润增长率越高，说明企业百元商品销售额提供的销售利润越多，企业的盈利能力越强，越具有发展潜力；反之，销售利润增长率越低，说明企业盈利能力越弱，越没有发展潜力。

打开同花顺炒股软件，输入贵州茅台的股票代码 600519，然后按"回车"键，再按下【F10】键，即可进入贵州茅台（600519）的个股资料页面。

在个股资料页面中，单击"财务分析"选项卡，再单击"利润表"选项，然后单击"按年度"选项卡，即可看到贵州茅台（600519）2020—2022 年各期利润总额信息，如图 4-11 所示。

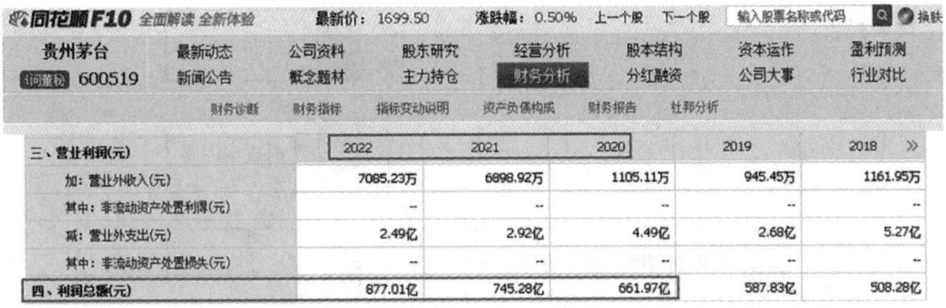

三、营业利润(元)	2022	2021	2020	2019	2018
加：营业外收入(元)	7085.23万	6898.92万	1105.11万	945.45万	1161.95万
其中：非流动资产处置利得(元)	--	--	--	--	--
减：营业外支出(元)	2.49亿	2.92亿	4.49亿	2.68亿	5.27亿
其中：非流动资产处置损失(元)	--	--	--	--	--
四、利润总额(元)	877.01亿	745.28亿	661.97亿	587.83亿	508.28亿

图 4-11　贵州茅台（600519）2020—2022 年各期利润总额信息

贵州茅台（600519）2020 年利润总额为 661.97 亿元。

贵州茅台（600519）2021 年利润总额为 745.28 亿元。

贵州茅台（600519）2022 年利润总额为 877.01 亿元。

贵州茅台（600519）2021 年销售利润增长额 = 本年销售利润总额 − 上年销售利润总额 =745.28−661.97=83.31（亿元）

贵州茅台（600519）2021 年销售利润增长率 = 本年销售利润增长额 ÷ 上年销售利润总额 ×100%=83.31÷661.97×100% ≈ 12.59%

贵州茅台（600519）2022 年销售利润增长额 = 本年销售利润总额 − 上年销售利润总额 =877.01−745.28=131.73（亿元）

贵州茅台（600519）2022 年销售利润增长率 = 本年销售利润增长额 ÷ 上年销售利润总额 ×100%=131.73÷745.28×100% ≈ 17.68%

贵州茅台（600519）2022 年销售利润增长率大于 2021 年销售利润增长率，表明企业百元商品销售额提供的销售利润越来越多，企业的盈利能力越来越强，越具有发展潜力。

4.5.2　销售利润增长率分析的注意事项

销售利润增长率是一个重要的指标，可以反映一个企业的盈利能力和经营状况。在进行销售利润增长率分析时，需要注意五项，如图 4-12 所示。

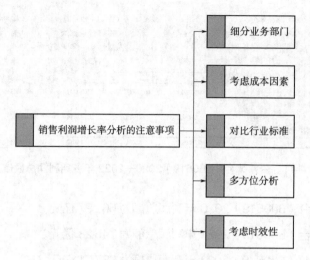

图 4-12　销售利润增长率分析的注意事项

第一，细分业务部门。要细分企业各业务部门的销售利润增长率，以便深入了解企业的盈利状况。

第二，考虑成本因素。销售利润增长率不仅取决于销售额的增长，也与成本的控制有关。因此需要同时考虑成本因素对销售利润增长率的影响。

第三，对比行业标准。需要将企业的销售利润增长率与行业标准进行比较，以了解企业与行业的竞争优势和劣势。

第四，多方位分析。除了销售利润增长率外，还需综合分析企业的经营状况、财务状况、市场状况等各方面的数据，以便对企业的整体状况有更全面的了解。

第五，考虑时效性。销售利润增长率是一个动态的指标，需要考虑其时效性。从长期来看，销售利润增长率的持续增长是企业健康发展的标志，但在短期内可能会受到行业、经济和政策等因素的影响。

4.5.3　销售利润增长率实战案例分析

表 4-3 所示为同仁堂（600085）2020—2022 年销售利润增长率。

表 4-3　同仁堂（600085）2020—2022 年销售利润增长率

年　　度	销售利润增长额(亿元）	上年销售利润总额（亿元）	销售利润增长率（％）
2020	0.16	19.67	0.81
2021	3.44	19.83	17.35
2022	3.90	23.27	16.76

2020—2022 年同仁堂（600085）的销售利润增长率呈明显的上涨趋势，如图 4-13 所示。

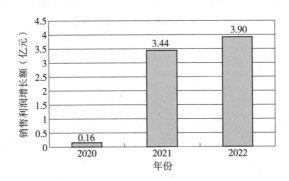

图 4-13　同仁堂（600085）2020—2022 年的销售利润增长率呈明显的上涨趋势

销售利润增长率呈明显的上涨趋势，说明企业的盈利能力在逐步提高。这可能是由于企业采取了更有效的成本管理策略、提高了产品质量、控制了营销费用、扩大了市场份额等因素产生的效果。总之，销售利润增长率的上涨趋势是企业健康发展的重要标志之一。

2020—2022 年同仁堂（600085）的上年销售利润总额也处于明显的上涨趋势中，如图 4-14 所示。

销售利润总额处于明显的上涨趋势中，说明企业的销售收入和盈利能力都在逐步提高，这也表明企业正在健康发展，并且有望持续增长。

2020—2022 年同仁堂（600085）的销售利润增长率处于震荡趋势中，如图 4-15 所示。

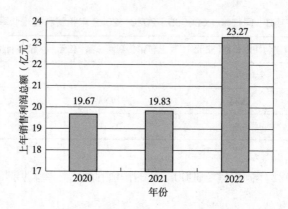

**图 4-14　同仁堂（600085）2020—2022 年的上年销售利润总额
也处于明显的上涨趋势中**

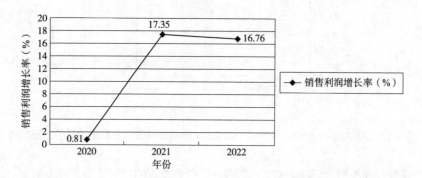

图 4-15　同仁堂（600085）2020—2022 年的销售利润增长率处于震荡趋势中

　　销售利润增长率处于震荡趋势中，表明企业的盈利增长能力存在波动，既有增长也有减少。这可能是由于市场竞争加剧、成本上升、产品质量下降等原因导致的。企业可以通过调整营销策略、优化成本结构、提高产品质量等方式来应对这种情况，以实现稳定的盈利增长。此外，还需要密切关注市场变化和竞争情况，及时调整经营策略，以保持企业的竞争力和盈利能力。

　　下面来对比同仁堂（600085）、华润三九（000999）、白云山（600332）、西藏药业（600211）2020—2022 年销售利润增长率情况，如表 4-4 所示。

表 4-4　四家企业 2020—2022 年销售利润增长率对比

股　　票	年　度		
	2020	2021	2022
同 仁 堂（600085）	0.81%	17.35%	16.76%
华润三九（000999）	−19.41%	18.70%	21.24%
白 云 山（600332）	−9.45%	26.32%	6.78%
西藏药业（600211）	33.14%	−45.74%	81.57%

同仁堂（600085）的销售利润增长率前面已分析过，这里不再赘述。

华润三九（000999）2020 年的销售利润增长率为负数，随后两年出现快速上涨，整体处于明显的上涨趋势中，如图 4-16 所示。

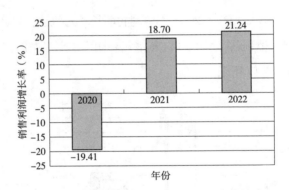

**图 4-16　华润三九（000999）2020—2022 年销售利润增长率
整体处于明显的上涨趋势中**

销售利润增长率为负数，表明企业的销售收入减少或者成本增加，或者两者同时发生。这可能是由于市场竞争加剧、产品价格下降、原材料成本上升等因素造成的。当企业利润增长率持续为负时，可能会影响企业的盈利能力、现金流和市场地位。企业应及时采取措施来调整经营策略，提高产品质量和服务水平，以及优化成本结构，从而实现利润的增长。

销售利润增长率处于明显的上涨趋势中，可以说明以下几点：

第一，企业的盈利能力正在提高。销售利润是企业营收减去成本后的利润，如果其增长率在上涨，则说明企业在降低成本、提高产品价值或推出新产品等方面取得了成功，从而带动企业盈利水平的提高。

第二，企业的市场份额有可能扩大。一般来讲，销售利润的上升需要伴随着销售量的增加或者价格的提高。因此，若增长率持续上涨，很可能说明企业的产品受到了消费者的欢迎，市场份额得到扩大。

第三，企业未来的发展前景较好。销售利润增长率是衡量企业经营状况和未来发展潜力的重要指标之一，如果企业的销售利润增长率不断上升，表明企业正处于一个稳定、健康的发展阶段，未来有望保持良好的发展态势。

需要注意的是，虽然销售利润增长率的上涨是一个积极的信号，但也不能忽视市场变化和潜在风险，因此企业应该保持敏锐的市场洞察力，及时调整经营战略，以保证持续发展。

白云山（600332）的 2020 年销售利润增长率为负数，但 2021 年销售利润增长率出现快速增长，随后 2022 年销售利润增长率虽然仍在增加，但增长幅度变小，如图 4-17 所示。

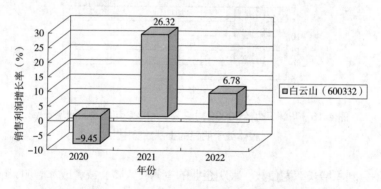

图 4-17 白云山（600332）2020—2022 年的销售利润增长率

西藏药业（600211）的 2020 年销售利润增长率增长很快，为 33.14%，但 2021 年销售利润增长率出现了负增长，为 -45.74%，随后 2022 年销售利润增长率再度快速增长，为 81.57%，如图 4-18 所示。

同仁堂（600085）、华润三九（000999）、白云山（600332）、西藏药业（600211）2020—2022 年销售利润增长率对比，如图 4-19 所示。

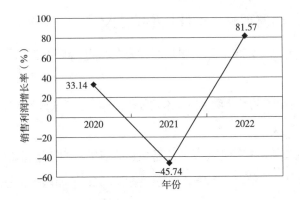

图 4-18 西藏药业（600211）2020—2022 年的销售利润增长率

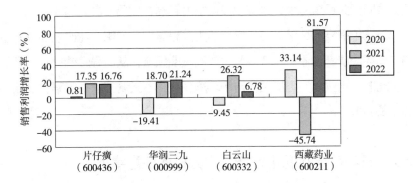

图 4-19 四家企业 2020—2022 年销售利润增长率对比

4.6 三年销售利润平均增长率

与销售增长率一样，利润增长率也存在受利润短期波动因素影响的缺陷，为了弥补这一点，需要计算三年销售利润平均增长率。三年销售利润平均增长率客观评价企业的发展能力状况，反映企业利润增长趋势和效益稳定程度及发展潜力。

4.6.1 三年销售利润平均增长率的定义

三年销售利润平均增长率，是均衡计算企业的三年平均利润增长水平，其计算公式如下：

三年销售利润平均增长率 ＝[（年末销售利润总额 ÷ 三年前年末销售利润总额)^
（1÷3）－1]×100%

注意，三年前年末销售利润总额是指企业三年前的销售利润总额，假如当前是 2022 年，三年前年末销售利润总额是指 2019 年销售利润总额。

利润是企业积累和发展的基础，三年销售利润平均增长率越高，表明企业积累越多，可持续发展能力越强，发展的潜力越大。三年销售利润平均增长率越低，表明企业积累越少，可持续发展能力越弱，发展的潜力越小。

如果三年销售利润平均增长率处于震荡趋势中，说明企业可能面临着不稳定的市场环境或者企业的业务涉及一些高风险领域，从而导致销售利润增长率波动。此时，企业需要更加关注市场环境变化，不断调整营销策略，以保持稳定的增长趋势。

4.6.2 三年销售利润平均增长率分析的注意事项

三年销售利润平均增长率分析的注意事项，具体如下：

第一，注意数据的真实性和可靠性。为了得到准确的结果，应该保证数据来源可靠、准确，并且全面覆盖所需要的时间范围。

第二，注意时间跨度的选择。在分析三年销售利润平均增长率时，需要选择相对连续的三年数据，以便更好地反映市场发展趋势。

第三，关注增长率变化的趋势。要分析销售利润增长率的变化趋势，判断企业的业务是否正常、稳定，从而为投资和战略决策提供依据。

第四，结合行业和市场环境来分析。在分析销售利润增长率时，还需要结合行业和市场环境的变化来考虑，以便更准确地判断企业的销售利润增长趋势。

第五，综合分析多种经营指标。销售利润增长率只是企业经营的一个方面，还需要综合考虑多种经营指标来全面评估企业经营状况和商业价值。

4.6.3　三年销售利润平均增长率实战案例分析

打开同花顺炒股软件，输入华润三九的股票代码 000999，然后按“回车”键，再按下【F10】键，即可进入华润三九（000999）的个股资料页面。

在个股资料页面中，单击“财务分析”选项卡，再单击“利润表”选项，然后单击“按年度”选项卡，即可看到华润三九（000999）2018—2022 年各期利润总额信息，如图 4-20 所示。

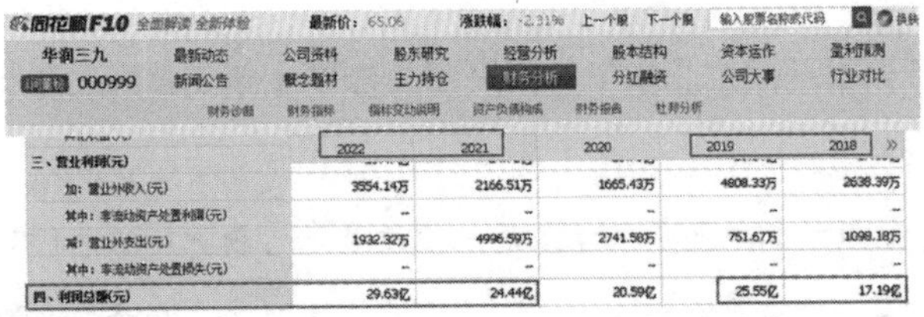

	2022	2021	2020	2019	2018
三、营业利润(元)					
加：营业外收入(元)	3554.14万	2166.51万	1665.43万	4808.33万	2638.39万
其中：非流动资产处置利得(元)	--	--	--	--	--
减：营业外支出(元)	1932.32万	4996.59万	2741.58万	751.67万	1098.18万
其中：非流动资产处置损失(元)	--	--	--	--	--
四、利润总额(元)	29.63亿	24.44亿	20.59亿	25.55亿	17.19亿

图 4-20　华润三九（000999）2018—2022 年各期利润总额信息

华润三九（000999）2022 年利润总额为 29.63 亿元。

华润三九（000999）2021 年利润总额为 24.44 亿元。

华润三九（000999）2020 年利润总额为 20.59 亿元。

华润三九（000999）2019 年利润总额为 25.55 亿元。

华润三九（000999）2018 年利润总额为 17.19 亿元。

华润三九（000999）2022 三年销售利润平均增长率 =［（年末销售利润总额 ÷ 三年前年末销售利润总额）^（1 ÷ 3）−1］×100%=［（29.63 ÷ 24.44）^（1 ÷ 3）−1］×100%=6.63%。

华润三九（000999）2021 三年销售利润平均增长率 =［（年末销售利润总额 ÷ 三年前年末销售利润总额）^（1 ÷ 3）−1］×100%=［（24.55 ÷ 17.19）^（1 ÷ 3）−1］×100%=12.61%。

华润三九（000999）2022 三年销售利润平均增长率小于 2021 三年销售利润平均增长率，说明企业的市场份额可能已经接近饱和或者竞争对手的竞争力已经逐渐提高，从而导致企业销售利润增长速度放缓。

4.7 总资产增长率

总资产增长率反映了企业资本规模的扩张速度，是衡量企业总量规模变动和成长状况的重要指标。

4.7.1 总资产增长率的定义与计算

总资产增长率是指企业本年总资产增长额同上年资产总额的比率，其计算公式如下：

总资产增长率 = 本年总资产增长额 ÷ 上年资产总额 ×100%=（本年资产总额 − 上年资产总额）÷ 上年资产总额 ×100%= 本年资产总额 ÷ 上年资产总额 −1

总资产增长率越高，表明企业一定时期内资产经营规模扩张的速度越快。但在分析时，需要关注资产规模扩张的质和量的关系，以及企业的后续发展能力，避免盲目扩张。

打开同花顺炒股软件，输入华润三九的股票代码 000999，然后按"回车"键，再按下【F10】键，即可进入华润三九（000999）的个股资料页面。

在个股资料页面中，单击"财务分析"选项卡，再单击"资产负债表"选项，然后单击"按年度"选项卡，即可看到华润三九（000999）2020—2022 年各期资产总额信息，如图 4-21 所示。

图 4-21　华润三九（000999）2020—2022 年各期资产总额信息

华润三九（000999）2020 年资产总额为 220.10 亿元。

华润三九（000999）2021 年资产总额为 245.42 亿元。

华润三九（000999）2022 年资产总额为 271.23 亿元。

下面来计算资产增长总额。

华润三九（000999）2021 年资产增长总额 = 本年资产总额 − 上年资产总额 =245.42−220.10=25.32（亿元）

华润三九（000999）2022 年资产增长总额 = 本年资产总额 − 上年资产总额 =271.23−245.42=25.81（亿元）

下面来计算总资产增长率。

华润三九（000999）2021 年总资产增长率 = 本年总资产增长额 ÷ 上年资产总额 ×100%=25.32÷220.10×100% ≈ 11.50%

华润三九（000999）2022 年总资产增长率 = 本年总资产增长额 ÷ 上年资产总额 ×100%=25.81÷245.42×100% ≈ 10.52%

华润三九（000999）2021 年总资产增长率大于 2022 年总资产增长率，说明企业运营和经营管理水平未得到显著提高，可能由于市场竞争激烈或者经济形势不佳等因素导致企业运营困难和发展问题。

4.7.2　总资产增长率分析的注意事项

总资产增长率分析的注意事项有五项，如图 4-22 所示。

第一，时间段的选择。选择适当的时间段非常重要。短期的波动可能会对结果产生很大的影响，因此应该选择一个合理的时间段来准确地反映企业的整体情况。

第二，同行业比较。在对一个企业进行总资产增长率分析时，需要将其与同一行业的其他企业进行比较。这样可以更好地了解企业在整个行业中的表现，而不只是在自己内部进行比较。

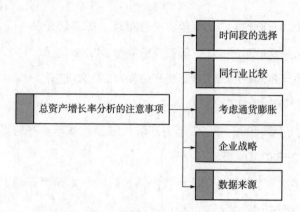

图 4-22　总资产增长率分析的注意事项

第三，考虑通货膨胀。总资产增长率必须考虑通货膨胀的影响。如果没有足够的考虑，就会低估实际的总资产增长。

第四，企业策略。企业的战略和增长计划可能会影响总资产增长率，因此需要综合考虑。例如，企业可能会通过收购其他企业来扩大规模，这样会对总资产增长率产生积极影响，但对企业的财务状况产生负面影响，需要加以考虑。

第五，数据来源。在进行总资产增长率分析时，数据的来源非常重要。必须确保使用的数据来源可靠且准确，否则会导致分析结果出现偏差。

4.7.3　总资产增长率实战案例分析

表 4-5 所示为同仁堂（600085）2018—2022 年总资产增长率。

表 4-5　同仁堂（600085）2018—2022 年总资产增长率

年　　度	总资产增长额（亿元）	上年资产总额（亿元）	总资产增长率（%）
2018	17.70	187.08	9.46
2019	4.44	204.78	2.17
2020	9.16	209.22	4.38
2021	32.35	218.38	14.81
2022	19.81	250.73	7.90

2018—2022 年同仁堂（600085）的总资产增长额处于震荡趋势中，如图 4-23 所示。

总资产增长额处于震荡趋势中，说明企业的总资产增长存在周期性波动，表明企业增长状况不够稳定，需要更加谨慎地进行经营管理。

> 提醒：如果企业总资产增长额的波动范围较大，表明企业存在风险较高的经营决策或者财务风险。而如果波动范围较小，则说明企业的经营状况相对稳定。如果企业总资产增长额持续在长期上升或下降趋势中，那么可以认为企业正处于稳定的增长期或衰退期。

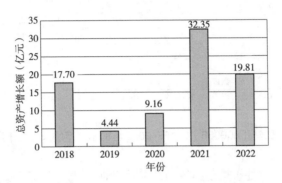

图 4-23　同仁堂（600085）2018—2022 年的总资产增长额处于震荡趋势中

2018—2022 年同仁堂（600085）的资产总额处于明显的上涨趋势中，如图 4-24 所示。

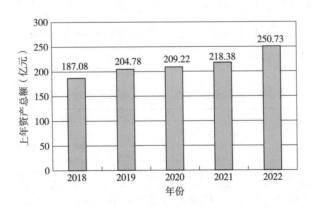

图 4-24　同仁堂（600085）2018—2022 年的资产总额处于明显的上涨趋势中

资产总额处于明显的上涨趋势中，表明企业在过去一段时间内经营状况良好，取得了较为稳定和积极的增长。这表明企业在扩大业务规模、增加市场份额方面取得了一定的成功。

2018—2022 年同仁堂（600085）的总资产增长率处于震荡趋势中，如图 4-25 所示。

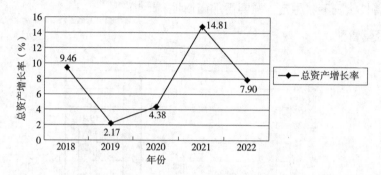

图 4-25 同仁堂（600085）2018—2022 年的总资产增长率处于震荡趋势中

总资产增长率处于震荡趋势中，说明企业的经营和市场环境都不太稳定，可能会造成企业的投资和扩张策略调整，或许为了其他方面考虑和稳健经营，降低总资产增长节奏。

> 提醒：在分析总资产增长率时，应该综合考虑企业的市场、行业、宏观经济状况等因素，并且同时分析企业的利润、现金流等其他财务指标，以全面评估企业的经营状况、投资价值和商业前景。

下面来对比同仁堂（600085）、华润三九（000999）、白云山（600332）、西藏药业（600211）2020—2022 年总资产增长率情况，如表 4-6 所示。

表 4-6 四家企业 2020—2022 年总资产增长率对比

股 票	年 度				
	2018	2019	2020	2021	2022
同 仁 堂（600085）	9.46%	2.17%	4.38%	14.81%	7.90%
华润三九（000999）	11.33%	18.70%	2.84%	11.50%	10.52%
白 云 山（600332）	81.82%	10.51%	5.04%	10.64%	12.93%
西藏药业（600211）	8.67%	9.28%	6.40%	29.18%	7.78%

同仁堂（600085）的总资产增长率前面已分析过，这里不再赘述。

华润三九（000999）的总资产增长率除 2020 年为 2.84% 外，其他几年的总资产增长率均在 10% 以上。这表明该企业经营状况良好，能够在市场上保持稳定并逐渐扩大规模，如图 4-26 所示。

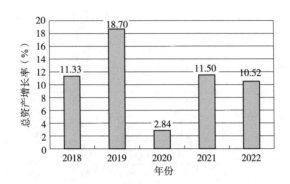

图 4-26　华润三九（000999）2018—2022 年的总资产增长率

白云山（600332）2018 年的总资产增长率很大，其值为 81.82%，这很可能是企业在过度扩张，风险较高，并且可能会导致企业财务状况不稳定。随后两年，即 2019 年和 2020 年，

> 提醒：如果总资产增长率过大是由于企业借债增加而导致的，那么企业的负债水平可能也会相应增加，这也是需要注意的。

总资产增长率快速降低，表明企业在消化吸收 2018 年的快速扩张。2021 年和 2022 年，总资产增长率正常增长，维持在 10% 以上，如图 4-27 所示。

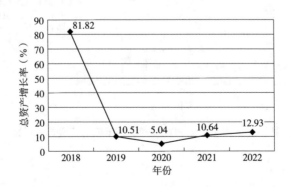

图 4-27　白云山（600332）2018—2022 年的总资产增长率

西藏药业（600211）的总资产增长率除 2021 年增长较快外，其他几年总资产增长率增长较慢，都在 10% 以下，这表明该企业的经营状况不太好或者企业已经达到了一个饱和点，无法继续扩大规模，如图 4-28 所示。

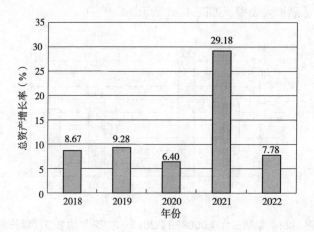

图 4-28　西藏药业（600211）2018—2022 年的总资产增长率

最后来看一下，同仁堂（600085）、华润三九（000999）、白云山（600332）、西藏药业（600211）2019—2022 年总资产增长率对比，如图 4-29 所示。

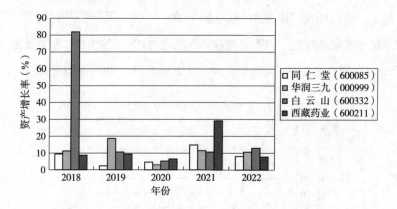

图 4-29　四家企业 2019—2022 年总资产增长率对比

4.8　三年总资产平均增长率

与销售增长率一样，总资产增长率也存在受资产短期波动因素影响的缺陷，为了弥补这一点，需要计算三年总资产平均增长率。

4.8.1　三年总资产平均增长率的定义

三年总资产平均增长率用来反映较长时期内资产增长情况，其计算公式如下：

三年总资产平均增长率 ＝ ［（年末资产总额 ÷ 三年前年末资产总额）^（1÷3）－1］× 100%

注意，三年前年末资产总额是指企业三年前的资产总额，假如当前是 2022 年，三年前年末资产总额是指 2019 年资产总额。

利用资产增长率进行企业之间的比较时，需要注意以下两点：

第一，不同的企业，资产使用效率不同。为了实现净收益的同幅度增长，资产使用效率低的企业，需要更大幅度的资产增长。

第二，不同的企业会采取不同的发展策略，不同的发展策略也会体现到资产增长率上。采取外向规模增长型发展策略的企业，资产增长率会较高，而采用内部优化型发展策略的企业，资产增长率会较低。

4.8.2　三年总资产平均增长率实战案例分析

打开同花顺炒股软件，输入片仔癀的股票代码 600436，然后按"回车"键，再按下【F10】键，即可进入片仔癀（600436）的个股资料页面。

在个股资料页面中，单击"财务分析"选项卡，再单击"主要指标"

选项，然后单击"按年度"选项卡，再向下拖动垂直滚动条，即可看到片仔癀（600436）2018—2022 年各期资产总额信息，如图 4-30 所示。

	2022	2021	2020	2019	2018
在建工程合计(元)					
其中：在建工程(元)	6078.08万	1494.17万	102.59万	1115.69万	472.19万
无形资产(元)	3.19亿	2.21亿	2.59亿	1.56亿	1.21亿
商誉(元)	--	--	--	--	609.65万
长期待摊费用(元)	3765.47万	4418.51万	4941.59万	3282.63万	3156.10万
递延所得税资产(元)	1.67亿	1.67亿	8540.98万	7619.70万	6426.24万
其他非流动资产(元)	2.12亿	2.29亿	2.32亿	1015.09万	1517.31万
非流动资产合计(元)	18.99亿	18.88亿	19.10亿	14.58亿	14.28亿
资产合计(元)	146.04亿	125.21亿	102.06亿	88.11亿	66.58亿

图 4-30　片仔癀（600436）2018—2022 年各期资产总额信息

片仔癀（600436）2022 年资产总额为 146.04 亿元。

片仔癀（600436）2021 年资产总额为 125.21 亿元。

片仔癀（600436）2020 年资产总额为 102.06 亿元。

片仔癀（600436）2019 年资产总额为 88.11 亿元。

片仔癀（600436）2018 年资产总额为 66.58 亿元。

片仔癀（600436）2022 年三年总资产平均增长率 =［（年末资产总额 ÷ 三年前年末资产总额）^（1÷3）−1］×100% =［（146.04÷88.11）^（1÷3）−1］×100% ≈ 18.34%

片仔癀（600436）2021 年三年总资产平均增长率 =［（年末资产总额 ÷ 三年前年末资产总额）^（1÷3）−1］×100% =［（125.21÷66.58）^（1÷3）−1］×100% ≈ 23.43%

片仔癀（600436）2022 年三年总资产平均增长率小于 2021 年三年总资产平均增长率，表明该企业扩大速度越来越慢。但 2021 年和 2022 年的三年总资产平均增长率都在 15% 以上，表明该企业可以长期使用的资金充足，抗风险和持续发展的能力较强。

4.9　流动资产增长率

流动资产增长率是指企业流动资产在一定期间内的增长幅度，通常用百分比来表示。

4.9.1　流动资产增长率的定义和计算

流动资产增长率是指企业本年流动资产增长额与上年流动资产总额的比率，其计算公式如下：

流动资产增长率＝本年流动资产增长额÷上年流动资产总额×100%＝（本年流动资产总额－上年流动资产总额）÷上年流动资产总额×100%＝本年流动资产总额÷上年流动资产总额－1

流动资产增长，表明企业增加了生产经营资本，扩大了生产经营。流动资产降低，表明企业生产经营开展的不利或企业在缩小经营规模。

> 提醒：流动资产增加，表明企业提高流动比率，短期偿债能力变强，但同时机会成本会增大。

打开同花顺炒股软件，输入片仔癀的股票代码 600436，然后按"回车"键，再按下【F10】键，即可进入片仔癀（600436）的个股资料页面。

在个股资料页面中，单击"财务分析"选项卡，再单击"主要指标"选项，然后单击"按年度"选项卡，再向下拖动垂直滚动条，即可看到片仔癀（600436）2020—2022 年各期流动资产总额信息，如图 4-31 所示。

图 4-31　片仔癀（600436）2020—2022 年各期流动资产总额信息

片仔癀（600436）2022 年流动资产总额为 127.05 亿元。

片仔癀（600436）2021 年流动资产总额为 106.33 亿元。

片仔癀（600436）2020 年流动资产总额为 82.96 亿元。

下面来计算流动资产增长额。

片仔癀（600436）2022 年流动资产增长额 = 本年流动资产总额 − 上年流动资产总额 =127.05−106.33=20.72（亿元）

片仔癀（600436）2021 年流动资产增长额 = 本年流动资产总额 − 上年流动资产总额 =106.33−82.96=23.37（亿元）

下面来计算流动资产增长率。

片仔癀（600436）2022 年流动资产增长率 = 本年流动资产增长额 ÷ 上年流动资产总额 ×100%=20.72÷106.33×100% ≈ 19.49

片仔癀（600436）2021 年流动资产增长率 = 本年流动资产增长额 ÷ 上年流动资产总额 ×100%=23.37÷82.96×100% ≈ 28.17

4.9.2 流动资产增长率分析的注意事项

在分析流动资产增长率时，需要注意以下几点：

第一，流动资产增长率应该与企业的整体财务状况和经营策略相结合进行分析。如果企业的负债水平较高，而流动资产增长率过大，可能会导致企业的财务风险进一步加大。

第二，需要对流动资产增长率的构成进行深入分析，了解增长率的来源和变化趋势。例如，如果流动资产增长率主要来自存货增加，而存货周转率下降，可能说明企业的库存管理存在问题。

第三，与同行业企业进行比较，看看企业的流动资产增长率是否处于行业平均水平之上或之下。如果企业的流动资产增长率与同行业企业相比表现较差，可能需要进一步分析原因，并采取相应的措施。

第四，需要考虑流动资产增长率的时间跨度，不同时间段内的增长率可能存在较大差异。特别是在企业进行投资、收购等大规模交易时，流动资产增长率可能会出现明显的波动。

第五，需要综合考虑其他财务指标，如总资产增长率、现金流量等，对企业的财务状况进行全面分析。

4.9.3　流动资产增长率实战案例分析

表 4-7 所示为同仁堂（600085）2019—2022 年流动资产增长率。

表 4-7　同仁堂（600085）2019—2022 年流动资产增长率

年　　度	流动资产增长额（亿元）	上年流动资产总额（亿元）	流动资产增长率（%）
2019	0.99	160.14	0.62
2020	4.14	161.13	2.57
2021	16.47	165.27	9.97
2022	23.85	181.74	13.12

2019—2022 年同仁堂（600085）流动资产增长额呈明显的上涨趋势，如图 4-32 所示。

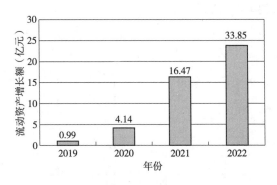

图 4-32　同仁堂（600085）2019—2022 年流动资产增长额呈明显的上涨趋势

流动资产增长额呈明显的上涨趋势，表明企业生产经营资本不断增加，生产经营范围不断扩大。

2019—2022 年同仁堂（600085）流动资产总额也呈明显的上涨趋势，如图 4-33 所示。

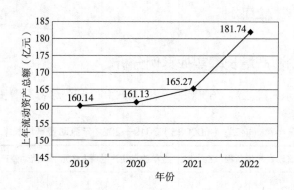

图 4-33　同仁堂（600085）2019—2022 年流动资产总额也出现明显的上涨趋势

流动资产总额呈明显的上涨趋势，表明企业流动比率越来越高，短期偿债能力越来越强。

2019—2022 年同仁堂（600085）流动资产增长率也呈明显的上升趋势，如图 4-34 所示。

流动资产增长率呈明显的上升趋势，表明企业的经营状况越来越好，在市场上保持稳定并逐渐扩大规模。

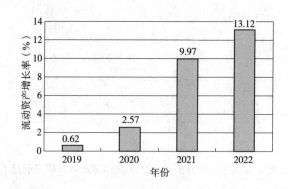

图 4-34　同仁堂（600085）2019—2022 年流动资产增长率呈明显的上升趋势

需要注意的是，2019 年流动资产增长率比较低，仅为 0.62%。这表明企业的经营状况在 2019 年不太好。

> 提醒：流动资产增长率过小也可能是企业已经达到一个饱和点，无法进一步扩大规模。

还需要注意的是，如果流动资产增长率过大，可能表明企业正在积极扩张业务或者加大库存等，但同时也可能表明企业过度投资于流动资产，导致不必要的成本和风险。

4.10　固定资产增长率

固定资产增长率可以用来反映企业在某一个时期内其固定资产的增长速率和相应的发展水平。

4.10.1　固定资产增长率的定义和计算

固定资产增长率是指企业本年固定资产增长额与上年固定资产总额的比率，其计算公式如下：

固定资产增长率＝本年固定资产增长额÷上年固定资产总额×100%＝（本年固定资产总额－上年固定资产总额）÷上年固定资产总额×100%＝本年固定资产总额÷上年固定资产总额－1

对于生产型企业来说，固定资产的增长反映了企业产能的扩张，特别是供给存在缺口的行业，产能的扩张直接意味着企业未来业绩的增长。

在分析固定资产增长时，投资者需分析增长部分固定资产的构成，对于增长的固定资产大部分还处于在建工程状态，投资者需关注其预计竣工时间，待其竣工，必将对竣工当期利润产生重大影响；如果增长的固定资产在本年度较早月份已竣工，则其效应已基本反映在本期报表中，投资者希望其未来收益在此基础上再有大幅增长已不太现实。

打开同花顺炒股软件，输入海康威视的股票代码 002415，然后按"回车"

键，再按下【F10】键，即可进入海康威视（002415）的个股资料页面。

在个股资料页面中，单击“财务分析”选项卡，再单击“利润表”选项，然后单击“按年度”选项卡，即可看到海康威视（002415）2020—2022 年各期固定资产总额信息，如图 4-35 所示。

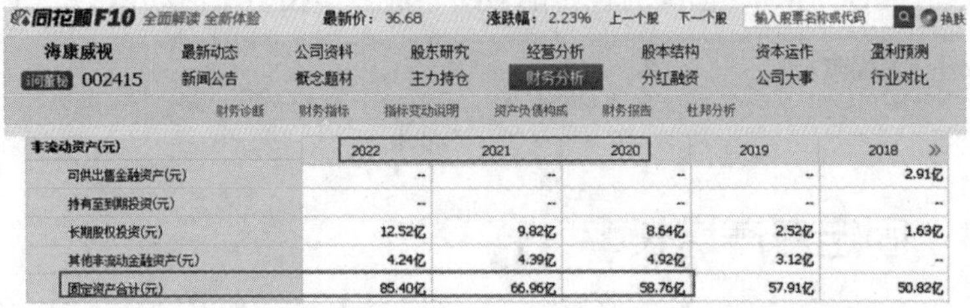

非流动资产(元)	2022	2021	2020	2019	2018
可供出售金融资产(元)	--	--	--	--	2.91亿
持有至到期投资(元)	--	--	--	--	--
长期股权投资(元)	12.52亿	9.82亿	8.64亿	2.52亿	1.63亿
其他非流动金融资产(元)	4.24亿	4.39亿	4.92亿	3.12亿	--
固定资产合计(元)	85.40亿	66.96亿	58.76亿	57.91亿	50.82亿

图 4-35　海康威视（002415）2020—2022 年各期固定资产总额信息

海康威视（002415）2022 年固定资产总额为 85.40 亿元。

海康威视（002415）2021 年固定资产总额为 66.96 亿元。

海康威视（002415）2020 年固定资产总额为 58.76 亿元。

下面来计算固定资产增长额。

海康威视（002415）2022 年固定资产增长额 = 本年固定资产总额 – 上年固定资产总额 =85.40−66.96=18.44（亿元）

海康威视（002415）2021 年固定资产增长额 = 本年固定资产总额 – 上年固定资产总额 =66.96−58.76=8.2（亿元）

下面来计算固定资产增长率。

海康威视（002415）2022 年固定资产增长率 = 本年固定资产增长额 ÷ 上年固定资产总额 ×100%=18.44÷66.96×100% ≈ 27.54%

海康威视（002415）2021 年固定资产增长率 = 本年固定资产增长额 ÷ 上年固定资产总额 ×100%=8.2÷58.76×100% ≈ 13.96%

海康威视（002415）2022 年固定资产增长率大于 2021 年固定资产增长率，说明企业在扩大生产规模或更新设备等方面的投资越来越大，进一步表明企业对未来市场的预期乐观。

4.10.2　固定资产增长率分析的注意事项

固定资产增长率是评估企业投资表现的一项重要指标。以下是固定资产增长率分析的注意事项：

第一，检查数据准确性。进行固定资产增长率分析之前，需要确保数据来源准确、完整和可靠。如果存在数据错误或缺失，将影响分析结果的可信度和准确性。

第二，考虑时间因素。固定资产增长率应该与相同时间段内的其他财务指标进行比较。此外，需要观察历史增长趋势以确定未来的发展方向。

第三，考虑行业特征。不同行业的固定资产增长率可以有所不同。因此，在进行分析时，需考虑所在行业的特征和竞争环境。

第四，关注企业战略。企业的固定资产增长率可能会受到企业战略的影响。例如，企业可能会通过收购或兼并增加其固定资产，而不是通过自然增长。

需要注意的是，固定资产增长率只是一个指标，不能单独使用。需要结合其他财务指标（如营收、利润等），进行综合分析，以获取更全面的企业财务状况。

4.10.3　固定资产增长率实战案例分析

表 4-8 所示为同仁堂（600085）2019—2022 年固定资产增长率。

表 4-8　同仁堂（600085）2019—2022 年固定资产增长率

年　度	固定资产增长额（亿元）	上年固定资产总额（亿元）	固定资产增长率（%）
2019	16.73	21.85	76.57
2020	2.23	38.58	5.78
2021	−1.43	40.81	−3.50
2022	−1.29	39.38	−3.28

2019—2022 年同仁堂（600085）的固定资产增长率处于下跌趋势中，如图 4-36 所示。

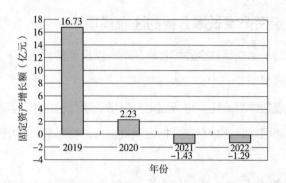

图 4-36　同仁堂（600085）2019—2022 年的固定资产增长率处于下跌趋势中

固定资产增长率处于下跌趋势中，很可能是企业所在的行业已经饱和，并且已经没有足够的需求来支持新的固定资产投资。也可能是新资本投资达到一定程度后，随着设备老化、技术成熟和竞争加剧，进一步的投资会导致较小的投资回报，从而导致固定资产增长率下降。

2019—2022 年同仁堂（600085）的固定资产总额总体处于震荡趋势中，2019—2021 年同仁堂（600085）的固定资产总额处于明显的上涨趋势中，如图 4-37 所示。

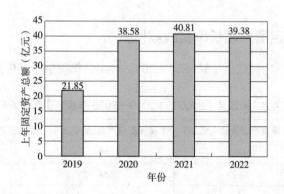

图 4-37　同仁堂（600085）2019—2022 年的固定资产总额总体处于震荡趋势中

固定资产总额处于震荡或上涨趋势，可能表明不同的经济、市场和企业因素，需要进行分析和评估，以了解其含义，并采取适当措施来管理和优化资产配置。

2019—2022 年同仁堂（600085）的固定资产增长率整体处于下跌趋势中，如图 4-38 所示。

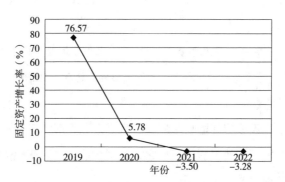

图 4-38　同仁堂（600085）2019—2022 年的固定资产增长率整体处于下跌趋势中

固定资产增长率整体处于下跌趋势中，表明企业已经完成了其扩张计划，或者减少了在新项目或设施上的投资。此外，还可能是因为企业的现金流出现问题，导致无法继续进行更多的投资。

2019 年同仁堂（600085）的固定资产增长率较大，为 76.57%，这可能说明企业过度投资，可能会影响企业的现金流和盈利能力。

2020 年同仁堂（600085）的固定资产增长率正常，这表明企业在保持竞争优势的同时适度投资，则可以实现持续增长并提高市场份额。

2021—2022 年同仁堂（600085）的固定资产增长率为负值，这表明企业缺乏发展潜力或经营管理不善，难以满足市场需求。

> 提醒：固定资产增长率处于上涨趋势，说明企业在扩大生产规模或更新设备等方面有较大的投资。这可能表明企业对未来市场的预期乐观，也可能说明企业正在积极扩张业务，以提高收入和盈利能力。

4.11　无形资产增长率

无形资产增长率能够反映企业无形资产投资的获利能力，具有综合性，可以用于分析企业无形资产投资的效果。

4.11.1　无形资产增长率的定义和计算

无形资产增长率是指企业本年无形资产增长额与上年无形资产总额的比率，其计算公式如下：

无形资产增长率 = 本年无形资产增长额 ÷ 上年无形资产总额 ×100%=（本年无形资产总额 – 上年无形资产总额）÷ 上年无形资产总额 ×100%= 本年无形资产总额 ÷ 上年无形资产总额 –1

一般情况下，无形资产增长率越高，表明企业无形资产投资的获利能力越强，即无形资产投资的效果显著；反之，表明企业无形资产投资的获利能力越弱，即无形资产投资的效果不明显。

打开同花顺炒股软件，输入海康威视的股票代码 002415，然后按"回车"键，再按下【F10】键，即可进入海康威视（002415）的个股资料页面。

在个股资料页面中，单击"财务分析"选项卡，再单击"利润表"选项，然后单击"按年度"选项卡，即可看到海康威视（002415）2020—2022 年各期无形资产总额信息，如图 4-39 所示。

海康威视（002415）2022 年无形资产总额为 15.45 亿元。

海康威视（002415）2021 年无形资产总额为 13.04 亿元。

海康威视（002415）2020 年无形资产总额为 12.51 亿元。

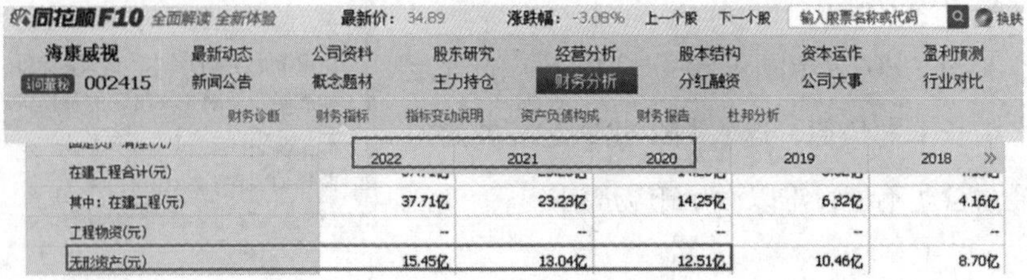

图 4-39　海康威视（002415）2020—2022 年各期无形资产总额信息

下面来计算无形资产增长额。

海康威视（002415）2022 年无形资产增长额 = 本年无形资产总额 – 上年无形资产总额 =15.45–13.04=2.41（亿元）

海康威视（002415）2021 年无形资产增长额 ＝ 本年无形资产总额 － 上年无形资产总额 ＝13.04－12.51＝0.53（亿元）

下面来计算无形资产增长率。

海康威视（002415）2022 年无形资产增长率 ＝ 本年无形资产增长额 ÷ 上年无形资产总额 ×100%＝2.41÷13.04 ≈ 18.48%

海康威视（002415）2021 年无形资产增长率 ＝ 本年无形资产增长额 ÷ 上年无形资产总额 ×100%＝0.53÷12.51 ≈ 4.24%

海康威视（002415）2022 年无形资产增长率大于 2021 年无形资产增长率，表明企业的无形资产价值在逐步提升，可能是由于企业在研发、品牌推广等方面的不断投入和创新。

4.11.2　无形资产增长率分析的注意事项

进行无形资产增长率分析时，需要注意以下几点：

第一，考虑不同类型无形资产的增长情况。无形资产包括专利权、非专利技术、商标权、著作权、土地使用权等不同类型。不同类型无形资产的会计处理和增长率计算方法相同，但它们在企业中的重要性和对企业价值的影响不同。因此在分析无形资产增长率时，需要考虑不同类型无形资产的增长情况。

第二，考虑行业特点和竞争环境。无形资产在企业中的地位和作用受到企业所处行业特点和竞争环境的影响。例如，技术密集型企业的无形资产在企业总资产中所占比例可能更高，而服务型企业的无形资产则相对较少。因此在分析无形资产增长率时，需要考虑企业所处行业特点和竞争环境。

第三，结合其他财务指标进行分析。无形资产增长率是企业财务分析中的一个指标，需要结合其他财务指标进行分析。例如，可以结合销售收入增长率、净利润增长率等指标来综合判断企业的增长潜力和盈利能力。

第四，注意虚假增长的可能性。有时企业可能会通过会计手段或者虚假交易来制造虚假增长。在分析无形资产增长率时，需要注意虚假增长的可能性，避免被企业的虚假增长欺骗。

4.11.3 无形资产增长率实战案例分析

表 4-9 所示为同仁堂（600085）2019—2022 年无形资产增长率。

表 4-9　同仁堂（600085）2019—2022 年无形资产增长率

年　　度	无形资产增长额（亿元）	上年无形资产总额（亿元）	无形资产增长率（％）
2019	0.58	3.76	15.43
2020	2.09	4.34	48.16
2021	0.93	6.43	14.46
2022	0.10	7.36	1.36

2019—2022 年同仁堂（600085）的无形资产增长额整体处于震荡趋势中，如图 4-40 所示。

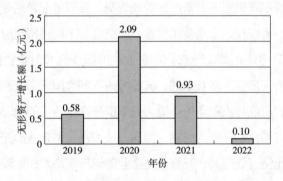

图 4-40　同仁堂（600085）2019—2022 年的无形资产增长额整体处于震荡趋势中

无形资产增长额整体处于震荡趋势中，说明企业无形资产投资的获利能力遇到了挑战，或者企业无形资产的增长受到了一些限制。这可能是由于行业竞争加剧、技术变革、法律法规限制或者市场环境变化等因素导致的。此外，也有可能是企业的无形资产投资组合发生了变化，导致投资回报率出现了波动。

2020 年同仁堂（600085）的无形资产增长额较高，这说明 2020 年同仁堂

（600085）进行了高额的投资或收购，也可能是会计处理方式的改变导致的。

2022 年同仁堂（600085）的无形资产增长额较小，这说明 2022 年同仁堂（600085）未能充分利用和开发其无形资产的潜力。

2019—2022 年同仁堂（600085）的无形资产总额呈明显的上涨趋势，如图 4-41 所示。

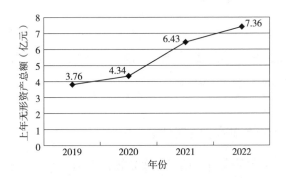

图 4-41　同仁堂（600085）2019—2022 年的无形资产总额呈明显的上涨趋势

无形资产总额呈明显的上涨趋势，表明企业具有较为强劲的竞争力和发展潜力，这是一个积极的信号，说明企业的软实力在增强，行业竞争力在增加。

2019—2022 年同仁堂（600085）的无形资产增长率整体处于震荡趋势中，如图 4-42 所示。

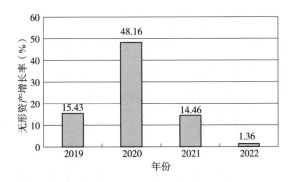

图 4-42　同仁堂（600085）2019—2022 年的无形资产增长率整体处于震荡趋势中

2020 年同仁堂（600085）的无形资产增长率较大，说明企业无形资产投

资收益良好。2022 年同仁堂（600085）的无
形资产增长率较小，说明企业无形资产投资收
益较差。

> 提醒：无形资产增长率的变化也可
> 以反映出一个企业的发展状况，如
> 果无形资产增长率呈上升趋势，说
> 明该企业处于发展壮大阶段，而如
> 果无形资产增长率呈下降趋势，则
> 说明该企业发展状况不佳。

4.12 固定资产成新率

固定资产成新率反映了企业所拥有的固定资产的新旧程度，体现了企业固
定资产更新的快慢和持续发展的能力。

4.12.1 固定资产成新率的定义

固定资产成新率是企业当期平均固定资产净值与平均固定资产原值的比
率，其计算公式如下：

固定资产成新率 ＝ 平均固定资产净值 ÷ 平均固定资产原值 ×100%

固定资产净值 ＝ 固定资产原值 － 累计折旧 － 准备减值

平均固定资产净值 ＝（年初固定资产净值 ＋ 年末固定资产净值）÷2

平均固定资产原值 ＝（年初固定资产原值 ＋ 年末固定资产原值）÷2

固定资产成新率的高低，可以反映出一个企业的经营能力、盈利能力和安
全管理水平。

当固定资产成新率较高时，说明企业所拥有的固定资产比较新，设备比较
先进，企业在扩大再生产、提高生产效率、创造更多利润等方面更有优势，对
企业未来的发展也更有保障。同时，较高的固定资产成新率也可以反映出企业
的偿债能力和信用水平相对较高。

当固定资产成新率较低时，说明企业所拥有的固定资产比较陈旧，设备需
要更新改造，这可能会影响企业的生产效率、产品质量和市场竞争力。在这种
情况下，企业需要加强设备更新改造、提高管理水平、改善生产条件等措施，
以提升自身的竞争力和未来的发展潜力。

总之，固定资产成新率是一个重要的指标，可以反映出一个企业的经营状况、竞争能力和未来发展潜力。

4.12.2　固定资产成新率分析的注意事项

在分析固定资产成新率时，要注意以下几点：

第一，利用固定资产成新率分析固定资产新旧程度时，要剔除企业应提未提折旧对房屋、机器设备等固定资产真实状况的影响。

第二，在利用固定资产成新率进行企业之间对比时，要注意不同折旧方法对固定资产成新率的影响，加速折旧下固定资产成新率，要低于直线折旧法下的固定资产成新率。

第三，固定资产成新率受周期影响较大，一个处于发展周期的企业，与一个处于衰退周期的企业的固定资产成新率会有明显不同。虽然企业处于不同的阶段本身就反映了企业具有不同的发展能力，可以说处于发展周期的企业的发展能力要明显高于处于成熟周期或衰退周期的企业。但在对企业做出评价时，仍需考虑企业所处周期这一因素。

> 提醒：直线折旧是指将资产原值扣除净残值后，在预计使用年限内平均摊销，其计算公式是年折旧额 =（原价 – 预计净残值）÷ 预计使用年限。加速折旧是指在固定资产使用前期提取折旧较多，后期提取较少，使固定资产价值在使用年限内尽早得到补偿。这种计提折旧的方法是国家先让利给企业，加速回收投资，增强还贷能力。因此只对某些确有特殊原因的企业才准许采用加速折旧。

4.12.3　固定资产成新率实战案例分析

打开同花顺炒股软件，输入片仔癀的股票代码 600436，然后按"回车"键，再按下【F10】键，即可进入片仔癀（600436）的个股资料页面。

在个股资料页面中，单击"财务分析"选项卡，再向下拖动垂直滚动条，可以看到片仔癀（600436）的财务报告查看信息，如图 4-43 所示。

单击 2022 年后的年报按钮，打开片仔癀（600436）2022 年年报，然后向下拖动垂直滚动条，就可以看固定资产信息，如图 4-44 所示。

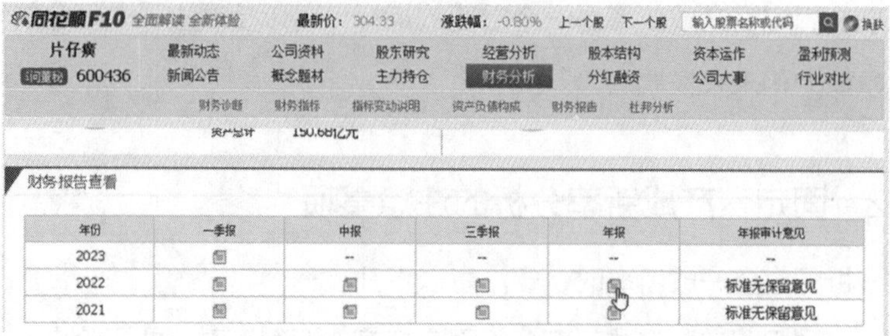

图 4-43　片仔癀（600436）的财务报告查看信息

(1). **固定资产情况**

☑适用 □不适用

单位：元　币种：人民币

项目	房屋及建筑物	机器设备	运输工具	其他设备	合计
一、账面原值：					
1. 期初余额	333,679,332.76	201,934,269.86	19,668,942.29	82,408,248.63	637,690,793.54
2. 本期增加金额	2,472,522.76	19,779,027.01	2,249,168.56	7,240,949.43	31,741,667.76
(1) 购置		19,779,027.01	2,249,168.56	7,240,949.43	29,269,145.00
(2) 在建工程转入					
(3) 投资性房产转入	2,472,522.76				2,472,522.76
(4) 其他增加					
3. 本期减少金额	3,572,020.26	2,206,641.56	391,338.26	2,194,275.11	8,364,275.19
(1) 处置或报废	3,239,736.97	2,206,641.56	391,338.26	2,194,275.11	8,031,991.90
(2) 转出至投资性房产	332,283.29				332,283.29
(3) 其他减少					
4. 期末余额	332,579,835.26	219,506,655.31	21,526,772.59	87,454,922.95	661,068,186.11
二、累计折旧					
1. 期初余额	172,129,496.22	124,520,799.46	14,043,075.63	58,127,551.38	368,820,922.69
2. 本期增加金额	12,123,220.72	13,215,670.69	1,478,546.46	6,949,604.07	33,767,041.94
(1) 计提	10,992,784.17	13,215,670.69	1,478,546.46	6,949,604.07	32,636,605.39
(2) 投资性房产转入	1,130,436.55				1,130,436.55
(3) 其他转入					
3. 本期减少金额	3,353,760.59	2,100,884.08	268,093.23	1,904,081.64	7,626,819.54
(1) 处置或报废	3,221,354.96	2,100,884.08	268,093.23	1,904,081.64	7,494,413.91
(2) 转出至投资性房产	132,405.63				132,405.63
(3) 其他减少					
4. 期末余额	180,898,956.35	135,635,586.07	15,253,528.86	63,173,073.81	394,961,145.09
三、减值准备					
1. 期初余额	1,127,576.40	2,314,688.22	6,258.03	1,440,253.88	4,888,776.53
2. 本期增加金额		327,398.89			327,398.89
(1) 计提		327,398.89			327,398.89
(2) 其他转入					
3. 本期减少金额					
(1) 处置或报废					
(2) 其他减少					
4. 期末余额	1,127,576.40	2,642,087.11	6,258.03	1,440,253.88	5,216,175.42
四、账面价值					
1. 期末账面价值	150,553,302.51	81,228,982.13	6,266,985.70	22,841,595.26	260,890,865.60
2. 期初账面价值	160,422,260.14	75,098,782.18	5,619,608.63	22,840,443.37	263,981,094.32

图 4-44　片仔癀（600436）2022 年的固定资产信息

片仔癀（600436）2022 年初固定资产净值，即为期初账面价值为 263 981 094.32 元。

> 提醒：年初固定资产净值 = 期初账面价值 = 期初账面原值 − 期初累计折旧 − 期初准备减值 = 637 690 793.54 − 368 820 922.69 − 4 888 776.53 = 263 981 094.32（元）

片仔癀（600436）2022 年末固定资产净值，即期末账面价值为 260 890 865.60 元。

> 提醒：年末固定资产净值＝期末账面价值＝期末账面原值－期末累计折旧－期末准备减值＝661 068 186.11－394 961 145.09－5 216 175.42=260 890 865.60（元）

下面来计算平均固定资产净值。

片仔癀（600436）2022 年平均固定资产净值＝（年初固定资产净值＋年末固定资产净值）÷2＝（263 981 094.32+260 890 865.60）÷2= 262 435 979.96（元）

片仔癀（600436）2022 年初固定资产原值为 637 690 793.54 元。

片仔癀（600436）2022 年末固定资产原值为 661 068 186.11 元。

下面来计算平均固定资产原值。

片仔癀（600436）2022 年平均固定资产原值＝（年初固定资产原值＋年末固定资产原值）÷2＝（637 690 793.54+661 068 186.11）÷2= 649 379 489.825（元）

下面来计算固定资产成新率。

片仔癀（600436）2022 年固定资产成新率＝平均固定资产净值÷平均固定资产原值×100%=262 435 979.96÷649 379 489.825×100% ≈ 40.41%

4.13　资本积累率

资本积累率反映企业所有者权益在当年的变化水平，体现了企业资本的积累情况，是评价企业发展潜力的重要指标。

4.13.1　资本积累率的定义与计算

资本积累率是指企业年末所有者权益的增长额同年初所有者权益总额的比

率，其计算公式如下：

资本积累率 = 本年所有者权益增长额 ÷ 年初所有者权益 ×100%

其中，本年所有者权益增长额等于年末所有者权益减去年初所有者权益。

资本积累率反映了投资者投入企业资本的安全性和增长性，该指标越高，表明企业的资本积累越多，企业资本安全性越强，应付风险、持续发展的能力越大。

如果资本积累率为负值，就表明企业资本受到侵蚀，所有者利益受到损害，应予充分重视。

打开同花顺炒股软件，输入海康威视的股票代码 002415，然后按“回车”键，再按下【F10】键，即可进入海康威视（002415）的个股资料页面。

在个股资料页面中，单击“财务分析”选项卡，再单击“资产负债表”选项，然后单击“按年度”选项卡，即可看到海康威视（002415）2020—2022 年各期所有者权益信息，如图 4-45 所示。

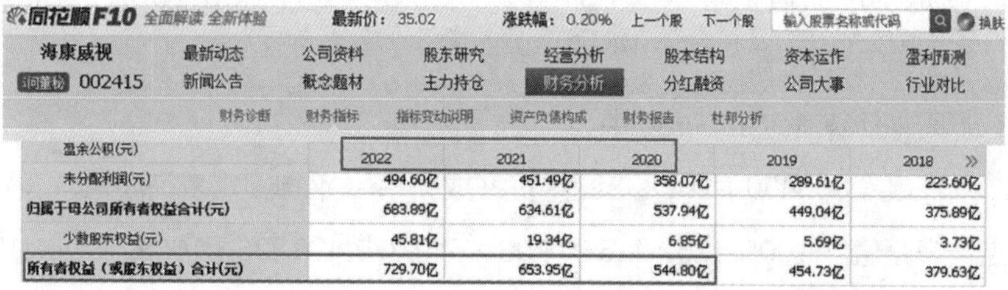

盈余公积(元)	2022	2021	2020	2019	2018
未分配利润(元)	494.60亿	451.49亿	358.07亿	289.61亿	223.60亿
归属于母公司所有者权益合计(元)	683.89亿	634.61亿	537.94亿	449.04亿	375.89亿
少数股东权益(元)	45.81亿	19.34亿	6.85亿	5.69亿	3.73亿
所有者权益（或股东权益）合计(元)	729.70亿	653.95亿	544.80亿	454.73亿	379.63亿

图 4-45　海康威视（002415）2020—2022 年各期所有者权益信息

海康威视（002415）2022 年所有者权益为 729.70 亿元。

海康威视（002415）2021 年所有者权益为 653.95 亿元。

海康威视（002415）2020 年所有者权益为 544.80 亿元。

下面计算所有者权益增长额。

海康威视（002415）2022 年所有者权益增长额 = 年末所有者权益 − 年初所有者权益 =729.70−653.95=75.75（亿元）

海康威视（002415）2021 年所有者权益增长额 = 年末所有者权益 − 年

初所有者权益 =653.95−544.80=109.15（亿元）

下面计算资本积累率。

海康威视（002415）2022 年资本积累率 = 本年所有者权益增长额 ÷ 年初所有者权益 ×100%=75.75÷653.95 ≈ 11.58%

海康威视（002415）2021 年资本积累率 = 本年所有者权益增长额 ÷ 年初所有者权益 ×100%=109.15÷544.80 ≈ 20.03%

海康威视（002415）2022 年资本积累率小于 2021 年资本积累率，表明企业的发展能力在下降，可能会影响企业的可持续发展，也可能会导致企业无法应对风险、持续发展等问题。因此企业需要深入分析和改进自身的生产效率、财务管理、创新意识等方面，以提高资本积累率，从而实现可持续发展。

4.13.2　资本积累率实战案例分析

表 4-10 所示为同仁堂（600085）2019—2022 年资本积累率。

表 4-10　同仁堂（600085）2019—2022 年资本积累率

年　　度	所有者权益增长额（亿元）	上年所有者权益（亿元）	资本积累率（%）
2019	1.31	145.29	0.90
2020	8.86	146.60	6.04
2021	11.27	155.46	7.25
2022	17.91	166.73	10.74

2019—2022 年同仁堂（600085）的所有者权益增长额处于明显的上涨趋势中，如图 4-46 所示。

所有者权益增长额处于明显的上涨趋势中，说明企业股东的权益在增加，企业有更多的资产来支付企业的债务，对企业债权人更有保障。这也说明企业具有更多的发展潜力，未来有望实现更快的增长。

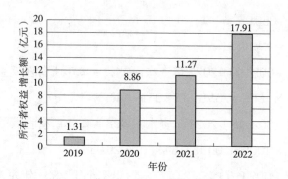

图 4-46　同仁堂（600085）2019—2022 年的所有者权益增长额处于
明显的上涨趋势中

同时，所有者权益增长额的上涨趋势也说明企业的经营状况在改善，企业经营者有能力通过经营活动为企业创造更多的价值。这可能也是吸引投资者的重要因素之一，因为投资者更倾向于投资那些有稳健经营历史和良好发展前景的企业。

总之，所有者权益增长额的上涨趋势是一个积极的信号，可以反映出企业的经营状况和未来发展潜力，对于投资者和企业经营者都具有重要意义。

2019—2022 年同仁堂（600085）的所有者权益也处于明显的上涨趋势中，如图 4-47 所示。

所有者权益处于明显的上涨趋势中，说明企业经营状况在改善，企业具有更多的发展潜力，未来有望实现更快的增长。

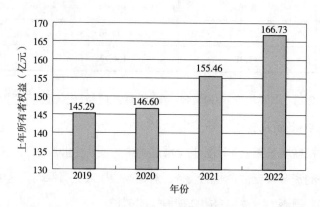

图 4-47　同仁堂（600085）2019—2022 年的所有者权益处于明显的上涨趋势中

2019—2022 年同仁堂（600085）的资本积累率呈明显的上升趋势，如图 4-48 所示。

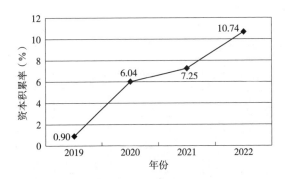

图 4-48 同仁堂（600085）2019—2022 年的资本积累率呈明显的上升趋势

资本积累率处于明显的上涨趋势中，说明企业资本的积累能力越来越强，所有者权益增长速度越来越快，这可能是最近几年由于企业利润水平越来越高、资金利用效率越来越好等原因产生的效果。

2019 年同仁堂（600085）资本积累率较小，说明企业 2019 年的资本积累能力较低，所有者权益增长速度较慢，可能是由于企业利润水平较低、资金利用效率较差、投资者投入减少等原因所致。

2022 年资本积累率较大，说明企业 2022 年的资本积累能力较强，所有者权益增长速度较快，这可能是由于企业利润水平较高、资金利用效率较好、投资者投入增加等原因产生的效果。

下面来对比同仁堂（600085）、华润三九（000999）、白云山（600332）、西藏药业（600211）2019—2022 年资本积累率情况，如表 4-11 所示。

表 4-11 四家企业 2019—2022 年资本积累率对比

股　　票	年　　度			
	2019	2020	2021	2022
同 仁 堂（600085）	0.90%	6.04%	7.25%	10.74%
华润三九（000999）	17.10%	7.50%	12.20%	11.15%
白 云 山（600332）	12.29%	8.53%	11.07%	7.38%
西藏药业（600211）	8.42%	5.76%	2.20%	14.59%

同仁堂（600085）的资本积累率，前面已讲过，这里不再赘述。

2019—2022 年华润三九（000999）的资本积累率整体处于震荡趋势中，如图 4-49 所示。

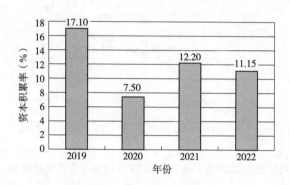

图 4-49　华润三九（000999）的资本积累率整体处于震荡趋势中

资本积累率整体处于震荡趋势中，说明华润三九（000999）2019—2022 年的资本积累能力较为平稳，即企业经营状况相对稳定，没有出现大幅波动的情况。

2019—2022 年白云山（600332）的资本积累率处于震荡趋势中，如图 4-50 所示。

2019—2022 年白云山（600332）的资本积累率整体在 7% ~ 13%，即处于正常状态，这表明企业的资金利用效率相对稳定，未出现过度浪费或紧缩的情况，这可能有助于保持企业的稳健经营和未来发展潜力。

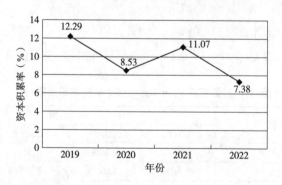

图 4-50　白云山（600332）2019—2022 年的资本积累率处于震荡趋势中

2019—2022 年西藏药业（600211）的资本积累率也处于震荡趋势中，如图 4-51 所示。

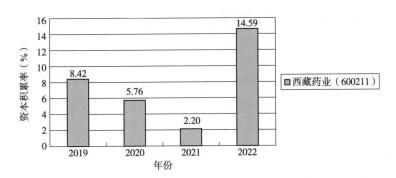

图 4-51　西藏药业（600211）2019—2022 年的资本积累率处于震荡趋势中

西藏药业（600211）的资本积累率整体偏小，特别是 2019—2021 年资本积累率处于下降趋势中，并且均小于 10%。这表明企业未能进行必要的投资以保持竞争力和增长。

2022 年资本积累率为 14.59%，是正常情况。这表明企业增强了投资，从而保持企业的竞争力。

同仁堂（600085）、华润三九（000999）、白云山（600332）、西藏药业（600211）2019—2022 年资本积累率对比，如图 4-52 所示。

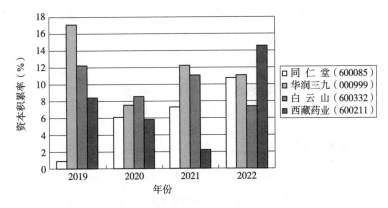

图 4-52　四家企业 2019—2022 年资本积累率对比

4.14 三年资本平均增长率

三年资本平均增长率反映企业资本积累或资本扩张的历史发展状况，以及企业稳步发展的趋势。

4.14.1 三年资本平均增长率的定义

三年资本平均增长率表示企业资本连续三年的积累情况，在一定程度上反映了企业的持续发展水平和发展趋势，其计算公式如下：

三年资本平均增长率 = [（年末所有者权益总额 ÷ 三年前年末所有者权益总额）^（1÷ 3）−1] ×100%

注意，三年前年末所有者权益总额是指企业三年前的所有者权益总额，假如当前是 2022 年，三年前年末所有者权益总额是指 2019 年所有者权益总额。

三年资本平均增长率值越高，表明企业所有者权益得到的保障程度越大，企业可以长期使用的资金越充足，抗风险和持续发展的能力越强。反之，企业所有者权益得到的保障程度越小，企业可以长期使用的资金越不足，抗风险和持续发展的能力越弱。

4.14.2 三年资本平均增长率分析的注意事项

在分析三年资本平均增长率时，需要注意以下几点：

第一，资本规模扩张的质和量之间的关系，避免盲目扩张。

第二，关注企业的后续发展能力，避免资本过度积累。

第三，考虑市场环境、竞争状况和行业趋势等因素，全面评估企业实力和发展潜力。

第四，在分析三年资本平均增长率时，需要注意时间的匹配性和计算的准确性。

另外，在对资本扩张情况进行分析时，还要注意所有者权益各类别的增长情况，具体如下：

第一，实收资本的快速扩张往往来自外部资金的加入，反映企业获得了新的资本，表明企业具备了进一步发展的基础，但并不说明企业过去具有很强的发展能力。

第二，如果资本扩张主要来自留存收益的增长，反映企业通过自身经营活动，积累起来备用资金，这既表明企业在过去经营中的发展能力，又反映企业进一步发展的后劲能力。

4.14.3 三年资本平均增长率实战案例分析

打开同花顺炒股软件，输入华润三九的股票代码 000999，然后按“回车”键，再按下【F10】键，即可进入华润三九（000999）的个股资料页面。

在个股资料页面中，单击“财务分析”选项卡，再单击“资产负债表”选项，然后单击“按年度”选项卡，即可看到华润三九（000999）2018—2022 年各期所有者权益总额信息，如图 4-53 所示。

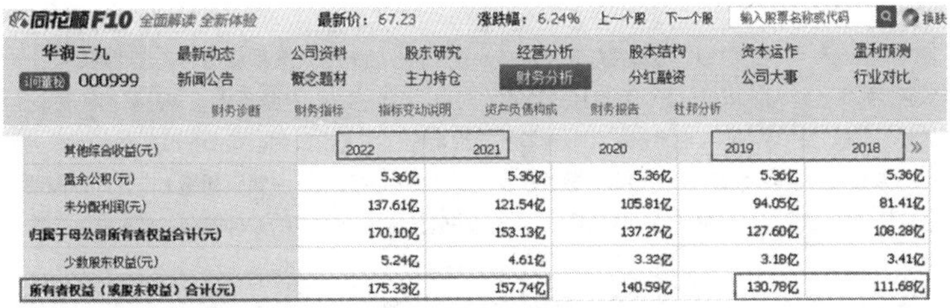

其他综合收益(元)	2022	2021	2020	2019	2018
盈余公积(元)	5.36亿	5.36亿	5.36亿	5.36亿	5.36亿
未分配利润(元)	137.61亿	121.54亿	105.81亿	94.05亿	81.41亿
归属于母公司所有者权益合计(元)	170.10亿	153.13亿	137.27亿	127.60亿	108.28亿
少数股东权益(元)	5.24亿	4.61亿	3.32亿	3.18亿	3.41亿
所有者权益（或股东权益）合计(元)	175.33亿	157.74亿	140.59亿	130.78亿	111.68亿

图 4-53 华润三九（000999）2018—2022 年各期所有者权益总额信息

华润三九（000999）2022 年所有者权益总额为 175.33 亿元。

华润三九（000999）2021 年所有者权益总额为 157.74 亿元。

华润三九（000999）2020 年所有者权益总额为 140.59 亿元。

华润三九（000999）2019 年所有者权益总额为 130.78 亿元。

华润三九（000999）2018 年所有者权益总额为 111.68 亿元。

华润三九（000999）2022 年三年资本平均增长率 = [（年末所有者权益总额÷三年前年末所有者权益总额）^（1÷3）−1] ×100% = [（175.33-130.78）^（1÷3）−1] ×100%=10.27%

华润三九（000999）2021 年三年资本平均增长率 = [（年末所有者权益总额÷三年前年末所有者权益总额）^（1÷3）−1] ×100% = [（157.74-111.68）^（1÷3）−1] ×100%=12.20%

华润三九（000999）2022 年三年资本平均增长率小于 2021 年三年资本平均增长率，表明企业在 2022 年资本增长的速度减缓或资本规模扩张的步伐放慢。这可能是由多种因素引起的，如经济形势不好、市场竞争加剧、管理不善等。企业需要深入分析原因，并在必要时采取措施，以确保未来健康的资本增长。

4.15　股利增长率

股利增长率反映企业发放股利的增长情况，是衡量企业发展性的一个重要指标。

> 提醒：股利是股息和红利的总称。股息是股东定期按一定比例从上市公司分取的盈利；红利则是在上市公司分派股息后，如果还有利润可供分配，那么经过董事会同意，可按持股比例继续向股东分配的利润。在我国，股息和红利的发放方式有两种：现金股利和股票股利。现金股利是上市公司以货币形式支付给股东的股息或红利，也是最普通的股利发放形式，如每股派息多少元，就是现金股利。股票股利是上市公司以股票的形式向股东分派的股利，也就是通常所说的送红股，这是我国股票市场上常见的一种股利发放形式，包括送股和转股两种。

4.15.1　股利增长率的定义与计算

股利增长率是指本年发放股利增长额与上年发放股利的比率，其计算公式如下：

股利增长率 = 本年发放股利增长额÷上年发放股利 ×100%

其中，本年发放股利增长额等于本年发放股利减去上年发放股利。

股利增长率与价值投资具有相当密切的关系。一般情况下，股利增长率越高，企业股票价值越大，反之股票价值越低。

4.15.2　股利增长率分析的注意事项

在分析股利增长率时，需要注意以下几点：

第一，股利增长率只是相对指标，只能对其进行高低程度的比较，不能衡量绝对收益水平。

第二，股利增长率受到多种因素的影响，如净利润水平、企业财务状况、行业竞争状况等。

第三，股利增长率的波动性较高，需要进行较长时间的观察和分析，以获取更加稳定和可靠的趋势。

第四，股利增长率只是企业股利分配政策的一部分，还需综合考虑企业的财务状况、投资计划等因素，才能作出全面的投资决策。

总之，股利增长率是衡量企业盈利能力的一个重要指标，但需要结合其他因素进行分析和评估。

4.15.3　股利增长率实战案例分析

打开同花顺炒股软件，输入华润三九的股票代码000999，然后按"回车"键，再按下【F10】键，即可进入华润三九（000999）的个股资料页面。

在个股资料页面中，单击"分红融资"选项卡，即可看到华润三九（000999）2020—2022年各期分红总额对比柱，如图4-54所示。

由图4-54可以看到，华润三九（000999）上市后累计派现61.43亿元。

华润三九（000999）2020—2022年各期分红总额呈明显的上涨趋势，说明企业盈利能力在提高，有足够的现金来满足股东的股利分配。这也表明企业管理层对企业的未来发展有信心，愿意通过分红来回报股东。

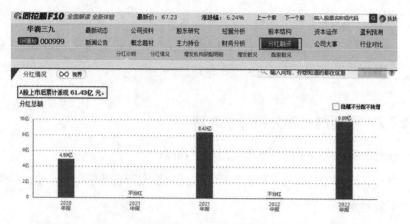

图 4-54　华润三九（000999）2020—2022 年各期分红总额对比

　　向下拖动垂直滚动条，即可看到华润三九（000999）分红的详细信息，如报告期、董事会日期、股东大会预案公告日期、实施公告日、分红方案说明、A 股股权登记日、A 股除权除息日、分红总额、方案进度、股利支付率、税前分红信息，如图 4-55 所示。

报告期	董事会日期	股东大会预案公告日期	实施公告日	分红方案说明	A股股权登记日	A股除权除息日	分红总额	方案进度	股利支付率	税前分红率
2022年报	2023-03-29	2023-04-19	--	10派10元(含税)	--	--	9.88亿	股东大会预案	40.36%	--
2022中报	2022-08-24	--	--	不分配不转增	--	--	0.00	董事会预案	0.00%	--
2021年报	2022-03-26	2022-06-24	2022-08-04	10派8.528212元(含税)	2022-08-11	2022-08-12	8.42亿	实施方案	40.96%	2.20%
2021中报	2021-08-24	--	--	不分配不转增	--	--	0.00	董事会预案	0.00%	--
2020年报	2021-03-19	2021-05-18	2021-07-05	10派5.00元(含税)	2021-07-08	2021-07-09	4.89亿	实施方案	30.64%	1.93%
2020中报	2020-08-26	--	--	不分配不转增	--	--	0.00	董事会预案	0.00%	--
2019年报	2020-03-20	2020-05-22	2020-07-08	10派4.3元(含税)	2020-07-15	2020-07-16	4.21亿	实施方案	20.06%	1.36%
2019中报	2019-08-23	--	--	不分配不转增	--	--	0.00	董事会预案	0.00%	--
2018年报	2019-03-14	2019-06-19	2019-08-01	10派3.90元(含税)	2019-08-07	2019-08-08	3.82亿	实施方案	26.66%	1.39%
2018中报	2018-08-23	--	--	不分配不转增	--	--	0.00	董事会预案	0.00%	--

图 4-55　华润三九（000999）分红的详细信息

华润三九（000999）2022 年发放股利为 9.88 亿元。

华润三九（000999）2021 年发放股利为 8.42 亿元。

华润三九（000999）2020 年发放股利为 4.89 亿元。

华润三九（000999）2019 年发放股利为 4.21 亿元。

华润三九（000999）2018 年发放股利为 3.82 亿元。

华润三九（000999）2022 年发放股利增长额 =9.88-8.42=1.46（亿元）

华润三九（000999）2022 年股利增长率 = 本年发放股利增长额 ÷ 上年发放股利 ×100%=1.46÷8.42×100% ≈ 17.34%

华润三九（000999）2021 年发放股利增长额 =8.42-4.89=3.53（亿元）

华润三九（000999）2021 年股利增长率 = 本年发放股利增长额 ÷ 上年发放股利 ×100%=3.53÷4.89×100% ≈ 72.19%

华润三九（000999）2020 年发放股利增长额 =4.89-4.21=0.68（亿元）

华润三九（000999）2020 年股利增长率 = 本年发放股利增长额 ÷ 上年发放股利 ×100%=0.68÷4.21×100% ≈ 16.15%

华润三九（000999）2019 年发放股利增长额 =4.21-3.82=0.39（亿元）

华润三九（000999）2019 年股利增长率 = 本年发放股利增长额 ÷ 上年发放股利 ×100%=0.39÷3.82×100% ≈ 10.21%

在这里可以看到，华润三九（000999）2021 年股利增长率较高，为 72.19%，这表明企业在 2021 年的发展前景良好，企业在这一年有足够的盈利和现金来支付股利，并且企业在这一年有良好的管理层和战略规划。

其他年份，股利增长率均在 10% 以上，是正常情况，这表明企业在这些年的经营状况比较稳定。

4.16　三年股利平均增长率

三年股利平均增长率是一个重要的财务指标，用于评估企业过去三年的股利增长情况，并预测未来股利增长的趋势。它可以为企业制定财务策略、评估投资机会提供参考。

4.16.1　三年股利平均增长率的定义

为了反映更长时间周期的股利增长情况，可以计算三年股利平均增长率，其计算公式如下：

三年股利平均增长率＝［（本年发放股利 ÷ 三年前每股股利）^（1÷3）−1］× 100%

注意，三年前每股股利是指企业三年前的每股股利，假如当前是 2022 年，三年前每股股利是指 2019 年的每股股利。

一般情况下，三年股利平均增长率越高，表明企业的发展潜力越大，未来股利增长的趋势也越强。

4.16.2　三年股利平均增长率分析的注意事项

进行三年股利平均增长率分析时，需要注意以下事项：

第一，三年股利平均增长率受到多种因素的影响，如企业的财务状况、经营状况、市场环境等。在评估该指标时，需要综合考虑其他财务指标，以及是否存在特殊情况，如某一年份的股利增长率为负数或异常高。

第二，结合其他财务指标进行评估。三年股利平均增长率是一个单一的指标，不能全面反映企业的财务状况和发展潜力。因此需要结合其他财务指标，如净利润增长率、收入增长率、资产负债率等进行综合评估。

第三，注意时间跨度的合理性。三年股利平均增长率的时间跨度为三年，但对于不同类型的企业来说，这个时间跨度可能存在不合理性。例如，对于初创企业来说，三年内的股利增长情况可能不太稳定，因此需要适当调整时间跨度。

第四，注意股利分配的稳定性。股利分配是企业向股东返还资本的方式之一，但不同企业的股利分配政策可能存在差异。在进行三年股利平均增长率分析时，需要注意股利分配的稳定性，并结合企业的实际情况进行评估。

4.16.3　三年股利平均增长率实战案例分析

打开同花顺炒股软件，输入海康威视的股票代码002415，然后按"回车"键，再按下【F10】键，即可进入海康威视（002415）的个股资料页面。

在个股资料页面中，单击"分红融资"选项卡，即可看到海康威视（002415）2020—2022年各期分红总额对比，如图4-56所示。

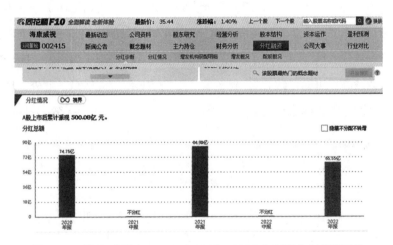

图 4-56　海康威视（002415）2020—2022 年各期分红总额对比

由图4-56可以看到，海康威视（002415）上市后累计派现500.08亿元。

海康威视（002415）2020—2022年各期分红总额处于震荡趋势，整体在65亿～85亿元，说明企业分红政策相对稳定。

向下拖动垂直滚动条，即可看到海康威视（002415）分红的详细信息，如图4-57所示。

海康威视（002415）2022年发放股利为65.55亿元。

海康威视（002415）2021年发放股利为84.90亿元。

海康威视（002415）2020年发放股利为74.75亿元。

海康威视（002415）2019 年发放股利为 65.42 亿元。

海康威视（002415）2018 年发放股利为 56.09 亿元。

海康威视（002415）2022 年三年股利平均增长率＝［（本年发放股利÷三年前每股股利）^（1÷3）－1］×100%＝［（65.55－65.42）^（1÷3）－1］×100%＝0.07%

海康威视（002415）2021 年三年股利平均增长率＝［（本年发放股利÷三年前每股股利）^（1÷3）－1］×100%＝［（84.90－56.09）^（1÷3）－1］×100%＝14.82%

海康威视（002415）2022 年三年股利平均增长率小于 2021 年三年股利平均增长率，说明企业的股利增长情况在逐渐放缓。但这只是一个表面现象，需要进一步分析其原因。有可能是因为公司在 2021 年实现了较快的股利增长，导致基数较高，进而导致 2022 年的股利平均增长率相对较低。此外，也有可能由于公司经营状况的变化导致的，如净利润增长率下降、投资需求增加等。

报告期	董事会日期	股东大会预案公告日	实施公告日	分红方案说明	A股股权登记日	A股除权除息日	分红总额	方案进度	股利支付率	税前分红率
2022年报	2023-04-15	2023-05-10	2023-05-13	10派7.00元(含税)	2023-05-18	2023-05-19	65.55亿	实施方案	51.06%	1.97%
2022中报	2022-08-13	--	--	不分配不转增	--	--	0.00	董事会预案	0.00%	--
2021年报	2022-04-16	2022-05-14	2022-05-20	10派9元(含税)	2022-05-25	2022-05-26	84.90亿	实施方案	50.53%	2.78%
2021中报	2021-07-24	--	--	不分配不转增	--	--	0.00	董事会预案	0.00%	--
2020年报	2021-04-17	2021-05-15	2021-05-21	10派8元(含税)	2021-05-27	2021-05-28	74.75亿	实施方案	55.84%	1.24%
2020中报	2020-07-25	--	--	不分配不转增	--	--	0.00	董事会预案	0.00%	--
2019年报	2020-04-25	2020-05-16	2020-05-21	10派7元(含税)	2020-05-28	2020-05-29	65.42亿	实施方案	52.69%	2.46%
2019中报	2019-07-20	--	--	不分配不转增	--	--	0.00	董事会预案	0.00%	--
2018年报	2019-04-20	2019-05-11	2019-05-17	10派6元(含税)	2019-05-23	2019-05-24	56.09亿	实施方案	49.41%	2.44%
2018中报	2018-07-21	--	--	不分配不转增	--	--	0.00	董事会预案	0.00%	--

图 4-57　海康威视（002415）分红的详细信息

第 5 章

企业综合绩效指标
实战与应用

企业综合绩效指标分析，其实就是上市企业的盈利分析，上市企业的权益资本被分成等额的股份，又称为股本。另外，上市企业与一般企业的不同之处是，股票二级市场会形成交易价格，并利用发放股利的形式进行利润分配。

本章主要内容：

➤ 基本每股收益及实战案例分析

➤ 稀释的每股收益及实战案例分析

➤ 每股现金流量及实战案例分析

➤ 每股股利及实战案例分析

➤ 静态市盈率及实战案例分析

➤ 动态市盈率及实战案例分析

➤ 股利支付率及实战案例分析

➤ 股利收益率及实战案例分析

➤ 市净率及实战案例分析

➤ 盈余现金保障倍数及实战案例分析

5.1 基本每股收益

基本每股收益是判定股票投资价值的重要指标之一，是分析每股价值的一个基础性指标，是综合反映企业获利能力的重要指标之一。

5.1.1 基本每股收益的定义与计算

基本每股收益是指企业按照归属于普通股股东的当期净利润，除以发行在外普通股的加权平均数计算的每股收益，其计算公式如下：

基本每股收益＝归属于普通股股东的当期净利润 ÷ 当期发行在外普通股的加权平均数

从公式中可以看出，计算基本每股收益，关键是要确定归属于普通股股东的当期净利润和当期发行在外普通股的加权平均数。

在计算归属于普通股股东的当期净利润时，应当考虑企业是否存在优先股。如果不存在优先股，那么企业当期净利润就是归属于普通股股东的当期净利润。如果存在优先股，在优先股是非累积优先股的情况下，应从企业当期净利润中扣除当期已支付或宣告的优先股股利；在优先股是累积优先股的情况下，企业净利润中应扣除至本期止应支付的股利。

当期发行在外普通股的加权平均数的计算为：

当期发行在外普通股加权平均数＝期初发行在外普通股股数＋当期新发行普通股股数 × 发行在外时间 ÷ 报告期时间 − 当期回购普通股股数 × 回购时间 ÷ 报告期时间。

发行在外时间、报告期时间和回购时间一般按照天数计算，也可以采用简化的计算方法，即按月计算。

基本每股收益反映每股创造的税后利润，其值越高，表明企业所创造的利润就越多；其值越低，表明企业创造的利润越低。

例如，某企业 2022 年度归属于普通股股东的净利润为 25 000 万元。2021 年末的股本为 8 000 万股，2022 年 2 月 8 日，以截至 2021 年总股本为基础，向全体股东每 10 股送 10 股，总股本变为 16 000 万股。2022 年 11 月 26 日再发行新股 6 000 万股。

这样该企业 2022 年度基本每股收益 =25 000÷（8 000+8 000×1+6 000×1÷12）=1.52（元）

打开同花顺炒股软件，输入贵州茅台的股票代码 600519，然后按"回车"键，再按下【F10】键，即可进入贵州茅台（600519）的个股资料页面。

在个股资料页面中，单击"财务分析"选项卡，再单击"利润表"选项，然后单击"按年度"选项卡，即可看到贵州茅台（600519）2021—2022 年各期归属于母企业所有者的净利润信息，如图 5-1 所示。

	2022	2021	2020	2019	2018
其中：非流动资产处置损失(元)					
四、利润总额(元)	877.01亿	745.28亿	661.97亿	587.83亿	508.28亿
净利润差额(合计平衡项目)(元)	--	--			
减：所得税费用(元)	223.26亿	188.08亿	166.74亿	148.13亿	129.98亿
五、净利润(元)	653.75亿	557.21亿	495.23亿	439.70亿	378.30亿
（一）持续经营净利润(元)	653.75亿	557.21亿	495.23亿	439.70亿	378.30亿
归属于母公司所有者的净利润(元)	627.16亿	524.60亿	466.97亿	412.06亿	352.04亿

图 5-1　贵州茅台（600519）2021—2022 年各期归属于母企业所有者的净利润信息

贵州茅台（600519）2022 年归属于母企业的净利润为 627.16 亿元。

> 提醒：贵州茅台（600519）当期归属于母企业所有者的净利润，就是归属于母企业所有者的净利润。

贵州茅台（600519）2021 年归属于母企业所有者的净利润为 524.60 亿元。

在个股资料页面中，单击"股本结构"选项卡，即可看到贵州茅台（600519）2021—2022 年各期总股本和流通 A 股信息，如图 5-2 所示。

图 5-2　贵州茅台（600519）2021—2022 年各期总股本和流通 A 股信息

贵州茅台（600519）2022 年总股本和流通 A 股都为 12.56 亿股。

贵州茅台（600519）2021 年总股本和流通 A 股都为 12.56 亿股。

下面来计算基本每股收益。

贵州茅台（600519）2022 年基本每股收益 =627.16÷12.56 ≈ 49.93（元）

贵州茅台（600519）2021 年基本每股收益 =524.60÷12.56 ≈ 41.76（元）

贵州茅台（600519）2022 年基本每股收益大于 2021 年基本每股收益，表明企业实现了良好的盈利和发展。

> 提醒：贵州茅台（600519）A 股总股本为 12.56 亿股；流通 A 股为 12.56 亿股；该股已实现 A 股全流通。在全流通情况下，总股本等于流通 A 股，也等于当期发行在外普通股的加权平均数。

> 提醒：每股收益的增长是一个积极的信号，表明企业正在稳步发展。

5.1.2　基本每股收益分析的注意事项

为了更好地运用基本每股收益这一指标，投资者需要了解其在以下三个方面的主要用途：

第一，通常在各企业之间的业绩比较中被广泛地加以引用。

第二，通常结合企业的其他每股指标而被运用。

第三，在分析股利发放率时，也经常会引用每股收益指标。股利发放率为每股股利分配额与当期的每股收益之比。

在贵州茅台（600519）个股资料页面中，单击"行业对比"选项卡，即可看到贵州茅台（600519）每股收益的横向对比信息，如图 5-3 所示。

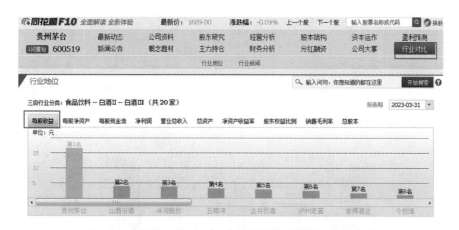

图 5-3　贵州茅台（600519）的每股收益的横向对比信息

另外，在使用每股收益分析盈利性时，还要注意以下问题：

第一，每股收益不能反映股票所含有的风险。例如，假设某企业原来经营日用品的产销，最近转向房地产投资，企业的经营风险增大了许多，但每股收益可能不变或提高，并没有反映风险增加的不利变化。

第二，股票是一个"份额"概念，不同股票的每一股在经济上不等量，它们所含有的净资产和市价不同，即换取每股收益的投入量不相同，限制了每股收益的企业间比较。

第三，每股收益多，不一定意味着多分红，还要看企业股利分配政策。

5.1.3　基本每股收益实战案例分析

表 5-1 所示为同仁堂（600085）2019—2022 年基本每股收益。

表 5-1　同仁堂（600085）2019—2022 年基本每股收益

年　度	归属于普通股股东的当期净利润（亿元）	当期发行在外普通股的加权平均数（亿股）	基本每股收益
2019	9.85	13.71	0.72
2020	10.31	13.71	0.75
2021	12.27	13.71	0.90
2022	14.26	13.71	1.04

2019—2022 年同仁堂（600085）的归属于普通股股东的当期净利润整体处于上涨趋势中，如图 5-4 所示。

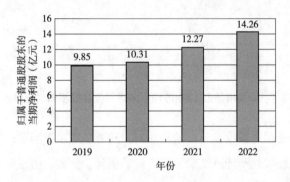

图 5-4　同仁堂（600085）2019—2022 年的归属于普通股股东的当期净利润整体处于上涨趋势中

归属于普通股股东的当期净利润处于上涨趋势中，表明企业业绩表现良好。这也说明普通股股东所持有的股份价值在不断提升。

2019—2022 年同仁堂（600085）当期发行在外普通股的加权平均数均为13.71，这是因为同仁堂（600085）已实现 A 股全流通，所以全股本和流通 A 股均为 13.71。

2019—2022 年同仁堂（600085）的基本每股收益处于上升趋势中，如图 5-5 所示。

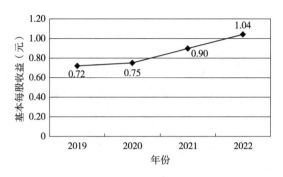

图 5-5　同仁堂（600085）2019—2022 年的基本每股收益处于上升趋势中

基本每股收益处于上升趋势中，表明企业盈利能力和财务表现良好。这说明企业能够通过其经营活动产生足够的收入和利润来支持其业务增长，并且这种增长可能会持续。

下面来对比同仁堂（600085）、华润三九（000999）、白云山（600332）、西藏药业（600211）2019—2022 年基本每股收益情况，如表 5-2 所示。

表 5-2　四家企业 2019—2022 年基本每股收益对比

股　　票	年　　度			
	2019	2020	2021	2022
同 仁 堂（600085）	0.72	0.75	0.90	1.04
华润三九（000999）	2.14	1.63	2.10	2.48
白 云 山（600332）	1.96	1.79	2.29	2.44
西藏药业（600211）	1.75	1.69	0.84	1.49

同仁堂（600085）的基本每股收益前面已讲解，这里不再赘述。

2019—2022 年华润三九（000999）的基本每股收益整体处于震荡趋势中，如图 5-6 所示。

基本每股收益整体处于震荡趋势中，表明企业的经营和盈利能力时高时低。但华润三九（000999）2020—2022 年基本每股收益处于上涨趋势中，这表明企业经营能力得到提高，其盈利能力也得到提高，同时说明投资者可能会拿到企业的分红更多。

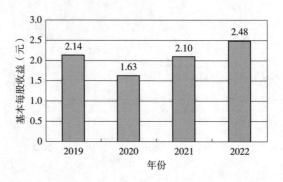

图 5-6　华润三九（000999）2019—2022 年的基本每股收益整体处于震荡趋势中

2019—2022 年白云山（600332）的基本每股收益整体处于震荡趋势中，但 2020—2022 年基本每股收益处于上涨趋势中，并且其值都大于 1.5 元，这表明企业整体盈利能力较强，如图 5-7 所示。

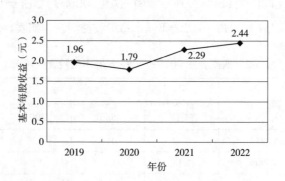

图 5-7　白云山（600332）2019—2022 年的基本每股收益整体处于震荡趋势中

2019—2022 年西藏药业（600211）的基本每股收益整体处于震荡趋势中，但 2019—2021 年基本每股收益处于下降趋势中，这表明企业经营能力和盈利能力下降，投资者可能得到的企业分红更少，如图 5-8 所示。

同仁堂（600085）、华润三九（000999）、白云山（600332）、西藏药业（600211）2019—2022 年基本每股收益对比，如图 5-9 所示。

通过对比，可以看到同仁堂（600085）的基本每股收益偏低，而华润三九（000999）、白云山（600332）的基本每股收益相对较高。

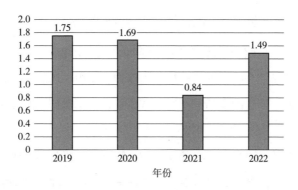

图 5-8　西藏药业（600211）2019—2022 年的基本每股收益整体处于震荡趋势中

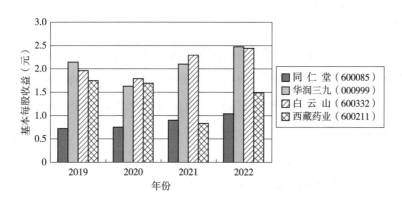

图 5-9　四家企业 2019—2022 年基本每股收益对比

5.2　稀释的每股收益

　　如果企业存在潜在普通股，首先应判断潜在普通股是否具有稀释性。如果潜在普通股不具有稀释性，那么企业只需计算基本每股收益；如果潜在普通股具有稀释性，企业还应当根据具有稀释性的潜在普通股的影响，分别调整归属于普通股股东的当期净利润及当期发行在外普通股的加权平均数，据以计算稀释的每股收益。

5.2.1　潜在普通股的定义及是否具有稀释性

潜在普通股，是赋予其持有者在报告期或以后期间享有取得普通股权利的一种金融工具或其他合同，如可转换公司债券、期权、认股权证等。随着股票交易方式的发展，还会出现新的交易方式，只要会影响普通股股数的都称为潜在普通股。

在衡量潜在普通股是否具有稀释性时，我国的每股收益准则采用国际会计准则中的规定，即以是否会减少每股持续正常经营净利润作为衡量潜在普通股是否具有稀释性的尺度。持续正常经营净利润是指在扣除优先股股利和与非持续经营有关的项目后的正常经营净利润，不包括会计政策变更及重大会计差错更正的影响。

如果潜在普通股转换成普通股会增加持续正常经营每股收益或减少持续正常经营每股亏损，则该潜在普通股是具有反稀释性的。在计算稀释的每股收益时，只考虑具有稀释性的潜在普通股的影响。不考虑具有反稀释性或不具有稀释性的普通股的影响。

5.2.2　稀释的每股收益的计算方法

下面介绍稀释的每股收益的计算。计算稀释的每股收益时，应对基本每股收益的分子和分母进行调整。就分子而言，当期可归属于普通股股东的净利润，应根据下列事项的税后影响进行调整。

（1）当期已确认为费用的稀释性潜在普通股的利息。

（2）稀释性的潜在普通股转换时将产生的收益或费用。这里主要是指可转换公司债券。

就分母而言，普通股加权平均股数为在计算基本每股收益时的股份加权平均数，加上全部具稀释性潜在普通股转换成普通股时将发行的普通股的加权平均数量。以前发行的具稀释性潜在普通股应视为已在当期期初转换为普通股，本期发行的潜在普通股应视为在发行日转换成普通股。对分母的调整主要涉及期权和认股权证。具有稀释性的期权和认股权证不影响归属于普通股的净利润，只影响普通股的加权平均数。只有当行权价格低于平均市场价格时，股票期权和认股权证才具有稀释性。计算时，应假定已行使该期权，因此发行的普通股股数包含两部分：

（1）按当期平均市场价格发行的普通股，不具有稀释性，计算稀释的每股收益时不必考虑。

（2）未取得对价而发行的普通股，具有稀释性，计算稀释的每股收益时应当加到普通股股数中。

调整增加的普通股股数用公式表示如下：

　　调整增加的普通股股数 ＝ 拟行权时转换的普通股股数 － 行权价格 × 拟行权时转换的普通股股数 ÷ 平均市场价格

5.2.3　稀释的每股收益实战案例分析

某上市公司 2022 年归属于普通股股东的净利润为 20 000 万元，期初发行在外普通股股数 10 000 万股，年内普通股股数未发生变化。2022 年 1 月 1 日，公司按面值发行 20 000 万元的三年期可转换公司债券，债券每张面值 100 元，票面固定年利率为 2%，利息自发放之日起每年支付一次，即每年 12 月 31 日为付息日。该批可转换公司债券自发行结束 12 个月以后即可以转换为公司股票。转股价格为每股 10 元，即每 100 元债券可转换为 10 股面值为 1 元的普通股。债券利息不符合资本化条件，直接计入当期损益，所得税税率为 33%。

假设不考虑可转换公司债券在负债和权益成分上的分析，且债券票面利率等于实际利率，2022 年度每股收益计算如下：

基本每股收益 =20 000÷10 000=2（元）

假设转换所增加的净利润 =20 000×2%×（1−33%）=268（万元）

假设转换所增加的普通股股数 =20 000÷10=2 000（万股）

增量股的每股收益 =268÷2 000=0.134（元）

增量股的每股收益小于基本每股收益，可转换公司债券具有稀释作用。

稀释每股收益 =（20 000+268）÷（10 000+2 000)=1.689（元）

打开同花顺炒股软件，输入贵州茅台的股票代码 600519，然后按"回车"键，再按下【F10】键，即可进入贵州茅台（600519）的个股资料页面。

在个股资料页面中，单击"财务分析"选项卡，再单击"利润表"选项，然后单击"按年度"选项卡，即可看到贵州茅台（600519）2018—2022 年各期稀释的每股收益信息，如图 5-10 所示。

	2022	2021	2020	2019	2018
少数股东损益(元)					
扣除非经常性损益后的净利润(元)	627.92亿	525.81亿	470.16亿	414.07亿	355.85亿
六、每股收益(元)					
（一）基本每股收益(元)	49.93	41.76	37.17	32.80	28.02
（二）稀释每股收益(元)	49.93	41.76	37.17	32.80	28.02

图 5-10　贵州茅台（600519）2018—2022 年各期稀释的每股收益信息

5.3　每股现金流量

每股现金流量主要反映平均每股所获得的现金流量，隐含了企业在维持期初现金流量情况下，有能力发给股东的最高现金股利金额。

5.3.1　每股现金流量的定义与计算

每股现金流量是每股经营活动现金流量的简称，又称每股现金流，是经营活动产生的现金流量净额减去优先股股利后，与普通股发行在外的平均股数的比值，其计算公式如下：

每股现金流量 =（经营活动产生的现金流量净额 − 优先股股利）÷ 当期发行在外普通股的平均股数

特别看重股利分配的投资者，要注意，每股收益的高低虽与股利分配密切相关，但它并不是决定股利分配的唯一要素。如果每股收益很高，但是上市公司没有现金，那么也不能分配现金股利。所以还要分析上市公司的每股现金流量。

> 提醒：一般情况下，优先股股利为零，当期发行在外普通股的平均股数就是企业流通 A 股数。

每股现金流量越大，表明每股股份可支配的现金流量越大，普通股股东获得现金股利回报的可能性越高。否则，普通股股东获得现金股利回报的可能性越低。

打开同花顺炒股软件，输入西藏药业的股票代码 600211，然后按“回车”键，再按下【F10】键，即可进入西藏药业（600211）的个股资料页面。

在个股资料页面中，单击“财务分析”选项卡，再单击“现金流量表”选项，然后单击“按年度”选项卡，即可看到西藏药业（600211）2021—2022 年各期经营活动产生的现金流量净额信息，如图 5-11 所示。

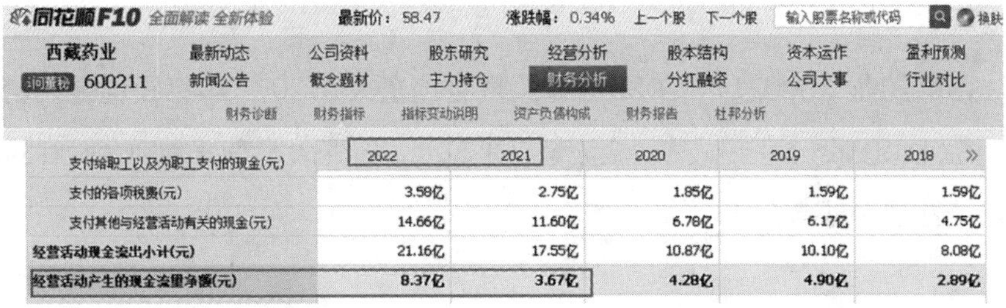

支付给职工以及为职工支付的现金(元)	2022	2021	2020	2019	2018
支付的各项税费(元)	3.58亿	2.75亿	1.85亿	1.59亿	1.59亿
支付其他与经营活动有关的现金(元)	14.66亿	11.60亿	6.78亿	6.17亿	4.75亿
经营活动现金流出小计(元)	21.16亿	17.55亿	10.87亿	10.10亿	8.08亿
经营活动产生的现金流量净额(元)	8.37亿	3.67亿	4.28亿	4.90亿	2.89亿

图 5-11　西藏药业（600211）2021—2022 年各期经营活动产生的现金流量净额信息

西藏药业（600211）2022 年经营活动产生的现金流量净额为 8.37 亿元。

西藏药业（600211）2021 年经营活动产生的现金流量净额为 3.67 亿元。

在个股资料页面中，单击“股本结构”选项卡，即可看到西藏药业（600211）2021—2022 年各期总股本和流通 A 股信息，如图 5-12 所示。

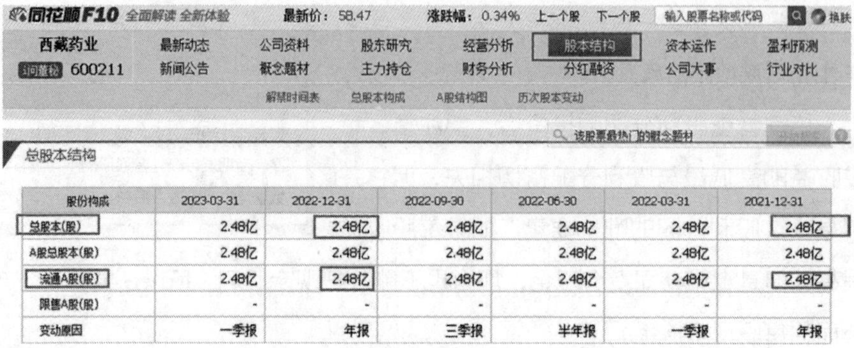

股份构成	2023-03-31	2022-12-31	2022-09-30	2022-06-30	2022-03-31	2021-12-31
总股本(股)	2.48亿	2.48亿	2.48亿	2.48亿	2.48亿	2.48亿
A股总股本(股)	2.48亿	2.48亿	2.48亿	2.48亿	2.48亿	2.48亿
流通A股(股)	2.48亿	2.48亿	2.48亿	2.48亿	2.48亿	2.48亿
限售A股(股)	-	-	-	-	-	-
变动原因	一季报	年报	三季报	半年报	一季报	年报

图 5-12 西藏药业（600211）2021—2022 年各期总股本和流通 A 股信息

西藏药业（600211）2021 年和 2022 年总股本和流通 A 股数均为 2.48 亿股。

下面来计算每股现金流量。

西藏药业（600211）2021 年每股现金流量 =（经营活动产生的现金流量净额 - 优先股股利）÷ 当期发行在外普通股的平均股数 =（3.67−0）÷ 2.48 ≈ 1.48（元）

西藏药业（600211）2022 年每股现金流量 =（经营活动产生的现金流量净额 - 优先股股利）÷ 当期发行在外普通股的平均股数 =（8.37−0）÷ 2.48 ≈ 3.38（元）

西藏药业（600211）2022 年每股现金流量大于 2021 年每股现金流量，表明企业每股股份可支配的现金流量越来越大，普通股股东获得现金股利回报的可能性越来越高。

5.3.2 每股现金流量分析的注意事项

每股现金流量通常被用于评估企业的盈利质量，一股现金流量越高，企业盈利的质量越好。因此投资者应该关注企业的每股现金流量，以确保该企业持有足够的现金来维持其日常运营，并支付其债务和股利。

每股现金流量越高越好吗？由于每股现金流量越高，企业的盈利质量就越好，因此一些投资者可能认为企业的股价也会更高。但事实并非总是如此。

首先，要注意企业所处的发展阶段。企业的发展可以分为不同的阶段，如创业阶段、成长阶段、成熟阶段、衰退阶段。在不同的阶段，公司的现金流特征也不同。

其次，要注意企业的财务状况。企业的财务状况也会影响每股现金流量。例如，如果企业的财务状况不佳，那么即使每股现金流量较高，也可能无法支付股利或还清债务。

最后，还要注意每股现金流量与每股收益的结合分析。虽然每股现金流量与每股收益一样是评估企业盈利质量的指标，但它们反映的内容不同。因此将它们结合起来分析，可以更全面地评估企业的盈利质量。

每股现金流量可以进行横向与纵向的比较。利用与同行业平均水平或竞争对手的比较，可以查看企业每股现金流量在整个行业中的状况，以及与竞争对手相比的优劣势。

打开同花顺炒股软件，输入西藏药业的股票代码 600211，然后按"回车"键，再按下【F10】键，即可进入西藏药业（600211）的个股资料页面。

在个股资料页面中，单击"行业对比"选项卡，然后单击"每股现金流"选项，即可看到西藏药业（600211）的每股现金流量在中药行业中的横向对比信息，如图 5-13 所示。

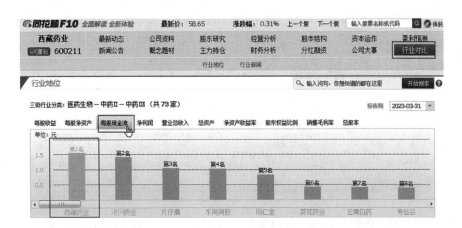

图 5-13　西藏药业（600211）的每股现金流量在中药行业中的横向对比信息

向下拖动垂直滚动条，还可以看到不同中药企业的每股现金流量的排序信息，如图 5-14 所示。

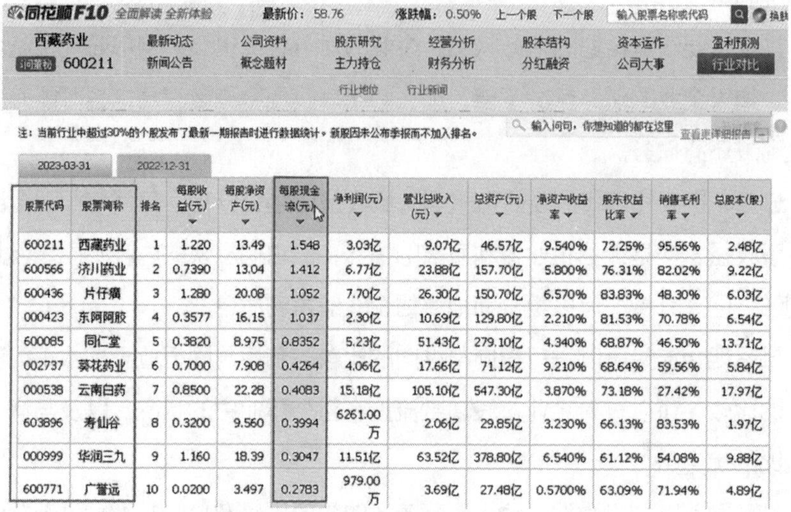

股票代码	股票简称	排名	每股收益(元)	每股净资产(元)	每股现金流(元)	净利润(元)	营业总收入(元)	总资产(元)	净资产收益率	股东权益比率	销售毛利率	总股本(股)
600211	西藏药业	1	1.220	13.49	1.548	3.03亿	9.07亿	46.57亿	9.540%	72.25%	95.56%	2.48亿
600566	济川药业	2	0.7390	13.04	1.412	6.77亿	23.88亿	157.70亿	5.800%	76.31%	82.02%	9.22亿
600436	片仔癀	3	1.280	20.08	1.052	7.70亿	26.30亿	150.70亿	6.570%	83.83%	48.30%	6.03亿
000423	东阿阿胶	4	0.3577	16.15	1.037	2.30亿	10.69亿	129.80亿	2.210%	81.53%	70.78%	6.54亿
600085	同仁堂	5	0.3820	8.975	0.8352	5.23亿	51.43亿	279.10亿	4.340%	68.87%	46.50%	13.71亿
002737	葵花药业	6	0.7000	7.908	0.4264	4.06亿	17.66亿	71.12亿	9.210%	68.64%	59.56%	5.84亿
000538	云南白药	7	0.8500	22.28	0.4083	15.18亿	105.10亿	547.30亿	3.870%	73.18%	27.42%	17.97亿
603896	寿仙谷	8	0.3200	9.560	0.3994	6261.00万	2.06亿	29.85亿	3.230%	66.13%	83.53%	1.97亿
000999	华润三九	9	1.160	18.39	0.3047	11.51亿	63.52亿	378.80亿	6.540%	61.12%	54.08%	9.88亿
600771	广誉远	10	0.0200	3.497	0.2783	979.00万	3.69亿	27.48亿	0.5700%	63.09%	71.94%	4.89亿

图 5-14　不同中药企业的每股现金流量的排序信息

通过与企业以往各期的每股现金流量进行比较，可以查看企业每股现金流量的变化趋势。如果在某一期间，每股现金流量突然恶化，作为内部分析应该进一步查找原因，并及时找出应对办法。

在个股资料页面中，单击“财务分析”选项卡，再单击“主要指标”选项，即可看到西藏药业（600211）2021 年 12 月 31 日至 2023 年 3 月 31 日的每股现金流量信息，如图 5-15 所示。

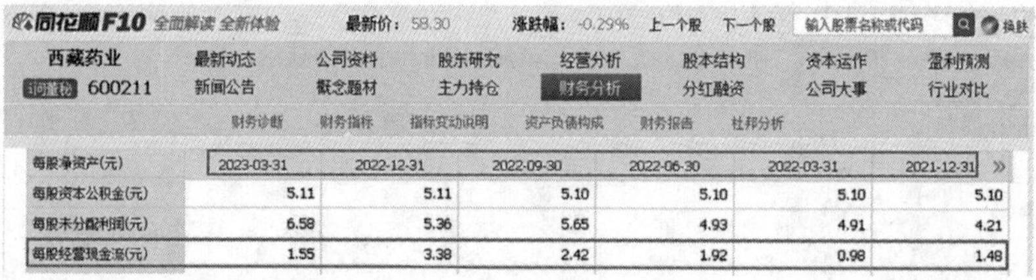

每股净资产(元)	2023-03-31	2022-12-31	2022-09-30	2022-06-30	2022-03-31	2021-12-31
每股资本公积金(元)	5.11	5.11	5.10	5.10	5.10	5.10
每股未分配利润(元)	6.58	5.36	5.65	4.93	4.91	4.21
每股经营现金流(元)	1.55	3.38	2.42	1.92	0.98	1.48

图 5-15　西藏药业（600211）2021 年 12 月 31 日至 2023 年 3 月 31 日的每股现金流量信息

5.3.3　每股现金流量实战案例分析

表 5-3 所示为同仁堂（600085）2019—2022 年每股现金流量。

表 5-3　同仁堂（600085）2019—2022 年每股现金流量

年　　度	经营活动产生的现金流量净额（亿元）	优先股股利（亿元）	当期发行在外普通股的加权平均数（亿股）	每股现金流量
2019	22.74	0	13.71	1.66
2020	21.75	0	13.71	1.59
2021	34.26	0	13.71	2.50
2022	30.94	0	13.71	2.26

2019—2022 年同仁堂（600085）的经营活动产生的现金流量净额处于震荡趋势中，如图 5-16 所示。

经营活动产生的现金流量净额处于震荡趋势中，表明企业的经营状况不够稳定。但 2019 年和 2020 年同仁堂（600085）的经营活动产生的现金流量净额均在 20 多亿元，而 2021 年和 2022 年同仁堂（600085）的经营活动产生的现金流量净额均在 30 多亿元。这表明企业在最近两年，经营效率提高了，盈利能力变强了，现金回收能力变好了。

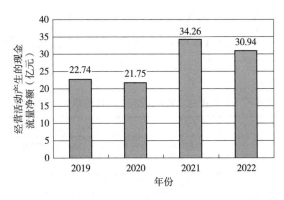

图 5-16　同仁堂（600085）2019—2022 年的经营活动产生的现金流量
净额处于震荡趋势中

2019—2022 年同仁堂（600085）的优先股股利均为零。

2019—2022 年同仁堂（600085）的当期发行在外普通股的平均股数均为 13.71。

2019—2022 年同仁堂（600085）的每股现金流量整体处于震荡趋势中，如图 5-17 所示。

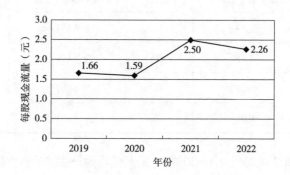

图 5-17　同仁堂（600085）2019—2022 年的每股现金流量整体处于震荡趋势中

每股现金流量整体处于震荡趋势中，表明企业经营状况不是特别稳定，或者企业的投资规模较大，需要大量的资金来支持业务的发展。另外，每股现金流量震荡也可能反映出企业所处的行业环境不太稳定，或者市场竞争激烈，这些因素都会对企业的经营产生一定的影响。

下面来对比同仁堂（600085）、华润三九（000999）、白云山（600332）、广誉远（600771）2019—2022 年每股现金流量情况，如表 5-4 所示。

2019—2022 年同仁堂（600085）的每股现金流量前面已讲解，这里不再赘述。

表 5-4　四家企业 2019—2022 年每股现金流量对比

股　　票	年　　度			
	2019	2020	2021	2022
同 仁 堂（600085）	1.66	1.59	2.50	2.26
华润三九（000999）	2.01	2.27	1.91	3.04
白 云 山（600332）	3.09	0.36	3.49	4.31
广 誉 远（600771）	−0.29	−0.15	0.17	0.52

2019—2022 年华润三九（000999）的每股现金流量整体处于震荡趋势中，如图 5-18 所示。

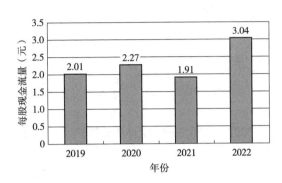

图 5-18　华润三九（000999）2019—2022 年的每股现金流量整体处于震荡趋势中

需要注意的是，华润三九（000999）的每股现金流量较高，均在 2 元左右，特别是 2022 年，每股现金流量为 3.04 元。华润三九（000999）每股现金流量较高，表明企业每股普通股在一个会计年度内所赚的现金流越多，普通股股东获取现金股利回报的可能性越大。

2019—2022 年白云山（600332）的每股现金流量整体处于震荡趋势中，如图 5-19 所示。

白云山（600332）2020 年的每股现金流量较小，仅为 0.36 元，这表明企业在 2020 年运营活动获得的现金流量净额较少，现金流不足可能会导致企业无法按时履行债务、支付员工工资等，甚至可能导致企业短期内面临资金危机。

白云山（600332）2019 年和 2021 年的每股现金流量较大，均在 3 元以上，2022 年的每股现金流量更大，为 4.31 元。每股现金流量较大，说明企业每股普通股在一个会计年度内所赚的现金流较多，普通股股东获取现金股利回报的可能性越大。

2019—2022 年广誉远（600771）的每股现金流量处于明显的上涨趋势中，如图 5-20 所示。

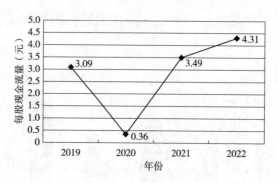

图 5-19　白云山（600332）2019—2022 年的每股现金流量整体处于震荡趋势中

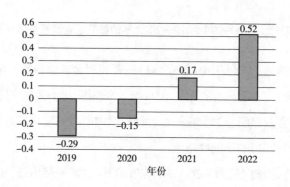

图 5-20　广誉远（600771）2019—2022 年的每股现金流量处于明显上涨趋势中

　　每股现金流量处于明显上涨趋势中，表明企业的财务状况在改善，经营活动产生的现金流量净额增加，企业支付股息和资本支出的能力增强。这可能得益于企业业务规模的扩大、市场需求的增加或者财务管理水平的提升等因素。

　　需要注意的是，2019 年和 2020 年，广誉远（600771）的每股现金流量均为负值，表明企业存在大量的应收账款无法收回，靠举债或扩股维持运营，企业存在退市的风险。

　　另外，2021 年和 2022 年，广誉远（600771）的每股现金流量虽为正值，但其值都比较小，表明企业运营能力较弱，无法支持企业的持续发展，可能导致企业难以扩大业务规模、推出新产品或服务、进行市场营销等。此外，每股现金流量较小还可能会导致企业无法按时履行债务、支付员工工资等，甚至可能导致企业短期内面临资金危机。

同仁堂（600085）、华润三九（000999）、白云山（600332）、广誉远（600771）2019—2022 年每股现金流量对比，如图 5-21 所示。

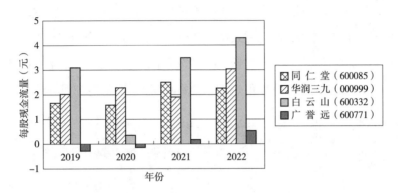

图 5-21　四家企业 2019—2022 年每股现金流量对比

通过对比可以看到，广誉远（600771）的每股现金流量较低，而白云山（600332）的每股现金流量相对较高。

5.4　每股股利

每股股利是反映企业每一普通股获得股利多少的一个指标，该指标值越大，表明获利能力越强。

5.4.1　每股股利的定义与计算

每股股利是普通股每股股利的简称，反映普通股每股获得现金股利的情况，其计算公式如下：

每股股利＝现金股利总额÷发行在外普通股股数

需要注意的是，股利一般只在年末派发，所以计算每股股利时，分母采用年末发行在外普通股股数，而不是全年发行在外的平均股数。

每股股利反映普通股股东获得现金股利的状况。每股股利越高，表明普通股获取的现金收益越多。每股股利越低，表明普通股获取的现金收益越少。

打开同花顺炒股软件，输入贵州茅台的股票代码 600519，然后按"回车"键，再按下【F10】键，即可进入贵州茅台（600519）的个股资料页面。

在个股资料页面中，单击"分红融资"选项卡，即可看到贵州茅台（600519）2021—2022 年各期分红总额和分红方案说明信息，如图 5-22 所示。

报告期	董事会日期	股东大会预案公告日期	实施公告日	分红方案说明	A股股权登记日	A股除权除息日	分红总额	方案进度	股利支付率	税前分红率
2022年报	2023-03-31	--	--	10派259.11元（含税）	--	--	325.49亿	董事会预案	51.90%	--
2022-11-29	2022-11-29	2022-12-15	2022-12-21	10派219.1元（含税）	2022-12-26	2022-12-27	275.23亿	实施方案	--	1.26%
2022中报	2022-08-03	--	--	不分配不转增	--	--	0.00	董事会预案	0.00%	--
2021年报	2022-03-31	2022-06-17	2022-06-24	10派216.75元（含税）	2022-06-29	2022-06-30	272.28亿	实施方案	51.90%	1.07%

图 5-22　贵州茅台（600519）2021—2022 年各期分红总额和分红方案说明信息

2022 年贵州茅台（600519）的分红方案说明为 10 派 259.11 元（含税），分红总额为 325.49 亿元。

2021 年贵州茅台（600519）的分红方案为 10 派 216.75 元（含税），分红总额为 272.28 亿元。

在个股资料页面中，单击"股本结构"选项卡，就可以看到贵州茅台（600519）2021—2022 年各期总股本和流通 A 股信息，如图 5-23 所示。

贵州茅台（600519）2021 年和 2022 年总股本和流通 A 股数均为 12.56 亿股。

图 5-23　贵州茅台（600519）2021—2022 年各期总股本和流通 A 股信息

下面来计算每股股利。

贵州茅台（600519）2022 年每股股利 = 现金股利总额 ÷ 发行在外普通股股数 =325.49 ÷ 12.56 ≈ 25.91（元）

注意，也可以利用分红方案说明来计算，10 派 259.11 元（含税），即 10 股分红为 259.11 元，所以每股股利为 259.11 ÷ 10 ≈ 25.91（元）

贵州茅台（600519）2021 年每股股利 = 现金股利总额 ÷ 发行在外普通股股数 =272.28 ÷ 12.56 ≈ 21.68（元）

下面利用分红方案说明来计算，10 派 216.75 元（含税），即 10 股分红为 216.75 元，所以每股股利为 216.75 ÷ 10 ≈ 21.68（元）

贵州茅台（600519）2022 年每股股利大于 2021 年每股股利，说明企业盈利能力越来越强，股利分配来源越来越充足，资产增值能力越来越强。

5.4.2　每股股利分析的注意事项

每股股利并不能完全反映企业的盈利情况和现金流量状况，因为股利分配状况不仅取决于企业的盈利水平和现金流量，还和企业的股利分配制度相关。

如果企业为增强企业发展的后劲而增加企业的公积金，则当前的每股股利必然会减少；反之，则当前的每股股利会增加。

每股收益是企业每一普通股所能获得的税后净利润，但企业实现的净利润不会全部用于分派股利。每股股利通常低于每股收益，其中一部分作为留存利润用于公司自我积累和发展。

但有些年份，每股股利也有可能高于每股收益。例如，企业经营状况不佳，税后利润不足以支付股利，或经营亏损无利润可分。按照规定，为保持投资者对企业及其股票的信心，企业仍可按不超过股票面值的一定比例，用历年积存的盈余公积金支付股利，或在弥补亏损以后支付。这时每股收益为负值，但每股股利却为正值。

反映每股股利和每股收益之间关系的一个重要指标是股利发放率，即每股股利分配额与当期的每股收益之比。借助于该指标，投资者可以了解一家企业的股利发放政策。

另外，在 A 股中，股东对现金股利的希望并不高，更多的是希望通过股票的高抛低吸来赚取收益。

5.4.3 每股股利实战案例分析

表 5-5 所示为同仁堂（600085）2019—2022 年每股股利。

表 5-5 同仁堂（600085）2019—2022 年每股股利

年　　度	现金股利总额(亿元)	发行在外普通股股数（亿股）	每股股利（元）
2019	3.57	13.71	0.26
2020	3.70	13.71	0.27
2021	3.98	13.71	0.29
2022	4.39	13.71	0.32

2019—2022 年同仁堂（600085）现金股利总额呈明显的上涨趋势，如图 5-24 所示。

现金股利总额呈明显的上涨趋势，表明企业盈利能力和分红能力越来越强，企业的投资价值也在逐步提高。这也预示着企业未来会有更好的表现，是一种积极的信号。

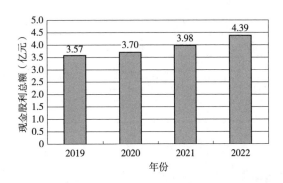

图 5-24　同仁堂（600085）2019—2022 年现金股利总额呈现明显的上涨趋势

2019—2022 年同仁堂（600085）发行在外普通股股数均为 13.71 亿股。

2019—2022 年同仁堂（600085）每股股利也呈明显的上涨趋势，如图 5-25 所示。

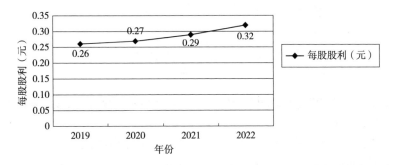

图 5-25　同仁堂（600085）2019—2022 年每股股利也呈明显的上涨趋势

每股股利处于明显的上涨趋势中，表明企业盈利在增加，或企业的盈利增长速度比股利发放速度快。这也表明企业的财务状况良好，能够按时发放股利，并且有足够的资金来增加股利的发放。

下面来对比同仁堂（600085）、华润三九（000999）、白云山（600332）、片仔癀（600436）2019—2022 年每股股利情况，如表 5-6 所示。

表 5-6　四家企业 2019—2022 年每股股利对比

股　票	年　度			
	2019	2020	2021	2022
同 仁 堂（600085）	0.26	0.27	0.29	0.32
华润三九（000999）	0.43	0.50	0.85	1.0
白 云 山（600332）	0.59	0.54	0.69	0.73
片 仔 癀（600436）	0.82	0.90	1.21	1.25

2019—2022 年同仁堂（600085）的每股股利前面已讲解，这里不再赘述。

2019—2022 年华润三九（000999）的每股股利处于明显的上涨趋势中，如图 5-26 所示。

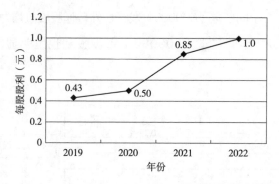

图 5-26　华润三九（000999）2019—2022 年的每股股利处于明显的上涨趋势中

每股股利处于明显的上涨趋势中，表明企业正在逐渐提高股利发放金额，或者企业的利润增长非常迅速，从而有足够的资金支持更高的股利发放。

2019—2022 年白云山（600332）的每股股利整体处于震荡趋势中，如图 5-27 所示。

每股股利整体处于震荡趋势中，表明企业利润增长比较稳定，没有出现大幅的波动。当然，每股股利的震荡也可能受到多种因素的影响，如宏观经济环境、市场竞争等，需要结合公司具体情况进行分析。

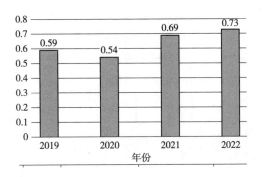

图 5-27 白云山（600332）2019—2022 年的每股股利整体处于震荡趋势中

2019—2022 年片仔癀（600436）的每股股利处于明显的上升趋势中，如图 5-28 所示。

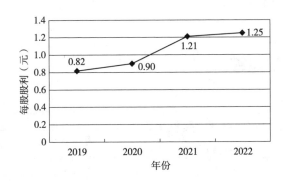

图 5-28 片仔癀（600436）2019—2022 年的每股股利处于明显的上升趋势中

每股股利处于明显的上升趋势中，表明企业的股利发放政策可能正在不断升级，或者企业的利润增长趋势非常强劲。另外，片仔癀（600436）的每股股利较大，均在 0.8 元以上，表明企业的盈利能力比较强，或者是企业注重股东回报、处于成熟期等原因。需要注意的是，过高的股利发放可能会影响企业的盈利能力，因此企业需要在股利发放和公司发展之间做好平衡。

同仁堂（600085）、华润三九（000999）、白云山（600332）、片仔癀（600436）2019—2022 年每股股利对比，如图 5-29 所示。

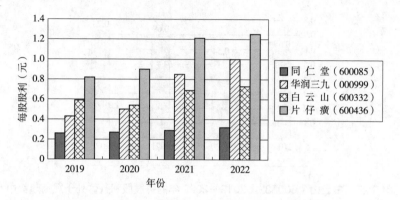

图 5-29　四家企业 2019—2022 年每股股利对比

通过对比，可以看到同仁堂（600085）的每股股利较低，而片仔癀（600436）的每股股利相对较高。

5.5　静态市盈率

静态市盈率是常用来评估股价水平是否合理的指标之一，是极具参考价值的股市指标。

> 提醒：股市广泛谈及的市盈率通常是指静态市盈率，通常用来作为比较不同价格的股票是否被高估或者低估的指标。

5.5.1　静态市盈率的定义

静态市盈率又称本益比，是指普通股每股的价格和基本每股收益的比值，其计算公式如下：

静态市盈率 = 每股市价 ÷ 基本每股收益

一般来讲，市盈率越高，表明投资者对该企业的发展前景越看好。

例如，A 和 B 两个上市企业的每股收益相同，说明两个企业当期每股的盈利能力一样，如果 A 企业的市盈率高于 B 企业的市盈率，表明 A 企业的每股价格高于 B 企业的每股价格。对当期盈利能力一样的两只股票，投资者愿意以更高的价格买进 A 企业的股票，这表明投资者对 A 企业的未来发展更加看好。所以一些成长性较好的企业股票的市盈率一般比较高。

需要注意的是，如果某一只股票的市盈率太高，往往意味着该股票具有较高的风险。例如，X 和 Y 两个上市企业，它们的每股收益都为 0.5 元。X 企业的市盈率为 80，Y 企业的市盈率为 20，也就是说，X 企业的股价为 40 元（80×0.5），Y 企业的股价为 10 元（20×0.5）。这时买进 X 企业的股票所花的钱是 Y 企业的股票的四倍，但 X 企业股票的收益能达到或超过 Y 企业股票的收益的四倍的可能性很小。所以在这种情况下，买进 Y 企业的股票可能更加有利，而买进 X 企业的股票，风险会很大。

股票的价格往往含有较多的炒作成分，所以股票的价格并不能很好地代表投资者对企业未来前景的看法，因此投资者在应用市盈率对企业做评估时，要谨慎一些。

5.5.2　静态市盈率分析的注意事项

静态市盈率分析的注意事项，具体如下：

第一，如果某股股本较小，成长性良好，业绩也较好，且在分析其静态市盈率时，与同行业进行比较，则其静态市盈率较低，可以考虑买进。

第二，如果某股股本较大，成长性较差，且在分析其静态市盈率时，与同行业进行比较，则其静态市盈率较高，可以考虑卖出。

第三，股票的静态市盈率的高低与所处的行业、发展阶段、前景等有很大关系。一般情况下，夕阳产业的市盈率低，发展前景好的行业的市盈率较高。

第四，静态市盈率高低还受其他因素影响，如盈利水平、资金供求关系等。

总之，在分析静态市盈率时，需要综合考虑多个因素，结合个股的基本面情况和市场行情，才能作出正确的投资决策。

5.5.3　静态市盈率实战案例分析

打开同花顺炒股软件，输入贵州茅台的股票代码 600519，然后按"回车"

键，即可看到贵州茅台（600519）2023 年 6 月 1 日的每股市价和静态市盈率，如图 5-30 所示。

图 5-30　贵州茅台（600519）2023 年 6 月 1 日的每股市价和静态市盈率

贵州茅台（600519）2023 年 6 月 1 日的每股市价为 1 654.20 元。

贵州茅台（600519）2023 年 6 月 1 日的静态市盈率为 33.13。

下面来看一下如何计算静态市盈率。

在贵州茅台（600519）当前界面下，再按下【F10】键，即可进入贵州茅台（600519）的个股资料页面。

在个股资料页面中，单击"财务分析"选项卡，再单击"主要指标"选项，然后单击"按年度"选项卡，即可看到贵州茅台（600519）2022 年基本每股收益信息，如图 5-31 所示。

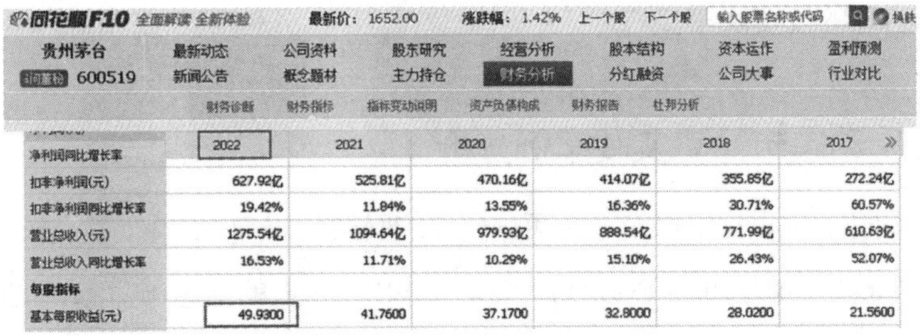

净利润同比增长率	2022	2021	2020	2019	2018	2017
扣非净利润(元)	627.92亿	525.81亿	470.16亿	414.07亿	355.85亿	272.24亿
扣非净利润同比增长率	19.42%	11.84%	13.55%	16.36%	30.71%	60.57%
营业总收入(元)	1275.54亿	1094.64亿	979.93亿	888.54亿	771.99亿	610.63亿
营业总收入同比增长率	16.53%	11.71%	10.29%	15.10%	26.43%	52.07%
每股指标						
基本每股收益(元)	49.9300	41.7600	37.1700	32.8000	28.0200	21.5600

图 5-31　贵州茅台（600519）2022 年基本每股收益信息

贵州茅台（600519）的基本每股收益为 49.9300 元。

贵州茅台（600519）2023 年 6 月 1 日静态市盈率 = 每股市价 ÷ 基本每股收益 =1 654.20 ÷ 49.9300 ≈ 33.13。

5.6　动态市盈率

动态市盈率和静态市盈率是全球资本市场通用的投资参考指标，用于衡量某一阶段资本市场的投资价值和风险程度，也是资本市场之间用来相互参考与借鉴的重要依据。

5.6.1　动态市盈率的定义

动态市盈率是指普通股每股的价格和每股收益预测值的比值，是用来评估股票价格相对于企业未来盈利的倍数，其计算公式如下：

动态市盈率 = 股票现价 ÷ 未来每股收益的预测值

动态市盈率高，说明市场对企业的未来表现充满信心；动态市盈率低，说明市场对企业的未来表现不乐观。

> 提醒：动态市盈率是指还没有真正实现的下一年度的预测利润的市盈率。

需要注意的是，动态市盈率受到多种因素的影响，如市场供求、行业前景、企业经营状况等，因此在使用动态市盈率分析股票时，需要综合考虑多种因素，以作出合理的投资决策。

5.6.2 动态市盈率实战案例分析

打开同花顺炒股软件，输入西藏药业的股票代码 600211，然后按"回车"键，即可看到西藏药业（600211）2023 年 6 月 1 日的动态市盈率，如图 5-32 所示。

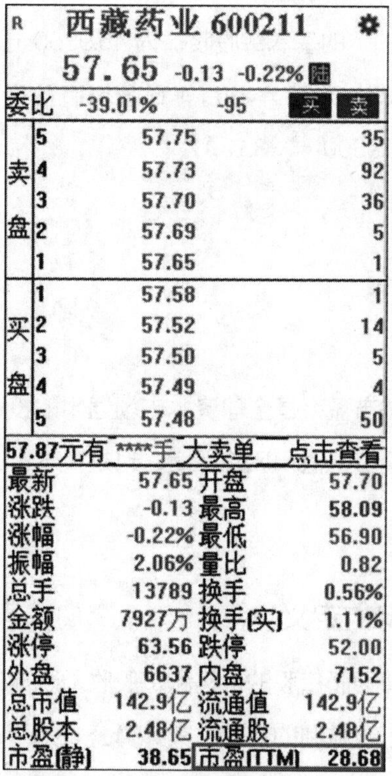

图 5-32 西藏药业（600211）2023 年 6 月 1 日的动态市盈率

西藏药业（600211）2023 年 6 月 1 日的动态市盈率为 28.68。

在西藏药业（600211）当前界面下，再按下【F10】键，即可进入西藏药业（600211）的个股资料页面。

在个股资料页面中，单击"盈利预测"选项卡，即可看到西藏药业（600211）

2023 年预测的每股收益信息，如图 5-33 所示。

年度	预测机构数	最小值	均值	最大值	行业平均数
2023	3	2.90	3.64	4.03	1.61
2024	3	3.57	4.74	5.38	2.04
2025	3	4.29	6.04	6.98	2.57

年度	预测机构数	最小值	均值	最大值	行业平均数
2023	3	7.18	9.02	9.98	13.41
2024	3	8.84	11.75	13.33	16.76
2025	3	10.64	14.97	17.30	20.96

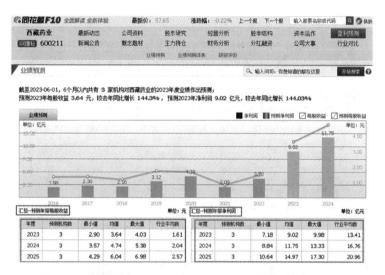

图 5-33　西藏药业（600211）2023 年预测的每股收益信息

由图 5-33 可以看到，西藏药业（600211）2023 年预测的每股收益信息，以及 2024 年和 2025 年预测的每股收益信息。

另外，还可以看到西藏药业（600211）2023 年、2024 年和 2025 年预测的净利润信息。

向下拖动垂直滚动条，即可以看到西藏药业（600211）业绩预测详表，如图 5-34 所示。

机构名称	研究员	预测年报每股收益（元）			预测年报净利润（元）			报告日期
		2023预测	2024预测	2025预测	2023预测	2024预测	2025预测	
德邦证券	陈铁林	↑ 4.03	↓ 5.27	6.85	↑ 9.98亿	13.08亿	16.98亿	2023-05-04
华金证券	周平	4.00	5.38	6.98	9.91亿	13.33亿	17.30亿	2023-04-10
西南证券	杜向阳	↓ 2.90	↓ 3.57	4.29	↓ 7.18亿	↓ 8.84亿	↓ 10.64亿	2023-03-12

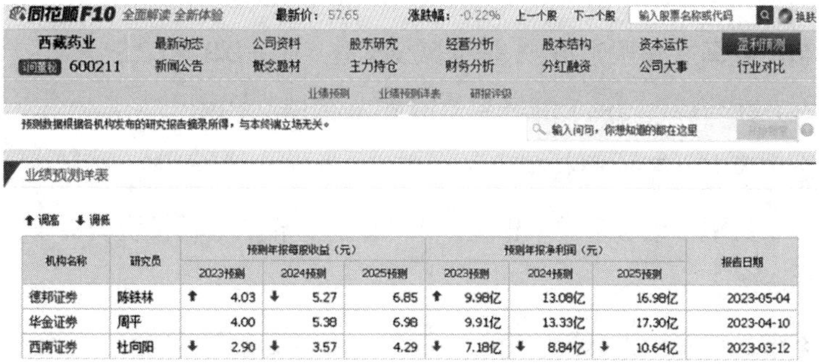

图 5-34　西藏药业（600211）业绩预测详表

继续向下拖动垂直滚动条，即可看到西藏药业（600211）详细指标预测，如图5-35所示。

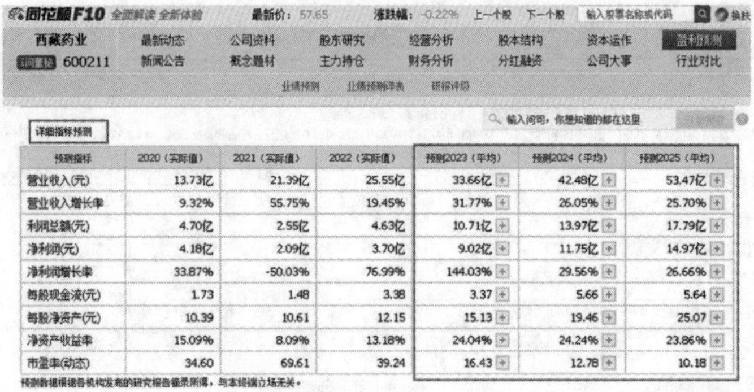

预测指标	2020（实际值）	2021（实际值）	2022（实际值）	预测2023（平均）	预测2024（平均）	预测2025（平均）
营业收入(元)	13.73亿	21.39亿	25.55亿	33.66亿	42.48亿	53.47亿
营业收入增长率	9.32%	55.75%	19.45%	31.77%	26.05%	25.70%
利润总额(元)	4.70亿	2.55亿	4.63亿	10.71亿	13.97亿	17.79亿
净利润(元)	4.18亿	2.09亿	3.70亿	9.02亿	11.75亿	14.97亿
净利润增长率	33.87%	-50.03%	76.99%	144.03%	29.56%	26.66%
每股现金流(元)	1.73	1.48	3.38	3.37	5.66	5.64
每股净资产(元)	10.39	10.61	12.15	15.13	19.46	25.07
净资产收益率	15.09%	8.09%	13.18%	24.04%	24.24%	23.86%
市盈率(动态)	34.60	69.61	39.24	16.43	12.78	10.18

预测数据根据各机构发布的研究报告摘录所得，与本站立场无关。

图5-35　西藏药业（600211）详细指标预测

需要注意的是，计算动态市盈率还有一种方法，具体如下：

动态市盈率 = 静态市盈率 × 动态系数

动态市盈率的计算公式是以静态市盈率为基数，乘以动态系数。

动态系数为 1÷（1+i）^n

式中，i——企业每股收益的增长性比率；n——企业的可持续发展的存续期。

例如，某上市企业当前股价为20元，基本每股收益为0.32元，成长性为35%，即i=35%，该企业未来保持该增长速度的时间可持续5年，即n=5。

下面来计算静态市盈率、动态系数和动态市盈率。

静态市盈率 = 每股市价 ÷ 基本每股收益 =20÷0.32=62.5

动态系数 =1÷（1+i）^n=1÷（1+35%）^5=22.3%

动态市盈率 = 静态市盈率 × 动态系数 =62.5×22.3% ≈ 13.94

静态市盈率和动态市盈率相比，相差之大，相信普通投资者看了会大吃一惊，恍然大悟。

动态市盈率理论告诉投资者一个简单朴素而又深刻的道理，即投资股市一定要选择有持续成长性的公司。

5.7　股利支付率

投资者可以通过考察不同发行公司的股利支付率来发现绩优公司。一般来讲，股利支付率较高的公司更倾向于绩优公司。

5.7.1　股利支付率的定义

股利支付率又称股利分配率或股利发放率，是向股东分派的股息占公司盈利的百分比，其计算公式如下：

$$股利支付率 = (每股股利 \div 基本每股收益) \times 100\%$$

股利发放率指标反映普通股股东从每股的全部净收益中分得多少，就单独的普通股投资者来讲，这一指标比每股净收益更直接体现当前利益。

股利支付率高低要依据各企业对资金需要量的具体状况而定。股利支付率高低取决于企业的股利支付策略，企业要综合考虑经营扩张资金需求、财务风险高低、最佳资本结构来决定支付股利的比例。

下面对股利支付率进行分析。

第一，股利支付率的值越大，说明企业用于支付股息的利润部分越多，股息也越多。企业在进行利润分配时，需要预留一定量的法定盈余，作为企业的发展和积累资金。

第二，股利支付率不可能小于 0，但是可以等于 0，说明当年企业没有发放股息。

打开同花顺炒股软件，输入片仔癀的股票代码 600436，然后按"回车"键，再按下【F10】键，即可进入片仔癀（600436）的个股资料页面。

在个股资料页面中，单击"分红融资"选项卡，即可看到片仔癀（600436）2021 年和 2022 年各期分红方案说明和股利支付率信息，如图 5-36 所示。

报告期	董事会日期	股东大会预案公告日期	实施公告日	分红方案说明	A股股权登记日	A股除权除息日	分红总额	方案进度	股利支付率	税前分红率
2022年报	2023-04-15	--	--	10派12.5元(含税)	--	--	7.54亿	董事会预案	30.50%	--
2022中报	2022-08-20	--	--	不分配不转增	--	--	0.00	董事会预案	0.00%	--
2021年报	2022-04-16	2022-07-01	2022-07-09	10派12.10元(含税)	2022-07-14	2022-07-15	7.30亿	实施方案	30.02%	0.37%

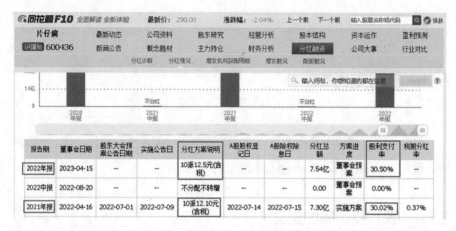

图 5-36　片仔癀（600436）2021 年和 2022 年各期分红方案说明和股利支付率信息

片仔癀（600436）2022 年每股股利为 12.5 ÷ 10=1.25（元）

片仔癀（600436）2022 年股利支付率为 30.50%。

片仔癀（600436）2021 年每股股利为 12.1 ÷ 10=1.21（元）

片仔癀（600436）2021 年股利支付率为 30.02%。

在个股资料页面中，单击“财务分析”选项卡，再单击“利润表”选项，然后单击“按年度”选项卡，即可看到片仔癀（600436）2021 年和 2022 年各期基本每股收益信息，如图 5-37 所示。

减：所得税费用(元)	2022	2021	2020	2019	2018
五、净利润(元)	25.23亿	24.65亿	16.89亿	13.87亿	11.29亿
(一) 持续经营净利润(元)	25.23亿	24.65亿	16.89亿	13.84亿	11.28亿
归属于母公司所有者的净利润(元)	24.72亿	24.32亿	16.72亿	13.74亿	11.43亿
少数股东损益(元)	5063.24万	3289.80万	1783.66万	1255.88万	-1420.60万
扣除非经常性损益后的净利润(元)	24.76亿	24.06亿	15.89亿	13.55亿	11.24亿
六、每股收益(元)					
(一) 基本每股收益(元)	4.10	4.03	2.77	2.28	1.89

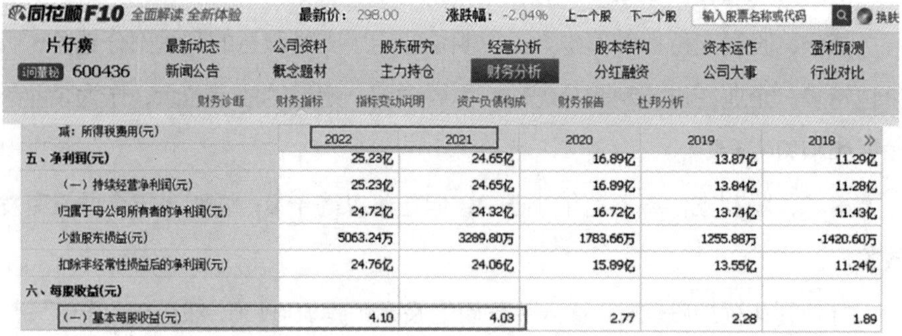

图 5-37　片仔癀（600436）2021 年和 2022 年各期基本每股收益信息

片仔癀（600436）2022 年基本每股收益为 4.10 元。

片仔癀（600436）2021 年基本每股收益为 4.03 元。

下面来计算股利支付率。

片仔癀（600436）2022 年股利支付率 =（每股股利 ÷ 基本每股收益）×
100% =（1.25 ÷ 4.10）× 100% ≈ 30.49%

片仔癀（600436）2021 年股利支付率 =（每股股利 ÷ 基本每股收益）×
100% =（1.21 ÷ 4.03）× 100% ≈ 30.02%

片仔癀（600436）2022 年股利支付率略大于 2021 年股利支付率，表明
企业用于支付股息的资金越来越多，预留的法定盈余越来越少。

5.7.2　股利支付率实战案例分析

表 5-7 所示为中国铁建（601186）2019—2022 年股利支付率。

表 5-7　中国铁建（601186）2019—2022 年股利支付率

年　　度	每股股利（元）	基本每股利益（元）	股利支付率（%）
2019	0.21	1.40	15.00
2020	0.23	1.50	15.33
2021	0.246	1.60	15.38
2022	0.28	1.76	15.91

2019—2022 年中国铁建（601186）的每股股利处于上涨趋势中，
如图 5-38 所示。

每股股利处于上涨趋势中，表明企业获得的利润在增加，或企业的盈利增
长速度比股利发放速度快。这也表明企业的财务状况较好，能够按时发放股利，
并且有足够的资金来增加股利的发放。

2019—2022 年中国铁建（601186）的基本每股收益处于上涨趋势中，
如图 5-39 所示。

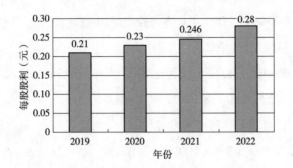

图 5-38 中国铁建（601186）2019—2022 年的每股股利处于上涨趋势中

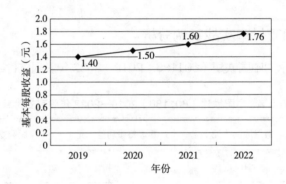

图 5-39 中国铁建（601186）2019—2022 年的基本每股收益处于上涨趋势中

基本每股收益处于上涨趋势中，表明企业盈利能力和财务表现良好。这意味着企业能够通过其经营活动产生足够的收入和利润来支持其业务增长，并且这种增长可能会持续。

2019—2022 年中国铁建（601186）的股利支付率处于上涨趋势中，如图 5-40 所示。

股利支付率处于上涨趋势中，表明企业的盈利能力较强，企业的利润分配会比较多。

下面来对比中国铁建（601186）、中国中铁（601390）、中国交建（601800）、中国电建（601669）2019—2022 年股利支付率情况，如表 5-8 所示。

> 提醒：股利支付率的上涨不一定表明企业的盈利水平增强，也有可能是通过降低留存收益增加分红导致的。

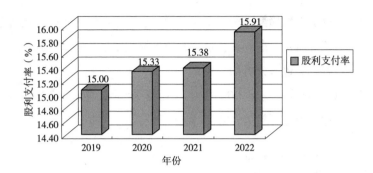

图 5-40 中国铁建（601186）2019—2022 年的股利支付率处于上涨趋势中

表 5-8 四家企业 2019—2022 年股利支付率对比

股　　票	年　　度			
	2019	2020	2021	2022
中国铁建（601186）	15.00%	15.33%	15.38%	15.91%
中国中铁（601390）	17.54%	17.56%	17.56%	15.83%
中国交建（601800）	18.81%	18.04%	18.30%	18.37%
中国电建（601669）	8.32%	17.57%	15.29%	18.09%

2019—2022 年中国铁建（601186）的股利支付率前面已讲解，这里不再赘述。

2019—2022 年中国中铁（601390）的股利支付率整体呈震荡趋势，但要注意，2020 年和 2021 年股利支付率相同，均为 17.56%，如图 5-41 所示。

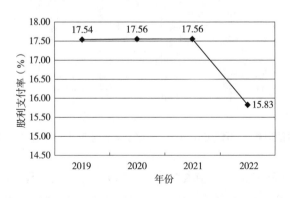

图 5-41 中国中铁（601390）2019—2022 年的股利支付率整体呈震荡趋势

股利支付率呈震荡趋势，表明企业的盈利水平正在经历波动，或者企业的股利分配政策正在调整。需要关注企业的财务状况和公开信息，结合宏观经济环境和行业发展趋势进行分析和判断。

2019—2022 年中国交建（601800）的股利支付率整体呈震荡趋势，但后三年，股利支付率呈上升趋势，如图 5-42 所示。

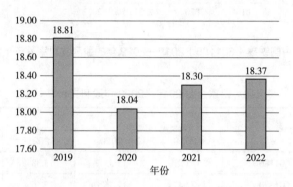

图 5-42　中国交建（601800）2019—2022 年的股利支付率整体呈震荡趋势

2019—2022 年中国电建（601669）的股利支付率整体呈震荡趋势，注意只有 2019 年的股利支付率较小，后面三年的股利支付率都正常，如图 5-43 所示。

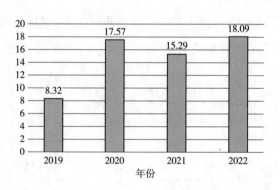

图 5-43　中国电建（601669）2019—2022 年的股利支付率整体呈现震荡趋势

中国铁建（601186）、中国中铁（601390）、中国交建（601800）、中国电建（601669）2019—2022 年股利支付率对比，如图 5-44 所示。

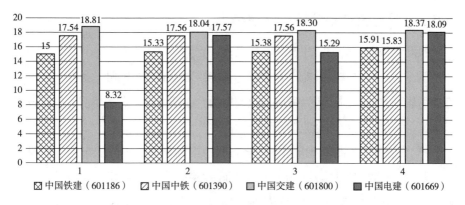

图 5-44　四家企业 2019—2022 年股利支付率对比

5.8　股利收益率

股利收益率是选择收益型股票的重要参考标准，如果连续多年股利收益率超过 1 年期银行存款利率，则这只股票基本可以看作收益型股票，当然股利收益率越高越吸引投资者。

5.8.1　股利收益率的定义

股利收益率又称股息率，是投资股票获得股利的回报率，其值是企业以现金形式派发股息与股票买入价格的比例，计算公式如下：

股利收益率 ＝（每股股利 ÷ 股票买入价格）×100%

股利收益率越高，说明投资者获得的收益越大；相反，股利收益率越低，说明投资者获得的收益越小。投资者通常根据股利收益率来衡量企业的盈利能力，并以此作为投资决策的参考。

需要注意的是，决定股利收益率高低的不仅是股利，还要注意股价。例如两只股票，A 股价为 20 元，B 股价为 40 元，这两家企业同样发放每股 1 元股利，那么 A 企业 5% 的股息率显然要比 B 企业 2.5% 的收益率要诱人得多。

5.8.2　股利收益率分析的注意事项

股利收益率分析需要注意以下几点：

第一，股利收益率只能作为参考，不能作为投资决策的唯一指标。投资者在参考股利收益率时，应当考虑企业的规模、业务特点、财务状况、未来发展等因素，以便全面评估企业的盈利能力。

第二，股利收益率分析需要结合当时的市场环境。不同的市场环境对股利收益率的影响不同，因此在进行股利收益率分析时，需要了解当时的市场环境，以便更加准确地评估企业的盈利能力。

第三，股利收益率分析需要结合企业的财务状况。企业的财务状况对股利收益率的影响较大，因此在进行股利收益率分析时，需要了解企业的财务状况，包括资产质量、资产负债率、现金流量等指标，以便更加准确地评估企业的盈利能力。

第四，股利收益率分析需要参考历史数据，同时也需要考虑未来的变化因素。股利收益率分析不仅仅是参考历史数据，还需要考虑未来的变化因素，包括市场环境、行业竞争、公司战略等，以便更加准确地评估企业的盈利能力。

总之，在进行股利收益率分析时，需要综合考虑多方面因素，以期得到更加准确和全面的评估结果。

5.8.3　股利收益率实战案例分析

打开同花顺炒股软件，输入招商银行的股票代码 600036，然后按"回车"键，再按下【F10】键，即可进入招商银行（600036）的个股资料页面。

在个股资料页面中，单击"分红融资"选项卡，即可看到招商银行（600036）2022 年分红方案说明信息，如图 5-45 所示。

2022 年，招商银行（600036）分红方案说明为 10 派 17.38 元（含税）。

招商银行（600036）2022 年每股股利 =17.38÷10=1.738（元）

假如在 2022 年底前，投资者以 28 元买入招商银行（600036），则股利收益率 =（每股股利 ÷ 股票买入价格）×100%=（1.738÷28）×100% ≈ 6.21%。

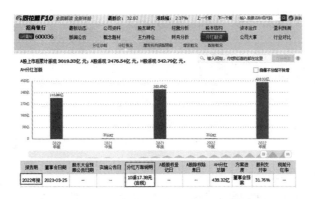

图 5-45　招商银行（600036）2022 年分红方案说明信息

5.9　市净率

市净率被广泛用于评估股票的价值，可以用来说明市场对企业资产质量的评价。

5.9.1　市净率的定义

市净率指的是每股股价与每股净资产的比值，其计算公式如下：

市净率 = 每股股价 ÷ 每股净资产

股票净值即企业资本金、资本公积金、资本公益金、法定公积金、任意公积金、未分配盈余等项目的合计，它代表全体股东共同享有的权益，也称净资产。

净资产的多少是由企业经营状况决定的，企业的经营业绩越好，其资产增值越快，股票净值就越高，因此股东所拥有的权益也越多。

5.9.2　市净率的作用

市净率的作用主要表现在两个方面：可用于投资分析和可作为确定新发行

股票初始价格的参照标准，如图 5-46 所示。

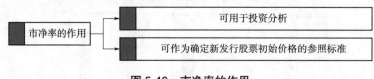

图 5-46　市净率的作用

1. 可用于投资分析

每股净资产是股票的本身价值，它是用成本计量的，而每股市价是这些资产的现在价格，它是证券市场上交易的结果。市价高于价值时企业资产的质量较好，有发展潜力；反之则资产质量差，没有发展前景。优质股票的市价都超出每股净资产许多，一般来说市净率达到 3，可以树立较好的企业形象。

市价低于每股净资产的股票，就像售价低于成本的商品一样，属于"处理品"。当然，"处理品"也不是没有购买价值，问题在于该企业今后是否有转机，或者购入后经过资产重组能否提高获利能力，是市价与每股净资产之间的比值，比值越低意味着风险越低。

2. 可作为确定新发行股票初始价格的参照标准

如果股票按照溢价发行的方法发行，要考虑按市场平均投资潜力状况来定溢价幅度，这时股市各种类似股票的平均市净率便可作为参照标准。

5.9.3　市净率分析的注意事项

在分析和使用市净率时，要注意以下两点：

第一，市净率不是衡量企业获利能力的指标。

第二，市净率与市盈率指标不同。市盈率是从股票的获利性角度进行分析，而市净率是从股票的账面价值角度进行分析。

5.9.4　市净率实战案例分析

打开同花顺炒股软件，输入西藏药业的股票代码 600211，然后按"回车"

键，再按下【F10】键，即可进入西藏药业（600211）的个股资料页面。

在个股资料页面中，单击“财务分析”选项卡，再单击“主要指标”选项，然后单击“按年度”选项卡，即可看到西藏药业（600211）2022 年每股净资产信息，如图 5-47 所示。

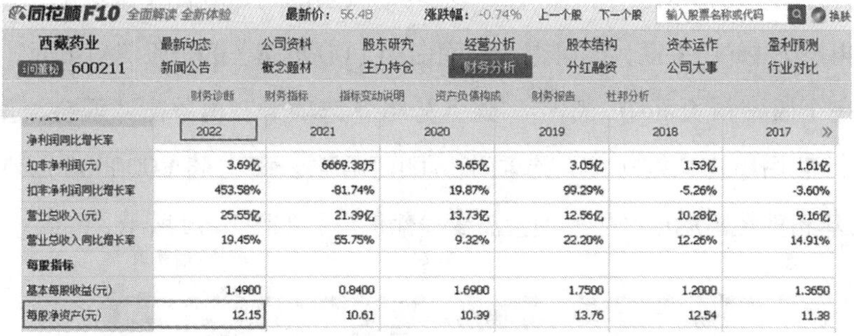

净利润同比增长率	2022	2021	2020	2019	2018	2017
扣非净利润(元)	3.69亿	6669.38万	3.65亿	3.05亿	1.53亿	1.61亿
扣非净利润同比增长率	453.58%	-81.74%	19.87%	99.29%	-5.26%	-3.60%
营业总收入(元)	25.55亿	21.39亿	13.73亿	12.56亿	10.28亿	9.16亿
营业总收入同比增长率	19.45%	55.75%	9.32%	22.20%	12.26%	14.91%
每股指标						
基本每股收益(元)	1.4900	0.8400	1.6900	1.7500	1.2000	1.3650
每股净资产(元)	12.15	10.61	10.39	13.76	12.54	11.38

图 5-47　西藏药业（600211）2022 年每股净资产信息

西藏药业（600211）2022 年每股净资产为 12.15 元。

假如西藏药业（600211）2022 年底的股价为 36.80 元，下面来计算一下市净率。

西藏药业（600211）2022 年底的市净率 = 每股股价 ÷ 每股净资产 = 36.80 ÷ 12.15 ≈ 3.03

5.10　盈余现金保障倍数

盈余现金保障倍数反映了企业当期净利润中现金收益的保障程度，真实地反映了企业盈余的质量。

5.10.1　盈余现金保障倍数的定义与计算

盈余现金保障倍数又称盈利现金比率，是指企业一定时期经营现金净流量同净利润的比值，其计算公式如下：

盈余现金保障倍数 = 经营现金净流量 ÷ 净利润

盈余现金保障倍数越高，表明企业盈余的质量越好，企业的还债能力越强。盈余现金保障倍数越低，表明企业盈余的质量越差，企业的还债能力越弱。

打开同花顺炒股软件，输入云南白药的股票代码 000538，然后按“回车”键，再按下【F10】键，即可进入云南白药（000538）的个股资料页面。

在个股资料页面中，单击“财务分析”选项卡，再单击“现金流量表”选项，然后单击“按年度”选项卡，即可看到云南白药（000538）2021—2022 年各期经营活动产生的现金流量净额信息，如图 5-48 所示。

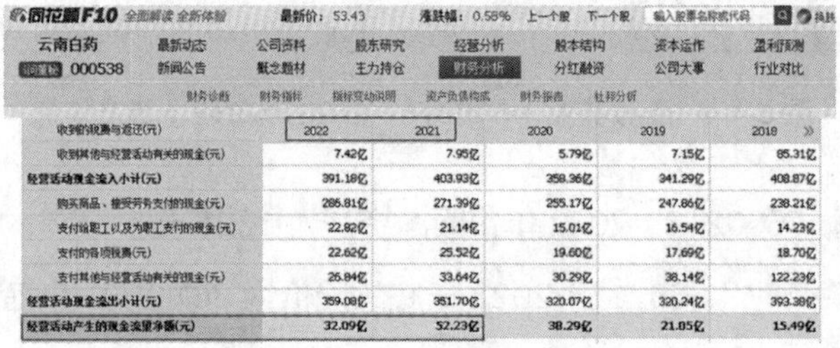

收到的税费与返还(元)	2022	2021	2020	2019	2018
收到其他与经营活动有关的现金(元)	7.42亿	7.95亿	5.79亿	7.15亿	85.31亿
经营活动现金流入小计(元)	391.18亿	403.93亿	358.36亿	341.29亿	408.87亿
购买商品、接受劳务支付的现金(元)	286.81亿	271.39亿	255.17亿	247.86亿	238.21亿
支付给职工以及为职工支付的现金(元)	22.82亿	21.14亿	15.01亿	16.54亿	14.23亿
支付的各项税费(元)	22.62亿	25.52亿	19.60亿	17.69亿	18.70亿
支付其他与经营活动有关的现金(元)	26.84亿	33.64亿	30.29亿	38.14亿	122.23亿
经营活动现金流出小计(元)	359.08亿	351.70亿	320.07亿	320.24亿	393.38亿
经营活动产生的现金流量净额(元)	32.09亿	52.23亿	38.29亿	21.05亿	15.49亿

图 5-48　云南白药（000538）2021—2022 年各期经营活动产生的现金流量净额信息

云南白药（000538）2022 年经营活动产生的现金流量净额信息为 32.09 亿元。

云南白药（000538）2021 年经营活动产生的现金流量净额信息为 52.23 亿元。

在个股资料页面中，单击“财务分析”选项卡，再单击“利润表”选项，然后单击“按年度”选项卡，即可看到云南白药（000538）2021—2022 年各期净利润信息，如图 5-49 所示。

云南白药（000538）2022 年净利润为 28.40 亿元。

云南白药（000538）2021 年净利润为 27.98 亿元。

下面来计算盈余现金保障倍数。

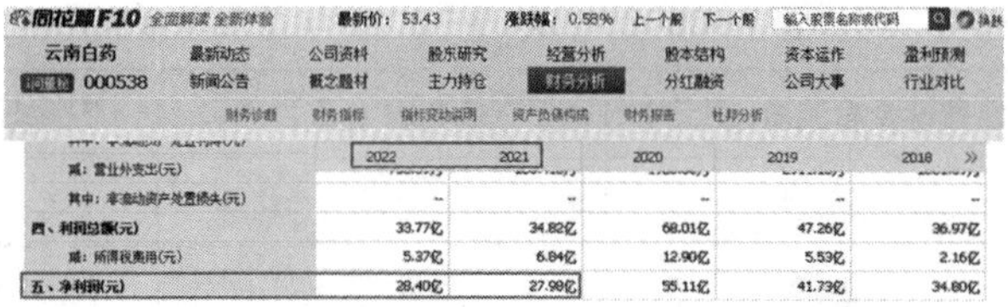

	2022	2021	2020	2019	2018
减：营业外支出(元)					
其中：非流动资产处置损失(元)	--	--	--	--	--
四、利润总额(元)	33.77亿	34.82亿	68.01亿	47.26亿	36.97亿
减：所得税费用(元)	5.37亿	6.84亿	12.90亿	5.53亿	2.16亿
五、净利润(元)	28.40亿	27.98亿	55.11亿	41.73亿	34.80亿

图 5-49　云南白药（000538）2021—2022 年各期净利润信息

云南白药（000538）2022 年盈余现金保障倍数 = 经营现金净流量 ÷ 净利润 =32.09 ÷ 28.40 ≈ 1.13。

云南白药（000538）2021 年盈余现金保障倍数 = 经营现金净流量 ÷ 净利润 =52.23 ÷ 27.98 ≈ 1.87。

云南白药（000538）2022 年盈余现金保障倍数小于 2021 年盈余现金保障倍数，表明企业盈余的质量越来越差，企业的还债能力越来越弱。

5.10.2　盈余现金保障倍数的意义

盈余现金保障倍数的意义，具体如下：

第一，盈余现金保障倍数是从现金流入和流出的动态角度，对企业收益的质量进行评价，对企业的实际收益能力进行再次修正。

第二，盈余现金保障倍数在收付实现制基础上，充分反映出企业当期净收益中有多少是有现金保障的，挤掉了收益中的水分，体现出企业当期收益的质量状况，同时，减少了权责发生制会计对收益的操纵。

第三，一般来说，当企业当期净利润大于 0 时，该指标应当大于 1。该指标越大，表明企业经营活动产生的净利润对现金的贡献越大，利润的可靠性较高，具有一定的派现能力。但是，由于指标分母变动较大，致使该指标的数值变动也比较大，所以对该指标应根据企业实际效益状况有针对性地进行分析。

5.10.3　盈余现金保障倍数实战案例分析

表 5-9 所示为同仁堂（600085）2019—2022 年盈余现金保障倍数。

表 5-9　同仁堂（600085）2019—2022 年盈余现金保障倍数

年　　度	经营现金净流量(亿元)	净利润（元 ）	盈余现金保障倍数
2019	22.74	15.62	1.41
2020	21.75	16.16	1.81
2021	34.26	18.91	1.35
2022	30.49	21.99	1.46

2019—2022 年同仁堂（600085）的经营活动产生的现金流量净额呈震荡趋势，如图 5-50 所示。

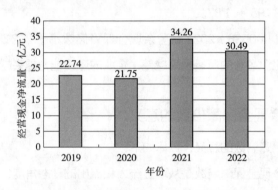

**图 5-50　同仁堂（600085）2019—2022 年的经营活动产生的
现金流量净额呈震荡趋势**

经营活动产生的现金流量净额呈震荡趋势，表明企业的经营活动在一段时间内产生的现金流量净额波动较大，不稳定。这可能是由于企业的经营环境、销售规模、资产规模等因素在短期内发生了较大的变化，或者是由于企业经营管理水平不稳定，导致经营活动产生的现金流量净额起伏不定。如果这种情况持续发生，可能是企业的经营管理效率不高，风险控制能力较弱，需要引起投资者和债权人的关注。在分析这一指标时，需要综合考虑企业的经营环境、销售规模、资产规模等因素，以及现金流量净额的波动原因，以便更准确地评估企业的经营状况和风险水平。

2019—2022 年同仁堂（600085）的净利润呈明显的上涨趋势，如图 5-51 所示。

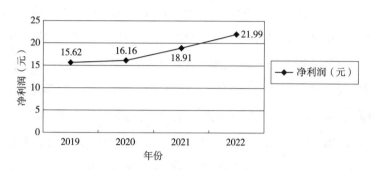

图 5-51　同仁堂（600085）的净利润呈明显的上涨趋势

净利润呈明显的上涨趋势，表明企业实现的净利润金额在逐渐增加，经营业务在逐步扩展，企业盈利能力也在提高。一般情况下，净利润数额的增加也表明企业对外的负债在逐步减少，企业的财务状况得到改善。同时，净利润的上涨也会对企业的股票价格产生正面影响，并可能增加企业的投资价值。但是如果净利润的增长主要来自非经常性损益或者非主营业务的收入，那么企业的盈利能力可能存在波动风险，需要投资者进行更加细致的分析。因此在分析净利润的上涨趋势时，需要综合考虑企业经营的实际情况及其所处行业的发展状况等因素。

2019—2022 年同仁堂（600085）的盈余现金保障倍数处于震荡趋势中，如图 5-52 所示。

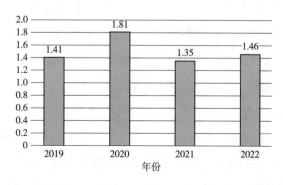

图 5-52　同仁堂（600085）2019—2022 年的盈余现金保障倍数处于震荡趋势中

盈余现金保障倍数处于震荡趋势中，表明企业的盈余现金保障倍数在一段时间内波动较大，不稳定。这可能是由于企业经营环境、市场竞争、经营管理等因素在短期内发生了较大变化，或者是由于企业财务管理水平不稳定，导致盈余现金保障倍数起伏不定。如果这种情况持续存在，可能是企业的经营管理效率不高，风险控制能力较弱，需要引起投资者和债权人的关注。在分析这一指标时，需要综合考虑企业的经营环境、市场竞争、财务管理水平等因素，以及盈余现金保障倍数的波动原因，以便更准确地评估企业的经营状况和风险水平。

下面来对比同仁堂（600085）、华润三九（000999）、白云山（600332）、片仔癀（600436）2019—2022 年盈余现金保障倍数情况，如表 5-10 所示。

表 5-10　四家企业 2019—2022 年盈余现金保障倍数对比

股　　票	年　　度			
	2019	2020	2021	2022
同 仁 堂（600085）	1.41	1.81	1.35	1.46
华润三九（000999）	0.92	1.37	0.9	1.2
白 云 山（600332）	1.46	0.19	1.43	1.65
片 仔 癀（600436）	−0.63	0.87	0.19	2.72

2019—2022 年同仁堂（600085）的盈余现金保障倍数前面已讲解，这里不再赘述。

2019 年和 2021 年华润三九（000999）的盈余现金保障倍数小于 1，这表明企业盈利质量较低，支付债务的能力较弱。需要注意的是，当盈余现金保障倍数小于 1 时，企业需要采取措施提高自身的现金流水平，如加快账款回收、优化库存管理、减少不合理开支等。

2020 年和 2022 年，华润三九（000999）的盈余现金保障倍数大于 1，表明企业的经营现金净流量超过净利润，即企业实现的现金收入除去必要的成本和费用后，可以剩余较多的现金。这表明企业的盈利质量较高，经营活动产生的现金流量净额足够覆盖公司的债务和资本支出，不需要借助其他融资方式来补充现金流。华润三九（000999）2019—2022 年的盈余现金保障倍数，如图 5-53 所示。

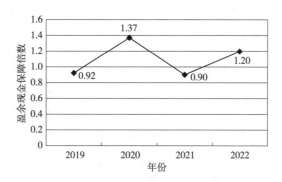

图 5-53　华润三九（000999）2019—2022 年的盈余现金保障倍数

在 2019—2022 年白云山（600332）的盈余现金保障倍数都大于 1。但 2020 年白云山（600332）的盈余现金保障倍数小于 1，并且其值较小，仅为 0.19，这表明企业在 2020 年实现的现金收入除去必要的成本和费用后，剩余的现金较少。这意味着企业的盈利质量较低，经营活动产生的现金流量净额不能充分覆盖全部的债务和资本支出，需要借助其他融资方式来补充现金流。同时也可能表明企业对成本和费用的控制不够严格，经营管理水平有待提高。白云山（600332）2019—2022 年的盈余现金保障倍数，如图 5-54 所示。

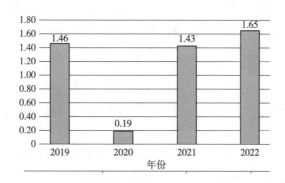

图 5-54　白云山（600332）2019—2022 年的盈余现金保障倍数

在 2019—2021 年片仔癀（600436）的盈余现金保障倍数都小于 1，但 2022 年出现快速上涨，为 2.72。需要注意的是，2019 年片仔癀（600436）

的盈余现金保障倍数为负数，这是因为 2019 年片仔癀（600436）的经营活动产生的现金流量净额为负，表明企业的收益能力很差。片仔癀（600436）2019—2022 年的盈余现金保障倍数，如图 5-55 所示。

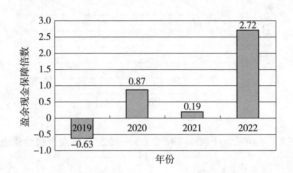

图 5-55　片仔癀（600436）2019—2022 年的盈余现金保障倍数

最后来看一下，同仁堂（600085）、华润三九（000999）、白云山（600332）、片仔癀（600436）2019—2022 年盈余现金保障倍数对比，如图 5-56 所示。

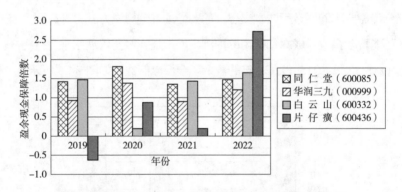

图 5-56　四家企业 2019—2022 年盈余现金保障倍数对比

由图 5-56 可以看到，片仔癀（600436）的盈余现金保障倍数波动最大，而同仁堂（600085）的盈余现金保障倍数波动最小。

第6章

企业报表综合分析
实战与应用

───────○────────────────○───────

　　企业财务报表分析的最终目的在于全方位地了解企业生产经营状况，并借此对企业经济效益的优劣做出系统、综合的评价。单独分析任何一项财务指标或一张会计报表，都难以全面评价企业的财务状况和经营成果，要想对企业财务状况和经营成果有"把握全局"的评价，就必须进行财务指标相互关联的分析，采用适当的标准进行综合性的评价。

本章主要内容：

➤ 财务报表综合分析的特点和作用

➤ 财务报表综合分析的方法

➤ 沃尔评分法产生的背景

➤ 沃尔评分法的优点和缺点

➤ 沃尔评分法的基本步骤

➤ 期货交易策略的重要性

➤ 沃尔评分法实战案例

➤ 杜邦分析法的基本思路

➤ 杜邦分析法的基本步骤

➤ 杜邦分析法实战案例

6.1 财务报表综合分析概述

财务报表综合指标分析，就是将企业的营运能力、偿债能力、获利能力和发展能力指标等纳入一个有机的整体中，全面、系统地对企业经营状况、财务状况进行揭示和披露，从而对企业经济效益的优劣做出准确评价与判断。

我们可以把财务报表分析中的比率分析想象成侦探小说中的线索：每一个比率都是案件告破的线索之一，每一条线索都会让读者更多地怀疑 A 是凶手，并确认 B 一定不是凶手，当然，也有一些线索可能会误导读者，让我们觉得 B 又是凶手又是卧底。最终，福尔摩斯全面地分析了案件发展的原委，告诉我们，哪些线索我们只看到了现象，没有听到声音，所以我们误解了 B，他逐一分析，把这个案件分析得水落石出。

财务比率也一样，一个或几个比率的机械性计算并不能自动生成对复杂的企业财务状况的最终评价，甚至也会出现一个或几个比率误导报表使用者的假象，但只要全面地结合企业的管理水平及经济环境，并逐一确认各个比率的内容，一样可以分析出关于企业状况的"发人深省的故事"。财务报表综合指标分析就是这么一个福尔摩斯，它用模型化的数据，全面分析企业的财务状况。

6.1.1 财务报表综合分析的特点

财务报表综合分析的特点主要有三点，如图 6-1 所示。

1. 综合分析涉及的财务比率要齐全

综合分析涉及的财务比率要齐全，也就是说，这个综合指标要同时考量企业的营运能力、偿债能力、获利能力和发展能力等所有内容，仅仅分析企业的某一方面的财务指标不能称为综合指标。

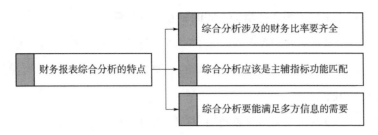

图 6-1　财务报表综合分析的特点

2. 综合分析应该是主辅指标功能匹配

综合分析应该是主辅指标功能匹配，这就好比破案，福尔摩斯也有几个助手，针对凶手留下的尸体，有擅长分析枪伤的，有擅长分析刀伤的，不同的情况下要由不同的人主导，各尽其能，找到真正的元凶。

财务报表综合分析也一样。一方面，在进行企业营运能力、偿债能力和盈利能力等财务状况的评价时，整个综合指标中需要有主要指标和辅助指标，以便明确总体结构分析中各项指标的主辅作用；另一方面，不同的综合分析中，企业应该有不同的侧重点，对于债权人，进行综合分析时的侧重点是偿债能力和盈利能力，但如果是股东，进行综合分析的侧重点则是营运能力和发展能力。

3. 综合分析要能满足多方信息的需要

综合分析一定要能提供多层次、多角度的信息，满足多方需求。例如，企业内部管理者通过综合指标分析，就能知道企业的问题所在，以便确认下一步的改善方向；外部投资者通过综合指标分析，能确认自己的投资是不是划算，是否需要追加投资等。

6.1.2　财务报表综合分析的作用

财务报表综合分析将企业看作一个不可分割的整体，然后通过各种分析方法对其进行全方位的考察和评判，具有相当重要的作用。

1. 有利于把握不同财务指标之间的相互关联关系

不同的财务指标之间存在着一定的联系，只有把它们放在一个系统中进行综合分析，才能充分展现各种指标之间的互动关系，以及它们之间相互影响的方向、程度和原因。

例如，企业的营运能力对盈利能力有着相当重要的影响，但到底是如何影响的呢？利用单个指标很难把握这种关系，但当把营运能力指标和盈利能力指标结合起来分析，就能更加深入地理解这两者之间的关系。

2. 有利于正确地评判企业的财务状况和经营成果

需要注意的是，局部不能代替整体，某项财务指标的好坏，不能表明整个企业价值的高低。所以要想对企业整体财务状况和经营成果有一个全面的认识，仅仅只计算几个简单、独立的财务比率，或者将一些独立的财务比率堆积在一起，相互间毫无联系地考察，是不可能得到合理、正确的财务分析结论的，有时还可能得到错误的结论。

所以只有将企业的偿债能力、营运能力、盈利能力和发展能力指标等各项财务指标有机结合起来，作为一个完整的体系，才能对企业做出综合评价，才能从总体上把握企业财务状况和经营成果。

6.1.3 财务报表综合分析的方法

财务报表综合分析的方法主要有两种：沃尔评分法和杜邦分析法，如图 6-2 所示。

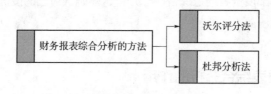

图 6-2 财务报表综合分析的方法

1. 沃尔评分法

沃尔评分法又称综合评分法，是指将选定的财务比率用线性关系结合起来，并分别给定各自的分数比重，然后通过与标准比率进行比较，确定各项指标的得分及总体指标的累计分数，从而对企业的信用水平做出评价的方法。

因为创造这种方法的先驱者之一是亚历山大·沃尔，所以被称为沃尔评分法。

2. 杜邦分析法

杜邦分析法是一种用来评价企业盈利能力和股东权益回报水平，从财务角度评价企业绩效的一种经典方法。其是利用几种主要的财务比率之间的关系来综合地分析企业的财务状况，这种分析方法最早由美国杜邦公司使用，故称为杜邦分析法。

6.2　沃尔评分法的应用

沃尔评分法是一种常用的企业财务报表综合分析方法，即将分散的财务指标通过一个加权体系综合起来，使得一个多维度的评价体系变成一个综合得分，这样就可以用综合得分对企业做出综合评价。

6.2.1　沃尔评分法产生的背景

1928 年，亚历山大·沃尔出版的《信用晴雨表研究》和《财务报表比率分析》中提出了信用能力指数的概念，以此来评价企业的信用水平。

亚历山大·沃尔选择了七个财务比率，即流动比率、产权比率、固定资产比率、存货周转率、应收账款周转率、固定资产周转率和自有资金周转率，分别给定各指标的比重，然后确定标准比率（以行业平均数为基础），将实际比率与标准比率相比，得出相对比率，将此相对比率与各指标比重相乘，得出总评分，即信用指数，这就是沃尔评分法的雏形。

最基本的沃尔评分法如表 6-1 所示。

表 6-1　最基本的沃尔评分法

财务比率	权　重	标 准 值	实 际 值	相对值 相对值 = 实际值 ÷ 标准值	评分 评分 = 权重 × 相对值
流动比率（流动资产 ÷ 流动负债）	25	2			
产权比率（负债总额 ÷ 所有者权益）	25	1.5			
固定资产比率（固定资产 ÷ 资产总额）	15	25			
存货周转率（主营业务成本 ÷ 平均存货）	10	9			
应收账款周转率（赊销收入净额 ÷ 应收账款平均余额）	10	6			
固定资产周转率（主营业务收入净额 ÷ 固定资产净值）	10	4			
自有资金周转率（销售额 ÷ 净资产）	5	3			
合　　计	100				

6.2.2　沃尔评分法的优点

沃尔评分法的优点在于简单易用，便于操作。各财务比率权重可以根据定性分析及过去的评价经验主观给出，并通过几项财务评价指标的线性组合，确定财务综合评价结果。这给实际评价工作带来极大的方便。

沃尔评分法的评价指标体系较为完整，基本上能反映企业的财务状况，能较好地反映企业的获利能力、偿债能力、营运能力、发展能力。通过财务指标实际值与标准值的对比分析，便于找出影响企业财务状况的主要因素，以明确改善企业财务状况的方向。

6.2.3 沃尔评分法的缺点

沃尔评分法的缺点主要表现在四个方面：评判指标选择、计算公式、赋予权重及评分规则。

1. 评判指标选择

沃尔评分法在财务比率选择方面主观性较强，并且比较随意。不同行业、不同企业在财务指标选择上都会有自己独特的特点，所以无法确定一个固定的指标体系作为评判标准。

2. 计算公式

沃尔评分法的计算公式如下：

实际分数 = 权重 × 相对值 = 权重 ×（实际值 ÷ 标准值）

当实际值大于标准值为理想情况时，此公式计算的结果正确。但当实际值小于标准值为理想情况时，实际值越小，得分本应越高，但直接套用公式计算的结果却是相反，即实际值变小，得分变低。

另外，当某一单项指标的实际值畸高时，会导致最后总分大幅度增加，这样会掩盖情况不良的指标，影响到最后的评价得分，从而给管理者造成假象。

3. 赋予权重

沃尔评分法不能证明各个财务指标所占权重的合理性，指标权重的赋予有很大的主观随意性。

4. 评分规则

需要注意的是，财务比率的实际值越高，其单项得分就越高，企业总体评价就会越好，这并不符合企业实际与基本常识。例如，流动比率并不是越高越好，因为流动比率过高，会对企业的盈利能力和发展能力造成不利影响，并且还会削弱企业的长期偿债能力。

6.2.4　沃尔评分法的基本步骤

沃尔评分法虽有缺点，但其在实战应用中得到不断的改进和发展。在不同阶段，分析者应用沃尔评分法时，所选择的财务指标不断变化，各个比率的权重也不断修正，各个财务指标的标准值也不断调整，评分方法也不断改进，但是沃尔评分法的基本思路没有改变，其应用的基本步骤也没有发生大的变化。沃尔评分法的基本步骤有五个，如图 6-3 所示。

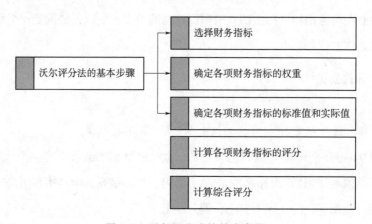

图 6-3　沃尔评分法的基本步骤

1. 选择财务指标

不同的财务分析者，所选择的财务指标可能不完全相同，但在选择财务指标时，要注意以下三点：

第一，分析者选择的财务指标要全面，要把反映偿债能力、盈利能力、营运能力、发展能力等的指标都包括在内，只有这样，才能反映企业的综合财务状况和经营成果。

第二，分析者选择的财务指标要有代表性，即在每个方面的众多财务指标中选择那些经典的、重要的指标。

第三，分析者选择的财务指标最好具有变化方向的一致性，即当财务指标的比率增大时，表明财务状况在改善；当财务指标的比率减少时，表明财务状况在恶化。例如，在选择反映偿债能力的指标时，最好选择股权比率，而不是选择资产负债率，因为通常认为在一定的范围内，股权比率越高，表明企业的偿债能力越强，而资产负债率越高，表明企业的偿债能力越弱。

2. 确定各项财务指标的权重

怎样把 100 分的总分合理地分配给所选择的各个财务指标上，是沃尔评分法的一个相当重要的环节。分配的基本标准是根据各个财务指标的重要程度，越重要的财务指标，分配的权重越高。

需要注意的是，对各个财务指标的重要程度的判断，应结合企业的经营状况、管理要求、发展趋势、分析目的等具体情况来确定。

3. 确定各项财务指标的标准值和实际值

财务指标的标准值就是判断财务指标高低的比较标准。只有有了标准，我们才能判断企业的某个财务指标是偏高了还是偏低了。

这个比较的标准（标准值）可以是企业的历史水平，也可以是竞争企业的水平，当然也可以是同行业的平均水平等。需要注意的是，最常见的是选择同行业的平均水平作为财务指标的标准值。

财务指标的实际值是利用财务指标的计算公式来计算的，具体计算方法前面章节已详细讲解，这里不再重复。

4. 计算各项财务指标的评分

通过各项财务指标的实际值与标准值的比较，就可以得出各个财务指标状况的好坏，再结合各个财务指标的权重，计算各个财务指标的评分。

计算财务指标的评分方法有很多，其中最常见的是用财务指标的实际值除以标准值，得到一个相对值，再利用这个相对值乘以权重，就可以得到财务指标的评分，计算公式如下：

评分 = 权重 × 相对值 = 权重 × (实际值 ÷ 标准值)

为了避免个别财务指标异常，对总评分造成不合理的影响，最好为每个财务指标设置上限和下限，即每个财务指标的评分最高不能超过上限，最低不能低于下限。例如，可以确定每个财务指标的评分最高不能超过其重权得分数的 1.6 倍，最低不能低于其权重得分数的 0.5 倍。

另外，有些财务指标并不是其值越高越好，如存货周转率太高，可能意味着企业的存货管理出现了一定的问题；股权比率太高，说明企业未能充分地利用财务杠杆等。对于这类财务指标的计算方法应当进一步修正。例如，某行业股权比率的平均值为 50%，一般认为该行业的股权比率超过 70% 就太高了，那么如果某企业的股权比率实际超过了 70%，就不再采用实际值除以标准值再乘以权重的方法来计算其评分，而是改用 70% 或标准值 50% 除以实际值再乘以权重来计算其评分。

5. 计算综合评分

计算各项财务指标的评分之后，就可以将这些实际得分加起来，即得到企业的综合评分。如果企业的综合评分接近 100 分，表明企业的综合财务状况和经营成果接近行业的平均水平；如果企业的综合评分明显高于 100 分，表明企业的综合财务状况和经营成果

> 提醒：在沃尔评分法实战操作中，最为关键，也是最难的是确定各项财务指标的权重及各项财务指标的标准值。要给财务指标分配合理的权重，并且为每个财务指标确定恰当的标准值，需要综合考虑多方面的因素，并且在长期的分析实战中不断改进。

高于行业的平均水平；如果企业的综合评分明显低于 100 分，表明企业的综合财务状况和经营成果低于行业的平均水平，即综合财务状况和经营成果比较差，企业应该积极采取措施加以改进。

6.2.5 沃尔评分法实战案例

下面以 X 企业和 Y 企业 2022 年财务状况的综合评价为例来讲解沃尔评

分法的应用。需要注意：X 企业和 Y 企业同属于一个行业。

第一步，确定财务指标。在这里我们选择九个财务指标来评价 X 企业和 Y 企业的综合财务状况，具体如下：

盈利能力指标三个：销售净利率、销售毛利率、流动资产收益率；

偿债能力指标三个：流动比率、股权比率、利息保障倍数；

营运能力指标三个：总资产周转率、存货周转率、应收账款周转率。

第二步，确定各项财务指标的权重。销售净利率的权重为 18，销售毛利率的权重为 15，流动资产收益率的权重为 15；流动比率的权重

> 提醒：各项财务指标的权重加起来之和必须为 100。

为 10，股权比率的权重为 9，利息保障倍数的权重也为 9；总资产周转率的权重为 8，存货周转率的权重为 8，应收账款周转率的权重为 8。

第三步，确定各项财务指标的标准值。由于 X 企业和 Y 企业属于同一个行业，所以这里采用行业平均值作为财务指标的标准值。销售净利率的标准值为 0.93，销售毛利率的标准值为 1.45，流动资产收益率的标准值为 3.7；流动比率的标准值为 1.11，股权比率的标准值为 1.11，利息保障倍数的标准值为 2.79；总资产周转率的标准值为 1.31，存货周转率的标准值为 4.72，应收账款周转率的标准值为 12.19。

第四步，利用各项财务指标的计算公式，计算出各项财务指标的实际值。

第五步，计算相对值。利用各项财务指标的实际值除以其标准值，就可以得到各项财务指标的相对值，具体计算公式如下：

相对值 = 实际值 ÷ 标准值。

第六步，计算评分。利用各项财务指标的权重乘以其相对值，就可以得到各项财务指标的评分，具体计算公式如下：

评分 = 权重 × 相对值。

第七步，把各项财务指标的评分加起来，就可以看到总评分。

X 企业 2022 年财务状况的综合评价，如表 6-2 所示。

表 6-2 X 企业 2022 年财务状况的综合评价

财务比率	权 重	标 准 值	实 际 值	相对值 相对值 = 实际值 ÷ 标准值	评分 评分 = 权重 × 相对值
盈利能力					
销售净利率	18	0.93	1.63	1.753	31.548
销售毛利率	15	1.45	1.89	1.303	19.552
流动资产收益率	15	3.7	3.26	0.881	13.216
偿债能力					
流动比率	10	1.11	1.64	1.477	14.775
股权比率	9	0.36	0.56	1.556	14
利息保障倍数	9	2.79	3.08	1.104	9.935
营运能力					
总资产周转率	8	1.31	1.16	0.885	7.084
存货周转率	8	4.72	3.15	0.667	5.339
应收账款周转率	8	12.19	7.45	0.611	4.889
合　　计	100	—	—	—	120.338

Y 企业 2022 年财务状况的综合评价，如表 6-3 所示。

表 6-3 Y 企业 2022 年财务状况的综合评价

财务比率	权 重	标 准 值	实 际 值	相对值 相对值 = 实际值 ÷ 标准值	评分 评分 = 权重 × 相对值
盈利能力					
销售净利率	18	0.93	0.61	0.656	0.61
销售毛利率	15	1.45	1.08	0.745	11.172
流动资产收益率	15	3.7	3.15	0.851	12.77
偿债能力					
流动比率	10	1.11	1.34	1.207	12.072
股权比率	9	0.36	0.36	1	9

财务比率	权 重	标 准 值	实 际 值	相对值 相对值 = 实际值 ÷ 标准值	评分 评分 = 权重 × 相对值
利息保障倍数	9	2.79	10.03	3.595	32.355
营运能力					
总资产周转率	8	1.31	1.33	1.015	8.122
存货周转率	8	4.72	3.03	0.642	5.136
应收账款周转率	8	12.19	15.54	1.275	10.199
合　　计	100	—	—	—	101.436

在这里可以看到 X 企业的总评分为 120.338，而 Y 企业的总评分为 101.436。

X 企业的总评分明显高于 100 分，说明企业的综合财务状况和经营成果高于行业的平均水平。

Y 企业的综合评分比 100 分多了一点点，说明企业的综合财务状况和经营成果接近行业的平均水平。

6.3　杜邦分析法的应用

杜邦分析法是将企业净资产收益率逐级分解为多项财务比率乘积，这样有助于深入分析比较企业经营业绩。

6.3.1　杜邦分析法的基本思路

在一个企业内部，企业的各项财务指标并不是孤立存在的，所以分析人员在进行财务分析时，要将企业的财务活动看成一个大的综合系统，对系统内部相互依存、相互作用的各种因素进行分析。而杜邦分析法正是利用各种财务比率之间的内在联系，对企业的财务状况进行分析的。

打开同花顺炒股软件，输入贵州茅台的股票代码 600519，然后按"回车"键，再按下【F10】键，即可进入贵州茅台（600519）的个股资料页面。

在个股资料页面中，单击"财务分析"选项卡，向下拖动垂直滚动条，即可看到贵州茅台（600519）2022 年 6 月 30 日的杜邦分析结构图，如图 6-4 所示。

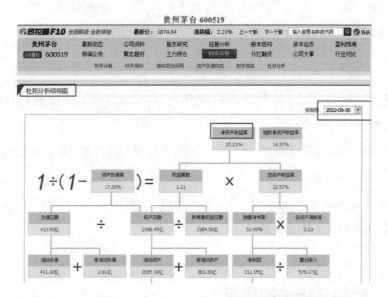

图 6-4　贵州茅台（600519）2022 年 6 月 30 日的杜邦分析结构图

杜邦分析法的核心指标是净资产收益率，又称权益收益率，其计算公式如下：

净资产收益率 = 净利润 ÷ 所有者权益总额

= (净利润 ÷ 资产总额) × (资产总额 ÷ 所有者权益总额)

= 总资产收益率 × 权益乘数

在贵州茅台（600519）2022 年 6 月 30 日的杜邦分析结构图中，可以看到净资产收益率为 15.21%，总资产收益率为 12.57%，权益乘数为 1.21。

净资产收益率 = 总资产收益率 × 权益乘数 =12.57%×1.21 ≈ 15.21%

总资产收益率还可以进一步分解，具体如下：

$$总资产收益率 = 净利润 \div 资产总额$$
$$= (净利润 \div 营业收入) \times (营业收入 \div 资产总额)$$
$$= 销售净利率 \times 总资产周转率$$

在贵州茅台（600519）2022 年 6 月 30 日的杜邦分析结构图中，可以看到总资产收益率为 12.57%，销售净利率为 53.99%，总资产周转率为 0.23。

$$总资产收益率 = 销售净利率 \times 总资产周转率 = 53.99\% \times 0.23 \approx 12.42\%$$

所以，净资产收益率 = 销售净利率 × 总资产周转率 × 权益乘数 = 53.99% × 0.23 × 1.21 = 15.03%

在这里可以看到，决定净资产收益率的因素有三个：销售净利率、总资产周转率和权益乘数。这样分解之后，就可以把净资产收益率这一项综合性指标发生变化的原因具体化，这样比单独一项指标更加能说明问题。

6.3.2　杜邦分析法的基本步骤

杜邦分析法是利用财务指标的层层分解，找到企业财务问题的症结所在。下面来具体看一下杜邦分析法的基本步骤。

1. 净资产收益率

净资产收益率就是企业股东投入资金的收益率，即每投入 1 元钱能得到多少钱的回报。净资产收益率是一个综合性很强的指标，是杜邦分析法的核心和源头，当然也是企业股东还有管理者都相当关注的指标。

净资产收益率的高低取决于企业的总资产收益率和权益乘数，而总资产收益率又取决于销售净利率和总资产周转率。所以净资产收益率的水平取决于反映盈利能力的总资产收益率和销售净利率、反映营运能力的总资产周转率、反映资本营运能力和偿债能力的权益乘数。

利用这样的关系，分析者可以找到净资产收益率高低的形成原因及发生升降的具体环节，从而提供一个比单一指标丰富得多的信息。

在分析净资产收益率时，需要分析以下问题：

第一，企业的净资产收益率水平如何，呈现什么样的变化趋势。

第二，企业所在行业的平均净资产收益率水平如何，呈现什么样的变化趋势。

第三，企业的净资产收益率与行业的平均净资产收益率是否有较大差异。

第四，企业是否处于高度竞争性行业，如果是，能否从主要竞争对手的净资产收益率的趋势比较中体会到本企业的强势或劣势。

当选择"净资产收益率"下面的数据后，就会在其后显示一个"+"号，如图6-5所示。

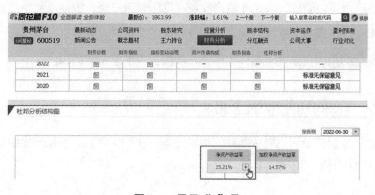

图6-5 显示"+"号

单击"+"号按钮，就会弹出窗口，显示贵州茅台（600519）最近几个季度的净资产收益率柱状图，如图6-6所示。

2. 总资产收益率

总资产收益率也是一个综合性比较强的财务指标，反映了企业所有资产的收益水平。企业利用全部资产获得收益的能力，对企业的发展是相当重要的，对企业的股东、债权人等都意义重大。

总资产收益率的高低取决于销售净利率和总资产周转率，即企业销售活动的获利能力和企业所有资产的运用效率决定了企业全部资产的收益水平。所以对总资产收益率的分析，可以进一步深入到营业活动和资产管理中。

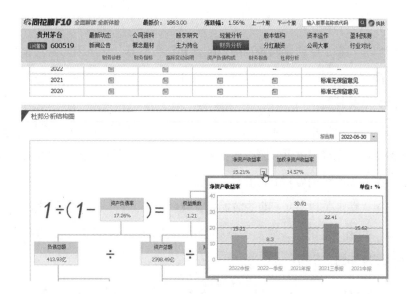

图 6-6　贵州茅台（600519）最近几个季度的净资产收益率柱状图

选择"总资产收益率"下面的数据后，就会显示"＋"号，然后单击该"＋"号按钮，弹出一个窗口，显示贵州茅台（600519）最近几个季度的总资产收益率柱状图，如图 6-7 所示。

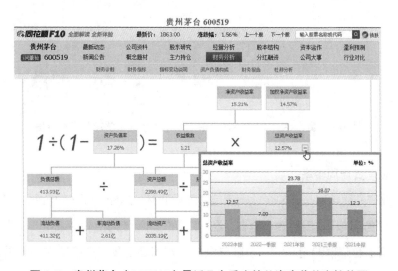

图 6-7　贵州茅台（600519）最近几个季度的总资产收益率柱状图

3. 销售净利率

销售净利率是反映企业盈利能力的重要财务指标，这是因为主营业务收入是企业净利润的重要来源。所以提高主营业务收入的盈利水平，对提高企业的盈利能力至关重要。

销售净利率受到净利润和主营业务收入两个因素影响，而净利润又取决于企业各项收入和费用水平，所以对销售净利率分析，要深入到各项收入和费用中去，深入挖掘影响盈利能力的具体原因。

选择"销售净利率"下面的数据后，就会显示"+"号，然后单击该"+"号按钮，弹出一个窗口，显示贵州茅台（600519）最近几个季度的销售净利率柱状图，如图 6-8 所示。

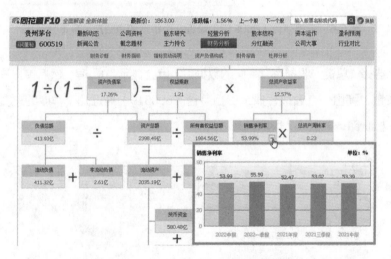

图 6-8 贵州茅台（600519）最近几个季度的销售净利率柱状图

4. 总资产周转率

总资产周转率是反映企业营运能力的重要财务指标。同样的企业资产，周转的速度越快和利用的效率越高，在一定期间内就能为企业带来更多的收益，并提高企业整体的流动性。所以总资产周转率是企业资产管理水平的重要体现，它对提升企业盈利水平和企业整体的流动性相当重要。

总资产周转率主要受到主营业务收入和平均资产总额两个因素影响，所以要提高总资产周转率，一方面，需要开拓市场，增加营业收入；另一方面，需要控制资产占用资金的数额并合理安排资产的结构。

另外，对总资产周转率的分析，还要结合流动资产周转率、固定资产周转率、存货周转率、应收账款周转率等指标进行分析，只有这样才能进一步查明企业资产周转快慢的关键所在。

选择"总资产周转率"下面的数据后，就会显示"＋"号，然后单击该"＋"号按钮，弹出一个窗口，显示贵州茅台（600519）最近几个季度的总资产周转率柱状图表，如图 6-9 所示。

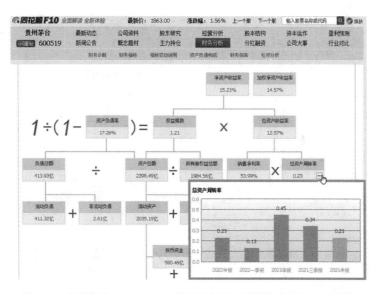

图 6-9　贵州茅台（600519）最近几个季度的总资产周转率柱状图

5. 权益乘数

权益乘数是反映企业资本结构、财务杠杆程度、偿债能力的重要财务指标。权益乘数与企业的资产负债率是同方向变动的。所以权益乘数越高，表明企业的资本结构中的负债比例越高，即财务杠杆程度越高、偿债能力相对越弱。所以保持适当的权益乘数是企业债务安全的重要保障，也是保持企业收益和风险均衡的重要保证。权益乘数与资产负债率的计算关系如下：

权益乘数 =1÷（1- 资产负债率）

权益乘数受到资产总额与所有者权益两个因素影响，而资产总额等于负债总额加上所有者权益。所以权益乘数是资产、负债、所有者权益三者关系的体现。要保持适当的权益乘数，就需要合理安排资产、负债、所有者权益三者关系，即合理安排企业的资本结构。

选择"权益乘数"下面的数据后，就会显示"+"号，然后单击该"+"号按钮，弹出一个窗口，显示贵州茅台（600519）最近几个季度的权益乘数柱状图，如图 6-10 所示。

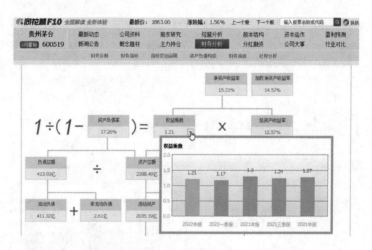

图 6-10　贵州茅台（600519）最近几个季度的权益乘数柱状图

6. 企业的收入和费用

企业的各项收入和费用决定了企业最终的净利润，进而影响企业的主营业务净利润、总资产收益率、净资产收益率。另外，主营业务收入还与总资产周转率关联密切，所以对企业各项收入和费用的分析，对查明企业深层次的盈利能力和营运能力相当重要。

增加企业的收入是提高企业盈利水平的重要方式。企业的收入主要包括两部分：一是营业总收入，二是其他利润收入。贵州茅台（600519）2022 年

6 月 30 日的营业总收入为 594.44 亿元，其他利润收入为 513.39 万元，如图 6-11 所示。

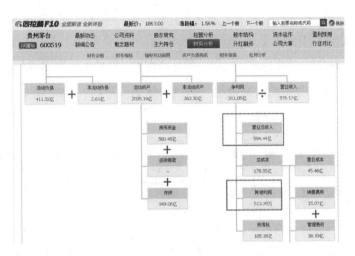

图 6-11　贵州茅台（600519）2022 年 6 月 30 日的营业总收入和其他利润

选择"营业总收入"下面的数据后，就会显示"+"号按钮，然后单击该"+"号按钮，弹出一个窗口，显示贵州茅台（600519）最近几个季度的营业总收入柱状图，如图 6-12 所示。

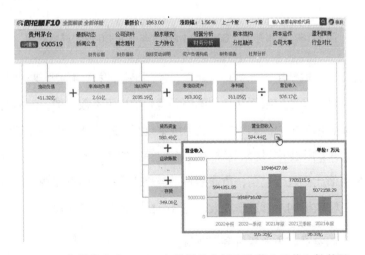

图 6-12　贵州茅台（600519）最近几个季度的营业总收入柱状图

企业各项收入的结构是否合理，直接影响着企业收入的稳定性和可持续性。其中主营业务收入是所有收入中最重要的部分。努力开拓市场，不断开发新产品，加强产品质量控制等，都是增加企业主营业务收入的重要方法。

降低企业成本费用是提高企业盈利水平的另一个重要方法。企业的成本费用主要有两种：一种是总成本，另一种是所得税。总成本又有四种：营业成本、销售费用、管理费用和财务费用。贵州茅台（600519）2022 年 6 月 30 日的成本费用，如图 6-13 所示。

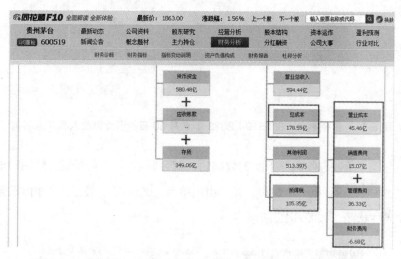

图 6-13　贵州茅台（600519）2022 年 6 月 30 日的成本费用

企业各项成本费用的结构是否合理，控制是否严格，直接影响企业成本费用水平的高低。企业如果想在激烈的市场竞争中立于不败之地，就需要不断挖掘降低成本费用的能力。如果主营业务成本过高，就需要分析企业的生产流程是否合理，采购和生产过程的监控是否有效等；如果财务费用过高，就需要进一步分析负债比例是否过高，负债期限是否合理等；如果管理费用过高，就需要分析一下行政机构是否过于庞大，是否存在铺张浪费等现象。

7. 企业的资产、负债和所有者权益

企业的资产、负债和所有者权益的情况，影响着企业的资产效率、企业的

负债安全以及企业的自有资本实力等。所以对企业资产、负债和所有者权益进行深入分析，有利于深入了解企业的营运能力、偿债能力、盈利能力等。

企业资产的规模是否适当、结构是否合理，关系到企业整体的流动性和盈利性。如果企业的资产规模太大，就可能存在闲置或低效现象；如果企业的资产规模太小，就可能影响企业的盈利水平；如果流动资产比例过高，就可能影响企业的盈利水平；如果流动资产比例过低，就可能影响企业的流动性，并且进而影响企业的短期偿债能力。另外，流动资产内部的货币资金、应收账款、存货等的比重是否合理，对资产的效率和效益也有着相当重要的影响。

贵州茅台（600519）2022 年 6 月 30 日的资产总额、流动资产、非流动资产信息，如图 6-14 所示。

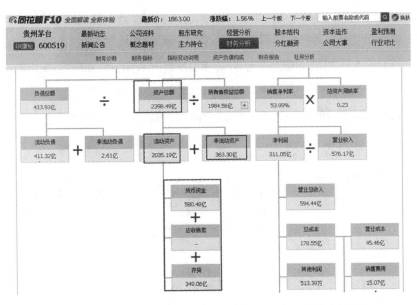

**图 6-14　贵州茅台（600519）2022 年 6 月 30 日的资产总额、
流动资产、非流动资产信息**

选择"资产总额"下面的数据后，就会显示"+"号，然后单击该"+"号按钮，弹出一个窗口，显示贵州茅台（600519）最近几个季度的资产总额柱状图，如图 6-15 所示。

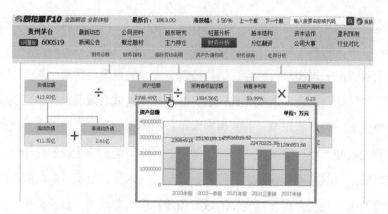

图 6-15　贵州茅台（600519）最近几个季度的资产总额柱状图

　　企业负债的规模是否适当、结构是否合理，关系到企业负债的安全性及与资产的匹配程度。如果负债规模过高，则企业风险就会太高；如果负债规模过低，就会影响到财务杠杆作用的发挥。如果流动负债比例过大，则企业的还款压力就会很大；如果长期负债比例高，就会增加企业的利息成本。所以流动负债与长期负债的比例，要与流动资产和长期资产的比例相适应。

　　贵州茅台（600519）2022 年 6 月 30 日的负债总额、流动负债、非流动负债信息，如图 6-16 所示。

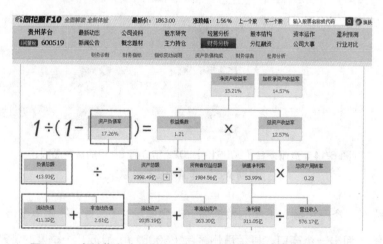

图 6-16　贵州茅台（600519）2022 年 6 月 30 日的负债总额、
流动负债、非流动负债信息

选择"流动负债"下面的数据后，就会显示"+"号，然后单击该"+"号按钮，弹出一个窗口，显示贵州茅台（600519）最近几个季度的流动负债柱状图，如图 6-17 所示。

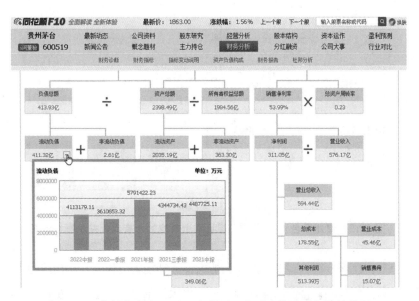

图 6-17　贵州茅台（600519）最近几个季度的流动负债柱状图

企业的所有者权益规模代表了企业的自有资本实力，其影响企业的偿债能力和筹资能力。如果所有者权益规模过大，表明企业非常安全，但财务杠杆程度不足；如果所有者权益规模过小，则表明企业的风险过高，稳定性不足。

另外，所有者权益的结构分析也很有意义，实收资本和资本公积的比重越大，表明企业的资本实力越强；盈余公积和未分配利润的比重越大，表明企业的积累程度越高。

贵州茅台（600519）2022 年 6 月 30 日的所有者权益总额为 1 984.56 亿元。选择"所有者权益总额"下面的数据后，就会显示"+"号，然后单击该"+"号按钮，弹出一个窗口，显示贵州茅台（600519）最近几个季度的所有者权益总额柱状图，如图 6-18 所示。

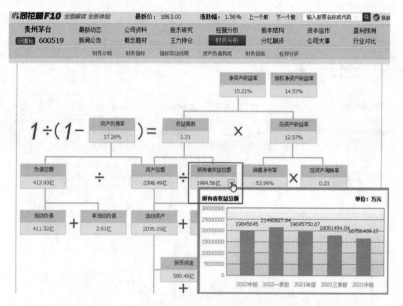

图 6-18　贵州茅台（600519）最近几个季度的所有者权益总额柱状图

总之，杜邦分析法将企业的盈利能力、营运能力、风险与偿债能力等都联系在一起，并且触及企业营业规模水平、成本费用水平、资产、负债、所有者权益与结构等方方面面，全面、系统地反映出企业整体的财务状况和经营成果，并揭示出系统中各个因素之间的相互关联。

在进行杜邦分析时，可以进行纵向对比，即通过与同行业平均水平或竞争对手的比较，可以查明企业的综合财务状况在整个行业的水平，以及与竞争对手相比的强弱。

在进行杜邦分析时，也可以进行横向对比，即通过与企业以往各期的比较，可以看出企业综合财务状况的变动趋势。注意，利用杜邦分析法比较单个财务指标更有意义，这是因为不仅可以查看财务指标的差异，还可以进一步深入分析差异的原因。

6.3.3　杜邦分析法实战案例

下面利用杜邦分析法进行横向对比。打开同花顺软件，输入"五粮液"的代码 000858，然后按"回车"键，就可以查看五粮液（000858）的日 K 线图。然后按下【F10】键，即可看到五粮液（000858）的基本面资料信息。

　　单击"财务分析"选项卡，然后向下拖动垂直滚动条，即可看到五粮液（000858）的杜邦分析结构图，如图 6-19 所示。

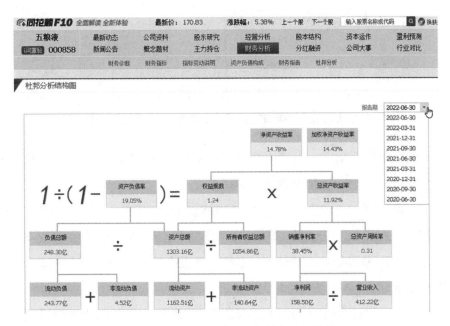

图 6-19　五粮液（000858）的杜邦分析结构图

　　默认状态下，显示的是当前期的杜邦分析结构图，即 2022 年 6 月 30 日的杜邦分析结构图。单击报告期后的下拉列表框，可以选择不同的期间，这样就可以看到不同期间的杜邦分析结构图。

　　选择"净资产收益率"下面的数据后，就会显示"+"号，然后单击该"+"号按钮，弹出一个窗口，显示五粮液（000858）最近几个季度的净资产收益率柱状图，如图 6-20 所示。

　　在这里可以看到，2021 年中报（2021 年 6 月 30 日）的净资产收益率为 15.91%，2021 年三季报（2021 年 9 月 30 日）的净资产收益率为 19.41%，2021 年年报（2021 年 12 月 31 日）的净资产收益率为 26.32%，2022 年一季

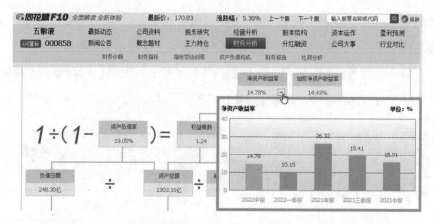

图 6-20　五粮液（000858）最近几个季度的净资产收益率柱状图

报（2022 年 3 月 31 日）的净资产收益率为 10.15%，2022 年中报（2022 年 6 月 30 日）的净资产收益率为 14.78%。

下面来分析一下趋势。从 2021 年中报到 2021 年年报，五粮液（000858）的净资产收益率呈上升趋势，在 2021 年年报中达到最高点。随后 2022 年一季度五粮液（000858）的净资产收益率出现快速下滑，接着略有回升，但仍低于去年同期。

下面来分析出现这种现象的原因是什么？净资产收益率的影响因素有两个：权益乘数和总资产收益率。先来看一下权益乘数最近几个季度的变化。选择"权益乘数"下面的数据后，就会显示"+"号，单击该"+"号按钮，弹出一个窗口，显示五粮液（000858）最近几个季度的权益乘数柱状图，如图 6-21 所示。

在这里可以看到，2021 年中报（2021 年 6 月 30 日）的权益乘数为 1.37，2021 年三季报（2021 年 9 月 30 日）的权益乘数为 1.24，2021 年年报（2021 年 12 月 31 日）的权益乘数为 1.34，2022 年一季报（2022 年 3 月 31 日）的权益乘数为 1.22，2022 年中报（2022 年 6 月 30 日）的权益乘数为 1.24。

五粮液（000858）权益乘数在最近几个季度几乎没有变化，这表明净资产收益率变化趋势不是由于权益乘数发生的变化。

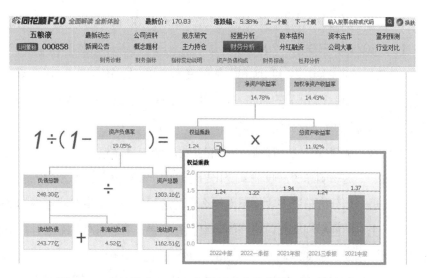

图 6-21　五粮液（000858）最近几个季度的权益乘数柱状图

接下来看一下总资产收益率。选择"总资产收益率"下面的数据后，就会显示"+"号，然后单击该"+"号按钮，弹出一个窗口，显示五粮液（000858）最近几个季度的总资产收益率柱状图，如图 6-22 所示。

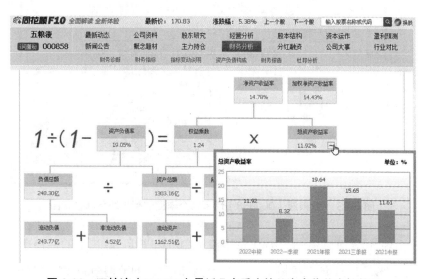

图 6-22　五粮液（000858）最近几个季度的总资产收益率柱状图

在这里可以看到，2021 年中报（2021 年 6 月 30 日）的总资产收益率为 11.61%，2021 年三季报（2021 年 9 月 30 日）的总资产收益率为 15.65%，2021 年年报（2021 年 12 月 31 日）的总资产收益率为 19.64%，2022 年一季报（2022 年 3 月 31 日）的总资产收益率为 8.32%，2022 年中报（2022 年 6 月 30 日）的总资产收益率为 6.92%。

五粮液（000858）总资产收益率的变化趋势与其净资产收益率的变化趋势是一致的，这表明净资产收益率变化趋势是由于总资产收益率发生的变化。

下面进一步分析总资产收益率为什么出现这种趋势？总资产收益率的影响因素有两个：销售净利率和总资产周转率。先来看一下销售净利率最近几个季度的变化。选择"销售净利率"下面的数据后，就会显示"+"号，然后单击该"+"号按钮，弹出一个窗口，显示五粮液（000858）最近几个季度的销售净利率柱状图，如图 6-23 所示。

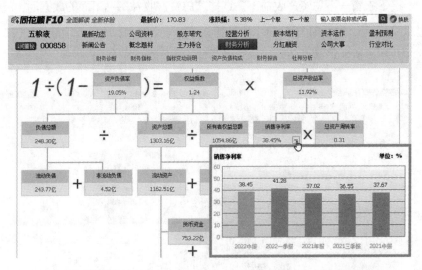

图 6-23　五粮液（000858）最近几个季度的销售净利率柱状图

由图 6-23 可以看到，2021 年中报（2021 年 6 月 30 日）的销售净利率为 37.67%，2021 年三季报（2021 年 9 月 30 日）的销售净利率为 36.55%，2021 年年报（2021 年 12 月 31 日）的销售净利率为 37.02%，2022 年一季报

（2022 年 3 月 31 日）的销售净利率为 41.28%，2022 年中报（2022 年 6 月 30 日）的销售净利率为 38.45%。

五粮液（000858）销售净利率在最近几个季度变化很小，这表明总资产收益率变化趋势不是由于销售净利率发生的变化。

接下来看一下总资产周转率。选择"总资产周转率"下面的数据后，就会显示"+"号，然后单击该"+"号按钮，弹出一个窗口，显示五粮液（000858）最近几个季度的总资产周转率柱状图，如图 6-24 所示。

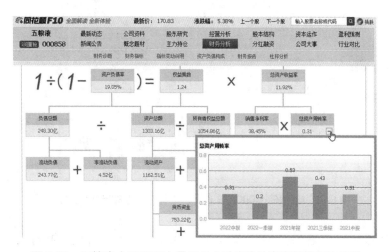

图 6-24　五粮液（000858）最近几个季度的总资产周转率柱状图

由图 6-24 可以看到，2021 年中报（2021 年 6 月 30 日）的总资产周转率为 0.31，2021 年三季报（2021 年 9 月 30 日）的总资产周转率为 0.43，2021 年年报（2021 年 12 月 31 日）的总资产周转率为 0.53，2022 年一季报（2022 年 3 月 31 日）的总资产周转率为 0.2，2022 年中报（2022 年 6 月 30 日）的总资产周转率为 0.31。

五粮液（000858）总资产周转率的变化趋势与其总资产收益率的变化趋势是一致的，这表明总资产收益率变化趋势是由于总资产周转率发生的变化。

下面进一步深入分析总资产周转率为什么出现这种趋势？总资产周转率

的影响因素是资产总额和营业收入。先来看一下资产总额，最近几个季度的变化。选择"资产总额"下面的数据后，就会显示"+"号，然后单击该"+"号按钮，弹出一个窗口，显示五粮液（000858）最近几个季度的资产总额柱状图表，如图 6-25 所示。

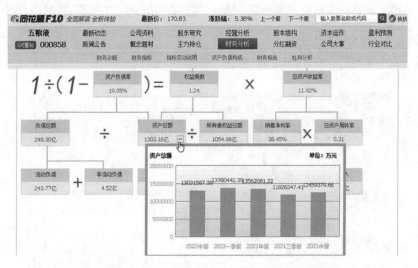

图 6-25　五粮液（000858）最近几个季度的资产总额柱状图

在这里可以看到，2021 年中报（2021 年 6 月 30 日）的资产总额为 12 459 379.66 万元，2021 年三季报（2021 年 9 月 30 日）的资产总额为 11 826 247.41 万元，2021 年年报（2021 年 12 月 31 日）的资产总额为 13 562 081.22 万元，2022 年一季报（2022 年 3 月 31 日）的资产总额为 13 780 442.39 万元，2022 年中报（2022 年 6 月 30 日）的资产总额为 13 031 587.39 万元。

五粮液（000858）资产总额在最近几个季度变化很小，这表明总资产周转率变化趋势不是由于资产总额发生的变化。

接下来看一下营业收入。选择"营业收入"下面的数据后，就会显示"+"号，然后单击该"+"号按钮，弹出一个窗口，显示五粮液（000858）最近几个季度的营业收入柱状图，如图 6-26 所示。

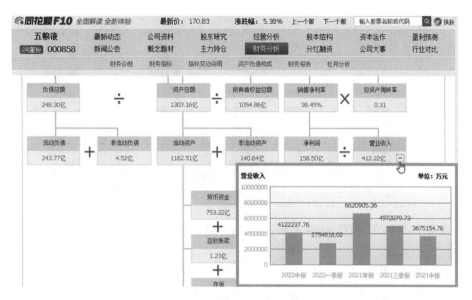

图 6-26 五粮液（000858）最近几个季度的营业收入柱状图

由图 6-26 可以看到，2021 年中报（2021 年 6 月 30 日）的营业收入为 3 675 154.78 万元，2021 年三季报（2021 年 9 月 30 日）的营业收入为 4 972 079.73 万元，2021 年年报（2021 年 12 月 31 日）的营业收入为 6 620 905.36 万元，2022 年一季报（2022 年 3 月 31 日）的营业收入为 2 754 816.02 万元，2022 年中报（2022 年 6 月 30 日）的营业收入为 4 122 237.76 万元。

五粮液（000858）营业收入的变化趋势与其总资产周转率的变化趋势是一致的，这表明总资产周转率变化趋势是由于营业收入发生的变化。

所以这样一步一步推导下来，就会知道，造成净资产收益率发生变化的主要因素是营业收入。所以企业管理者最重要的是，要想办法提高企业的营业收入，这样才会提高资产收益率。

下面利用杜邦分析法进行纵向对比。在五粮液（000858）的基本面资料信息中，单击"行业对比"选项卡，就可以看到五粮液（000858）在白酒行业中的地位，默认是按每股收益来排序的，如图 6-27 所示。

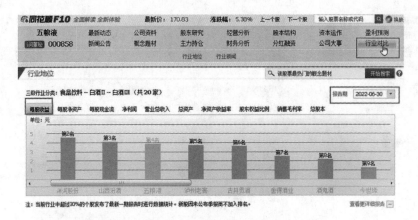

图 6-27 按每股收益来显示五粮液（000858）在白酒行业中的地位

单击"净资产收益率"选项卡，即可看到按净资产收益率来显示五粮液（000858）在白酒行业中的地位，如图 6-28 所示。

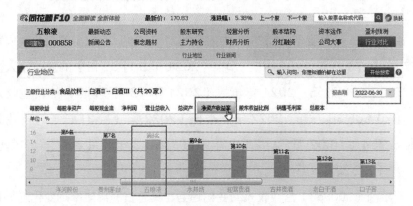

图 6-28 2022 年 6 月 30 日按净资产收益率来显示五粮液（000858）在白酒行业中的地位

由图 6-28 可以看到，2022 年 6 月 30 日，按净资产收益率来排序，五粮液（000858）在 20 家白酒企业中排第 8 位。

单击报告期后面下拉按钮，选择"2022 年 3 月 31 日"，这时可以看到按净资产收益率来排序，五粮液（000858）在 20 家白酒企业中排第 7 位，如图 6-29 所示。

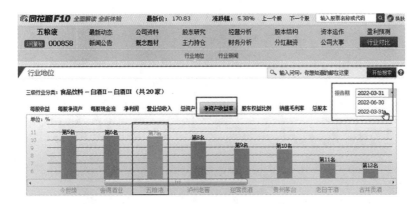

图 6-29 2022 年 3 月 31 日按净资产收益率来显示五粮液（000858）
在白酒行业中的地位

这表明 2022 年 6 月 30 日比 2022 年 3 月 31 日按净资产收益率来排序，五粮液（000858）在白酒行业中的地位由第 7 位下降到第 8 位。